国家出版基金项目
NATIONAL PUBLICATION FOUNDATION

Dangdai Zhongguo Jiedu Chuangxin Yanjiu

**当代中国戒毒创新研究**

齐延安　主编

# 体疗和工疗戒毒研究

杜章　主编

Tiliao he Gongliao Jiedu Yanjiu

山东大学出版社

**图书在版编目(CIP)数据**

体疗和工疗戒毒研究/杜章主编. —济南:山东大学出版社,2019.12
(当代中国戒毒创新研究/齐延安主编)
ISBN 978-7-5607-6551-8

Ⅰ. ①体… Ⅱ. ①杜… Ⅲ. ①戒毒—工作—研究—中国 Ⅳ. ①D669.8

中国版本图书馆 CIP 数据核字(2019)第 292841 号

策划编辑 尹凤桐
责任编辑 徐 翔 李昭辉
封面设计 牛 钧

---

出版发行 山东大学出版社
社　　址 山东省济南市山大南路 20 号
邮政编码 250100
发行热线 (0531)88363008
经　　销 新华书店
印　　刷 山东新华印务有限公司
规　　格 720 毫米×1000 毫米 1/16
19.75 印张 312 千字
版　　次 2019 年 12 月第 1 版
印　　次 2019 年 12 月第 1 次印刷
定　　价 58.00 元

---

# 《体疗和工疗戒毒研究》
# 编委会

主　编　杜　章

副主编　董贵俊　刘　新　宋述秀

撰稿人　（以参编章节为序）

陈　君　李伟康　石　磊　刘　新

于　腾　苏宇祥　唐　磊　李凤琦

赵晓婷　吕洪海　卢建民　薄保云

张业学　解有奎　毕东生　冯桂凯

# 序 一

法治无处不在。由劳教所转为戒毒所——一个特别空间的角色转换，构成新时代一个重大的法治事件。戒毒法治研究也由此成为一个越来越受关注的特殊领域。

近些年来，经过打基础、练内功，山东司法行政戒毒工作"一四六"工作思路落地生根、开花结果。以帮助戒毒人员戒除毒瘾、顺利回归社会为工作目标，戒毒执法协作机制规范运行，将具有山东特色的"三六三"戒毒模式全面推开，逐步确立了全省统一的戒毒执法规范、工作流程和标准体系，山东戒毒工作"四梁八柱"的制度框架搭建成型。"三四五"戒毒理念深入人心，"四个工程"强力推进，"六个体系"不断健全，"三大平台"汇聚合力，戒毒科研成果丰硕，应用效果实在。山东省司法行政戒毒工作在服务大局中不断提升境界，在创新发展中不断提档升级，亮点纷呈，特色鲜明，走在了全国前列。

我与本丛书主编齐延安君非常熟识，经常聚谈一线法治，从司法审判到律师管理，从司法行政戒毒工作到政府立法实践创新。两年多前，在延安君分管司法行政戒毒工作不久后的一次交流中，我了解到山东司法行政戒毒工作的创新与成就，建议其立足于《禁毒法》《戒毒条例》实施及山东戒毒执法实践，梳理一下我国现行戒毒制度，分析戒毒及强制隔离戒毒在中国禁毒战略中的地位，按照全面推进依法治国战略部署要求，分析研究中国戒毒法治的具体问题和对策，为推进我国戒毒工作规范化、法治化提供参考。实际上，"干一行，想一行"的延安君已经在思考这一课题，当然他所思考的不仅是戒毒法治体制、机制建设等方面的内容，还包括立足于国内外戒毒工作实践，围绕我国戒毒法制建设、专业戒毒工作等重点领域，系统梳理以往研究成果，面向戒毒工作存在的问题，提出有价值、可操作的对策举措，并重点研究有效的戒毒工作方法，为破解戒毒难题提供可行可靠方案。这次交流后不久，就有了组织编撰“当代中国戒毒创新研究”丛书的计划。

即将出版的“当代中国戒毒创新研究”丛书，远远超出了我和延安君商谈的戒毒法治的范围。丛书包括了《戒毒法治创新研究》《戒毒实践创新研究》《医疗和食疗戒毒研究》《文疗和心疗戒毒研究》《体疗和工疗戒毒研究》等多项成果，能够写好这几本书的作者只能是来自从事一线戒毒工作的基层领导和业务骨干。无论分管律协还是分管戒毒、立法，延安君都非常重视队伍建设，倡导学习型队伍建设和研究式开展工作。丛书作者都是戒毒工作一线上的佼佼者，不仅精益求精于戒毒实务，而且善于思考，包括经验总结和理论概括。尽管他们不太擅长言辞和文字，但凭着朴素的情感和孜孜以求的精神，克服了相当大的困难，创作了一套不可多得的戒毒丛书。丛书中的每一本书都针对戒毒工作的某一方面或领域给出了深入浅出的介绍，其中不乏深刻洞见。总体说来，该丛书有三个重要特征：

一是观点掷地有声。丛书并非是其他著述的简单汇总和述评，更不是抱着宏大概念悬而无音，而是在系统梳理古今中外戒毒实践、戒毒制度以及戒毒工作专业研究的基础上，进行归纳、提炼和分析，进而提出作者的独到见解。特别是《医疗和食疗戒毒研究》《文疗和心疗戒毒研究》《体疗和工疗戒毒研究》立足于当前我国戒毒实践的探索，不断深化对戒毒工作的规律性认识，并对代表性戒毒方法进行创新研究，既有成果成效的展示，也有改进改善的探讨。即使有的读者对戒毒工作不甚了解，对有些内容不容易理解，但其中的一些鲜明的见解也会给人留下深刻印象。

二是论述系统翔实。丛书中有很多实例和经验，包括历史沿革中萃取出普适性的论述，而不仅仅是适用于几个特定情况的案例分析。《戒毒实践创新研究》从实践层面切入，通过文献研究和实地调研，对当前正在开展的戒毒工作进行梳理和阐释；《医疗和食疗戒毒研究》《文疗和心疗戒毒研究》《体疗和工疗戒毒研究》运用文献调查、概念剖析、问卷调查、深度访谈、实验研究、比较分析等方法，系统研究医疗戒毒、食疗戒毒、文疗戒毒、心疗戒毒、体疗戒毒、工疗戒毒的内涵、操作规程和评价指标等；《戒毒法治创新研究》则是我国第一部专注于戒毒法治研究的著作，在禁毒法治中开辟出一片戒毒法治的新天地，使戒毒法治自成体系，戒毒研究更加完整系统。

三是内容丰富实用。丛书立足当前现实，面向长远未来，坚持理论与实践相结合，以戒毒工作常识为基础，强调知识更新；着力于戒毒工作专业探讨，强调理论创新；形成戒毒工作知识体系，强调可读性；注重实践操作方法，强调可用性。这样既可满足社会各界尤其是禁毒、戒毒工作者和社会工作者获得相关知识的需求，也可对戒毒工作的科学决策提供理论支撑，对戒毒一线工作具有指南意义，又有助于普及戒毒常识，推动全社会关注和关心戒毒工作。

戒毒是一个世界性难题，是一个需要集文理工医知识和手段合力攻克的社会难题，我国戒毒工作的挑战性可想而知。基于社会核心价值观的友善，基于人道主义的关爱，基于对人与人之间关系的终极关怀，山东司法行政戒毒工作者竭尽所能，攻坚克难；他们对戒毒工作的精神专注和情感倾注，他们对这套丛书所赋予的温度，让人感动。社会的文明水平有很多观测点，比如，一个国家和社会对待老年人、未成年人、残疾者、贫困者的态度等等；对吸毒人群的态度也是一个特别的角度。为破解世界性社会难题而不懈努力的一线戒毒工作者对社会文明有着深刻的理解。

在阅读完这套丛书的书稿后，我对延安君说：戒毒战线的人们，包括你，值得我们敬重！

是为序。

肖金明

2019 年 10 月

# 序　二

毒品问题与艾滋病、恐怖活动并称为当今社会三大公害。当前，全球毒品滥用问题突出，毒品危害日益严重。联合国毒品与犯罪办公室发布的《2019年世界毒品问题报告》显示，2017年全球约有2.71亿人在前一年使用过毒品，3500万人患有药物滥用障碍，其中仅1/7的人获得治疗。毒品治理形势严峻，迫在眉睫。

戒毒工作是帮助吸毒人员戒除毒瘾、减少毒品滥用的必要手段，是禁毒工作的重要组成部分。针对毒品滥用问题，世界各国普遍采取适合国情的干预措施。我国《禁毒法》《戒毒条例》对戒毒工作作出了法律规定和总体制度设计。自2008年6月《禁毒法》颁布实施，特别是自2014年司法行政承担强制隔离戒毒工作以来，我国戒毒工作进入快速发展时期，从收治工作陆续启动，到戒毒模式逐步探索定型，再到戒毒体制机制不断完善，戒毒工作在禁毒人民战争中发挥的作用越来越重要。但与此不相对应的是，戒毒工作理论研究相对零散，全面系统的研究成果比较少见。

攻克戒毒这一世界性难题，要向科学要答案、要方法。山东司法行政戒毒系统坚持以习近平新时代中国特色社会主义思想为指导，增强"四个意识"，坚定"四个自信"，坚决做到"两个维护"。坚持把戒毒科研作为一项重要工作来谋划和推进，联合山东社会科学院、山东农业大学、山东大学、山东师范大学、山东中医药大学、山东体育学院，组建山东省戒毒研究中心和医疗戒毒、心理戒毒、康复戒毒、文化戒毒四个实验室，定期发布戒毒课题、研究成果，健全完善戒毒科研平台和工作机制，形成了具有山东特色的戒毒科研工作格局。坚持实践探索与理论研究、系统谋划与基层创新、立足自身与借智借力相结合，在戒毒执法、戒毒管理，特别是以戒毒医疗、体疗、心疗、食疗、文（化）疗、工疗为核心的戒治工作中进行了积极探索。

2018 年 4 月，为进一步加强戒毒研究工作，在有关科研院所、专家学者的大力支持下，山东司法行政戒毒系统立足于戒毒工作实践，组织编写“当代中国戒毒创新研究”丛书，系统梳理戒毒历史变迁、我国戒毒工作等情况，从国内外戒毒工作对比，医疗、食疗、文疗、心疗、体疗、工疗、法治等方面深化戒毒研究，为推动戒毒工作科学化、专业化发展，逐步走出一条中国特色戒毒工作之路进行了有益探索尝试。山东司法行政戒毒系统共有50余名一线警察参与丛书编写，他们大都是实践经验丰富的戒毒工作人员。经过一年多的辛勤努力，几易其稿，丛书才编写完成。之后，我们又邀请专家学者对丛书进行审核，进一步修改完善。丛书共分《戒毒实践创新研究》《医疗和食疗戒毒研究》《文疗和心疗戒毒研究》《体疗和工疗戒毒研究》《戒毒法治创新研究》五册。

《戒毒实践创新研究》是本套丛书中具有统揽性的一本，对丛书涉及的内容进行总体介绍。具体内容包括：毒品的基本知识，毒品形势及毒品治理；我国禁毒工作任务，禁毒政策及禁毒工作的主要措施；我国不同的戒毒措施；依托山东司法行政戒毒工作开展情况研究分析，探索我国戒毒理念、思路、管理、方法、模式方面的创新；我国戒毒工作开展的有益探索，取得的戒毒工作科研成果；围绕全面落实“治本安全观”、向社会输送“合格产品”目标，探讨完善强制隔离戒毒与社区戒毒、社区康复的衔接机制，梳理戒毒工作方式方法，从整体上描绘戒毒工作图景。

《医疗和食疗戒毒研究》主要是从医学、中医药和营养学角度探索研究戒毒工作。主要介绍国内外医疗戒毒的现状、模式、遵循的原则、治疗目标以及主要措施和有益临床经验；探讨中医中药戒毒方法，对吸毒成瘾症状、病因、病机进行辨证分析，在传统经方的基础上，创新发展形成针对精神类毒品急性脱毒期症状治疗的中药制剂；通过对毒品的起源、性、味、归经以及吸毒成瘾的病因病机研究，以中医辨证论治和食疗基础理论为基础，结合现代营养学，通过分析毒品对人体各脏器尤其是消化系统功能的影响，研究辨证施治食疗戒毒方法。

《文疗和心疗戒毒研究》主要是从以文化人和心理学的角度探索研究戒毒工作。主要介绍文化戒毒和心理戒毒的理论基础、起源发展、必要性和实践价值、相互之间的紧密联系，我国吸收借鉴国外先进经验开展文化与心理戒毒的情况；探讨社会主义先进文化、法治文化、齐鲁文化、民族文化、阳明心学的历史生成和文化内涵及其在戒毒工作中的应用，认知行为疗法、内观疗法、正念疗法、动机强化治疗、萨提亚家庭治疗模式和心理教练的概念、基本理论、适用范围、作用意义及其在戒毒中的应用实践。

《体疗和工疗戒毒研究》着重从运动科学以及生活态度重塑、健康习性养成的角度探索研究戒毒工作。主要介绍当前运动康复戒毒最新经验和成果，探索运动康复对戒毒人员脑功能认知、逻辑、思维、判断及其行为方面的影响；运用档案跟踪管理、VR体感系统康复体验、康复数据采集等方法，分析探讨生理脱毒期、身心康复期、回归适应期身体机能康复方法；以“脱毒—康复—回归”三期为主线，探索研究心理功能康复方法；探索劳动技能康复的基本含义，建立劳动技能康复工作体系，体现劳动技能康复价值意义，创新劳动技能康复方法。

《戒毒法治创新研究》将戒毒法治从禁毒法治中抽出，构建戒毒法治知识体系。主要介绍中国戒毒法治史、世界范围内戒毒法治状况；立足《禁毒法》《戒毒条例》实施及戒毒执法实践，分析戒毒法治体制、机制等方面存在的问题；以强制隔离戒毒为重点，研究强制隔离戒毒决定权行使规范化、执行体制，戒毒人员人权保障，强制隔离戒毒与自愿戒毒、社区戒毒、社区康复衔接机制等问题；讨论完善强制隔离戒毒法定条件的设计以及执法规范化、执行体制一元化、戒毒工作一体化等制度性建设问题；结合世界戒毒工作发展趋势，为进一步强化我国戒毒法治建设特别是完善强制隔离戒毒制度进行展望、提出建议。

为编撰“当代中国戒毒创新研究”丛书，山东省司法行政戒毒系统各级领导和基层警察付出了辛勤劳动。山东省戒毒管理局政委齐晓光作为丛书编撰总牵头人，承担了统筹协调、人员调配、组织编撰等工作，部分曾任和在任山东省戒毒管理局领导齐延安、郝道方、齐晓光、潘治胜、岳文锦、范跃进及处室主要负责同志梁云龙、杜章、赵莉、戴小勇、张文汇，省属戒毒所的主要负责同志金兴会、李杰、孙娟、刘国立、蒋济昌，山东司法警官职业学院教授原永红，作为丛书分册负责人或协调人，在丛书的统筹协调、框架结构、调查研究、初稿审核等方面做了大量深入细致的工作，很多同志利用业余时间收集整理资料、研究探讨、撰写稿件、修改完善，付出了辛劳和汗水。

在本丛书编写过程中，山东大学（威海）法学院院长、教授肖金明，司法部预防犯罪研究所研究员、戒毒工作研究室主任苏利，中央司法警官学院矫正教育系主任、教授姜祖祯，浙江警官职业学院司法心理与行为研究所所长、教授马立骥，山东师范大学心理学院教授郭庆科，山东中医药大学发展规划处处长、副教授邓华亮，山东中医药大学教授张沁园，山东体育学院科技处副处长、教授董贵俊，济南大学副教授綦萃华，泰山管理学院新儒家管理模式研究中心主任白立新等专家给予了大力支持和指导，参与丛书框架研究、书稿审定等工作。书稿最后的修订工作得到了山东大学（威海）法学院院长肖金明教授、山东社会科学院法学所所长谢桂山教授、山东大学（威海）法学院博士生导师门中敬教授三位专家的倾情相助，他们主动参与书稿审核，利用业余时间对书稿进行了系统整理修订，提出许多指导性很强的意见建议。山东省司法行政戒毒系统各单位组织警察参与编写，为丛书编撰工作顺利开展创造了有利条件。在此一并表示感谢。

丛书作者以公益性立场编写本书，以宣传戒毒工作、推广戒毒工作方法和经验为目标，旨在为提升戒毒工作规范化、专业化、科学化水平提供有益借鉴，为破解戒毒这个世界难题作出积极探索。由于编写本书的作者大多工作在戒毒一线，虽然有一定的实践经验，但知识面和视野不够宽，科研能力也有限，难免有不准确、不恰当、不完善的地方，敬请批评指正。

编　者<br>2019 年 10 月

# 前　言

毒品不仅会严重损害人的身体健康，破坏家庭幸福，还会严重消耗社会财富，诱发其他犯罪活动，威胁社会的和谐稳定。毒品已经成为当代人类社会的公害之一。吸毒成瘾是因反复使用毒品而导致的复发性脑病，同时伴有不同程度的个人健康及社会功能损害。毒品的危害和吸毒人员生活习惯的畸形改变，导致吸毒成瘾人员的身体往往处于病态。进行适当的运动和劳动可以帮助戒毒人员加速恢复身心健康，也可以促成对毒品依赖的替代。“体疗”和“工疗”分别指身体康复训练和劳动矫治，皆为戒毒工作中重要的戒治方法，在戒毒人员的身体康复、综合矫治和回归社会的过程中发挥着重要作用。

近年来，山东司法行政戒毒系统坚持把体疗戒毒、工疗戒毒作为戒毒工作专业化、科学化建设的重要内容，与山东体育学院加强合作，建设了山东省体疗戒毒实验室和工疗实训基地，对体疗、工疗戒毒进行了实践探索和理论研究；总结了戒毒工作前期的成功经验，加强了戒毒理论和实践探索，进一步完善了戒毒工作体系，走出了一条具有中国特色的戒毒工作道路，对破解戒毒这一世界性难题具有重要意义。在此背景下，山东省司法行政戒毒系统组织全省戒毒工作专家和一线警察，编写了“当代中国戒毒创新研究”丛书，对山东省的戒毒工作进行了梳理和总结。《体疗和工疗戒毒研究》立足于戒毒工作大局，详细论述了强制隔离戒毒工作中“体疗”和“工疗”戒毒的过程方法，并对其理论进行了梳理总结，对其内涵作了阐释解读。

本书分两个篇章，分别对“体疗”和“工疗”作了详细论述。体疗戒毒研究部分介绍了身体康复训练、体质测定、运动处方库的构建、训练风险防控和女性戒毒人员身体康复训练方法等内容。工疗戒毒研究部分介绍了工疗戒毒的理论渊源、组织实施、管理方法、文化构建和创新发展等内容。本书以实现对体疗和工疗戒毒阐释的系统性和完整性为目标,其内容有描述、有事例、有数据、有论述、有总结、有观点,力求把每一部分内容都讲清讲透,让读者阅读后能充分了解每项工作的基本内涵和方式方法。在总结全国戒毒工作经验的基础上,本书也突出了山东戒毒工作元素,体现了山东戒毒工作的特色做法,是一部汇聚山东戒毒工作者经验做法的探索之作。

在本书编写过程中,我们引用了国务院、司法部、司法部戒毒管理局和各省戒毒管理局发布的各项政策文件,参考了国内外学者的一些理论研究成果,对于借鉴和引用的文字、图片等,尽力按照检索渠道予以注明,在此对所引用资料的作者表示深深的谢意。编者以公益性立场编写本书,以宣传戒毒工作、推广戒毒工作方法和经验为目标,寄望本书介绍的方式方法可以指导吸毒人员及其家属进行家庭戒毒和社区戒毒。

本书凝结了广大编者的心血和汗水,但由于水平有限,书中难免有疏漏之处,敬请读者批评指正。

编　者

2019 年 10 月

# 目　录

## 上篇　体疗戒毒研究

## 下篇　工疗戒毒研究

# 上篇　体疗戒毒研究

# 第一章 身体康复训练概述

本章对身体康复训练的概念进行了溯源，并在明确其内涵的基础上，阐释戒毒人员开展身体康复训练的重要意义。通过国外实证研究和对国内部分省份戒毒系统的地域性实践总结，对身体康复训练进行了阐述，展示了其理论与方法的研究进展与实践成果。

## 第一节 身体康复训练引论

身体康复训练作为国际上公认的一种康复治疗手段，对于提高戒毒人员的身体素质，增进其身体机能，改善其心理健康和大脑功能等具有其他手段无法替代的作用。通过对身体康复训练的起源进行溯源，对概念进行厘清，对意义进行阐释，可帮助读者对身体康复训练进行多角度的理解。

### 一、身体康复训练的起源

我国最早出现的身体康复疗法可追溯到名医华佗模仿虎、鹿、熊、猿、鸟所编创的“五禽戏”，这实质上就是我国最早的身体康复训练，是以借助身体运动来调整患者身心，使其恢复健康的一种方法。随着康复学的不断发展，运动疗法已成为重要的康复治疗手段之一。大量研究结果表明，运动的效果并不局限于提高身体机能及促进身体健康方面，它还可以消除负面情绪，调节心理失衡，促进心理素质的发展，提高心理适应能力等。

## 二、概念释义

《中华人民共和国禁毒法》明确了要对戒毒人员进行身体康复训练，但相比于医疗、心理、认知和习艺劳动而言，身体康复训练的内涵和外延均未有一个科学、准确的定义，并出现了“康复训练”“体能康复训练”“身体康复训练”等相近名词，以至于当前关于戒毒人员的身体康复训练存在诸多解读，导致了康复训练在实践工作中的模糊性和不确定性。

“体能”一词频繁出现是在20世纪80年代。对于这一概念，学者和专业的体育人士众说纷纭，未能给出一个准确的定义。简而言之，体能即人体的基本活动能力，是对在运动中人体各器官系统的功能的综合反映，包括身体形态、身体机能、运动素质和健康水平四个方面。“体能”这一名词在竞技体育中被广泛提及，田麦久等专家认为，体能即运动员的基本运动能力，是运动员竞技能力的重要构成因素，是提高运动员战术水平和创造优异成绩等各种身体运动能力的基础。

对普通人来说，体能训练是以增进健康和提高基本运动能力为主要目的的训练；对运动员来说，体能训练则是其运动训练的重要组成部分，是结合专项所需，并通过合理负荷的动作练习，来改善运动员的身体形态，提高机体能力，同时发展运动素质，来促进竞技水平提高的训练过程。

体能康复训练作为运动训练中的一个新概念，有效地结合了康复医疗和体能训练两方面的内容，主要针对处于亚健康状态的人群。体能康复训练是以体能训练方法为手段，解决或帮助恢复运动功能障碍的一门综合学科，又称为“康复性体能训练”。体能康复训练不同于传统的运动训练，具有较强的针对性、帮助性，是一种全新的体育运动训练理念。

## 三、戒毒人员开展身体康复训练的重要意义

近年来，毒品问题已经成为世界各国面临的一大社会难题。中国共产党和中国政府高度重视禁毒工作，这充分彰显了中国政府厉行禁毒的鲜明立场和坚定决心。近年来，体力活动（特别是运动）被认为是一种潜在的戒毒新疗法，运动干预也被认为可能发展成为戒毒的一种独立或重要辅助手段，开展身体康复训练具有重要的现实意义。

### (一)开展身体康复训练是司法行政机关履行法定职能的必然要求

《中华人民共和国禁毒法》[①]坚持以人为本的理念,立足于吸毒人员具有患者、违法者、受害者三重属性。该法第三十一条规定,国家应采取各种措施来帮助吸毒人员戒除毒瘾,教育和挽救吸毒人员;第四十三条规定,强制隔离戒毒场所应根据戒毒人员吸食、注射毒品的种类及成瘾程度等,对戒毒人员进行有针对性的生理、心理治疗和身体康复训练。国务院颁布的《戒毒条例》[②](国务院第 597 号令)第二十九条规定,强制隔离戒毒场所应当配备设施设备及必要的管理人员,依法为强制隔离戒毒人员提供科学规范的戒毒治疗、心理治疗、身体康复训练和卫生、道德、法制教育,开展职业技能培训。《司法行政机关强制隔离戒毒工作规定》[③](司法部第 127 号令)第四十二条规定,强制隔离戒毒场所应当通过组织体育锻炼、娱乐活动、生活技能培训等方式,对戒毒人员进行身体康复训练,帮助戒毒人员恢复身体机能,增强体能。2016 年 12 月 6 日,司法局戒毒管理局通过的《强制隔离戒毒人员身体康复训练纲要》(司戒毒字〔2016〕84 号)明确指出,康复训练是帮助戒毒人员降低吸毒造成的身体损害,逐步恢复健康,戒除毒瘾的重要手段,是提高教育戒治质量的重要环节,是戒毒工作人员的法定职责。因此,强制隔离戒毒场所开展身体康复训练工作是法律赋予的职能,是忠诚履职的需要。

### (二)开展身体康复训练是提升科学戒治水平的重要举措

强制隔离戒毒工作的主要目的是帮助戒毒人员戒除毒瘾,提高戒断率,降低复吸率。近年来,随着我国戒毒工作专业水平的不断提高,戒毒工作"重劳动,轻康复"的观念正在发生改变,把身体康复训练作为戒毒工作的重要组成部分已成为共识。相比于其他戒毒手段,身体康复训练有着独特的功能,它能使戒毒人员增强解决问题、应对外界压力的能力,提高戒毒人员与他人沟通的能力,培养戒毒人员遵守社会行为准则和团

---

① 《中华人民共和国禁毒法》由中华人民共和国第十届全国人民代表大会常务委员会第三十一次会议于 2007 年 12 月 29 日通过,于 2008 年 6 月 1 日颁布施行。

② 中华人民共和国国务院第 597 号令《戒毒条例》已经于 2011 年 6 月 22 日在国务院第 160 次常务会议上通过,自公布之日起施行。

③ 《司法行政机关强制隔离戒毒工作规定》已经于 2013 年 3 月 22 日经司法部部务会议审议通过,自 2013 年 6 月 1 日起施行。

结协作的精神，使其能在融洽的氛围中获得健康、和谐的身心发展，对戒毒人员戒除毒瘾、回归社会具有重要意义。

**（三）开展身体康复训练是帮助戒毒人员增进身心健康、提高免疫力的必然选择**

体能康复训练有益于提高戒毒人员全身系统的发展，改善肌肉、心血管、呼吸系统的功能，提高神经、内分泌系统的调适能力，加强机体的免疫力，提高反应速度和直觉判断能力，促进感觉、知觉能力的发展，以实现人体形态结构、生理功能和运动能力的完好状态。此外，长期坚持体能康复训练还能培养戒毒人员坚强的意志品质，调节不良情绪，降低紧张和不安，提高抗病能力，增强机体适应能力，使身心获得全面发展。

## 第二节　身体康复训练工作文献综述

通过文献资料法和逻辑归纳法，笔者对国外有氧运动与毒品滥用关系的研究现状和国内部分省份的探索实践进行了综述，以期呈现身体康复训练在国内外的探索路径。

### 一、国外研究现状①

美国流行病学研究证实，有氧运动与毒品滥用存在负相关，这种负相关可能有以下三种原因：

第一，运动作为一种可选择的非药物强化剂，可通过产生功能性神经适应引起药物滥用的降低，以此影响个体对毒品的敏感性。

第二，药物滥用可引起运动能力的下降。

第三，外界原因可能影响身体运动，如潜在的个性特点或是个体成长的环境影响。

这三种原因不是互相排斥的，第一种原因为我们提供了运动干预降低药物使用和滥用问题的理论框架。

① 参见赵辉等：《运动作为戒毒治疗手段的研究进展》，中国药物滥用防治协会主办的"思沃杯"2012年全国戒毒工作论坛，2013年。

(一)毒品和运动在临床前模型中具有相似点

与毒品滥用相似,运动在某些人中可产生积极的情感因素,也会在一些人中产生消极的情感影响。这些不同的情感状态取决于运动的强度和环境影响。这两种行为之间,关键的区别就是经常性地进行其中的一种行为会对健康有害,而经常性地采取另一种行为显然是有益的。在动物实验中发现,运动可以产生积极的情感因素,并且运动带来的积极情感状态持续的时间超过运动的时间。

(二)运动可以降低毒品的摄入

大量动物科学研究证实:运动可在动物体内产生奖励,改变中脑缘奖励神经回路上的信号传递,降低吸毒等给动物带来的不适感。运动可以激活海马中的环磷腺苷效应元件结合蛋白(CREB),通过强咖啡因的中介作用,在中脑系统促进大脑认知功能的改善。

(三)有氧运动可抑制可卡因的初吸速度

从最初尝试吸食毒品到经常性地吸食毒品的快速过渡被认为是个体发展成为毒品滥用和依赖的标志之一。因此,最初预防手段的目的之一就是阻断高危人群经常性吸食毒品的行为模式。最近一个以毒品初吸的速度作为主要测量方法的研究证实,运动组和静坐对照组存在显著性差异。史密斯(Smith)和皮斯(Pitts)在大鼠实验中证实了转轮运动在可卡因初吸阶段的作用。他们的实验结果显示,有氧运动可抑制可卡因的初吸速度,并且可以在一定程度上预防高危人群经常性地摄入毒品。①

(四)运动可以在可卡因摄入中产生保护性作用

很多学者针对运动在毒品成瘾阶段的作用进行了研究。至少有三项研究显示,运动作为非药物强化剂的作用是有效的,它可以降低毒品的摄入。卡纳里克(Kanarek)等人证实,转轮运动可降低液态苯丙胺溶液的摄入。② 卡斯格拉夫(Cosgrove)报道,进行转轮运动可以降低静脉

① SMITH M A, PITTS E G. Access to a running wheel inhibits the acquisition of cocaine self-administration[J]. Pharmacol Biochem Behav, 2011, 100(2):237-243.

② KANAREK R B, GERSTEIN A V, WILDMAN R P. Chronic running-wheel activity decreases sensitivity to morphine-induced analgesia in male and female rats[J]. Pharmacol Biochem Behav, 1998, 61(1):19-27.

内可卡因的摄入。① 运动和可卡因摄入呈负相关，因此可卡因的摄入也可以降低转轮运动的能力，而且这种负相关并无性别差异。米勒（Miller）也证实，转轮运动可以减少甲基苯丙胺成瘾者的反应。史密斯采用稍作改动的实验设计，证实有氧运动能降低可卡因的服用程度。这些发现说明，运动可以在可卡因摄入中产生保护性作用，运动的程度越大，可能得到的保护性作用就越多。

（五）运动可以预防毒品的摄入量增加

毒品摄入量的不断增加是毒品滥用的基本特征。如果通过增加日常服用时间来加大药物的服用，那么动物会表现出药物摄入的增加，这与在药物滥用人群中观察到的毒品摄入量提高现象是一样的。汤姆（Tom）的研究表明，有氧运动可以减弱可卡因摄入量的上升程度，并且表明在有吸毒史的人群中，运动可以作为预防毒品摄入量增加的有效干预措施。②

（六）运动可以减少戒毒后的觅药行为

毒品滥用的最后一个特征就是进行长期的戒毒康复后出现复吸行为。有报道称，70%以上的药物滥用康复人员在接受最初治疗的1年后复吸。多个因素会导致复吸的发生，但是在运动的环境中存在两个因素：伴有毒品使用的环境刺激和直接的毒品暴露。泽尔宾尼克（Zlebnik）等人报道，在雌性大鼠中，转轮运动降低了可卡因复吸过程的反应，单一的转轮运动对减少可卡因复吸非常有效，这表明运动对觅药行为的作用是直接的。③ 同样的，林奇（Lynch）报道，在雄性大鼠强制戒毒14天后，转轮运动足以减少诱导复吸行为的发生，这也表明运动作用的持续时间

① COSGROVE K P, HUNTER R G, CARROLL M E. Wheel-running attenuates intravenous cocaine self-administration in rats: sex differences[J]. Pharmacol Biochem Behav, 2002, 73(3):663-671.

② TOM D. Quality control by cocaine users: underdeveloped harm reduction strategies [J]. European Addiction Research, 2001, 7(4): 161-175.

③ ZLEBNIK N E, ANKER J J, GLIDDON L A. Reduction of extinction and reinstatement of cocaine seeking by wheel running in female rats[J]. Psychopharmacology, 2010, 209(1):113-125.

超过了运动的时间。[①] 史密斯(Smith)等人报道,在雄性和雌性大鼠中,长期的转轮运动可以减少可卡因复吸。[②] 综上所述,这些资料表明,运动可以减少戒毒后的觅药行为,有效地预防复吸行为的发生。

## 二、国内研究现状[③]

### (一)北京市戒毒系统的主要做法

2010年以来,北京市戒毒系统将运动康复应用到了戒毒工作中,与北京体育大学等专业院校合作,结合吸毒人员的实际情况,建立了PDCA运动康复戒毒模式。PDCA是指"Plan"(计划)、"Do"(执行)、"Check"(检查)、"Action"(行动)的第一个字母的组合。将PDCA循环模式运用到运动康复戒毒工作中,就是指按照PDCA的四个阶段实施运动康复质量效果管理工作,具体内容为确定运动康复工作的依据和目标(P),依据戒毒人员的体质状态来实施运动康复戒毒治疗工作措施(D),从而对运动康复戒毒治疗工作措施实施效果进行评价(C),进而总结分析运动康复戒毒治疗工作的经验和存在的问题(A),将成功经验标准化、巩固化,将未解决的问题转入下一个运动康复戒毒工作的PDCA循环中进行解决和改进。运动康复戒毒工作PDCA循环的四个环节环环相扣,承上启下,推动着运动康复戒毒治疗工作不断地创新发展。

北京市戒毒系统根据戒毒人员身体机能恢复的规律,运用PDCA循环工作模式制订训练计划,开展康复训练,进行训练监测,适时调整训练计划,将运动康复工作分为学习适应阶段、恢复提高阶段、巩固回归阶段三部分。

1. 学习适应阶段

戒毒人员在入所初期,面临的主要任务有三个:一是在民警的指导和帮助下,从体能方面初步进行改善,提升整体的身体机能;二是缓解症

---

① LYNCH G S. Separable forebrain systems controlling different manifestations of spontaneous activity[J]. J. Comp Physiol Psychol, 1970, 70(1):48-59.

② SMITH M A, PITTS E G. Access to a running wheel inhibits the acquisition of cocaine self-administration[J]. Pharmacol Biochem Behav, 2011, 100(2):237-243.

③ 参见中国司法行政戒毒工作协会:《康复训练工作科学化、专业化理论与实践研讨会论文集》,2017年。

状，发挥康复训练的治疗效果，帮助戒毒人员缓解稽延性症状，调整心理状态；三是学习技能，帮助戒毒人员了解康复训练的内容，掌握基本康复训练知识，培养运动康复动机。

2. 恢复提高阶段

戒毒人员完成入所学习适应期阶段后，基本掌握了一到两项运动康复操类技能，初步养成了一定的运动训练习惯，逐步开始适应一定强度的康复训练。

3. 巩固回归阶段

戒毒人员经过入所学习适应和恢复提高阶段后，大部分人各方面的身体素质都有较明显的改善提高，逐步达到甚至优于社会人员的平均水平（运动康复测试结果为合格或优秀）。

**（二）上海市戒毒系统的主要做法**

自司法行政职能转型以来，上海市在戒毒人员的身体康复训练工作方面进行了大胆的探索和有益的尝试，坚持以提高教育戒治质量为中心任务，充分利用社会资源，借外力、借外脑，积极探索科学的康复训练方法。经过几年努力，已初步建立了具有上海戒毒工作特色的身体康复训练工作体系。

1. 科学设置康复训练项目

2016 年，结合上海戒毒工作实际，上海市制定了《关于强制隔离戒毒人员身体康复训练的指导意见》，明确了必训项目、选训项目和特色项目。必训项目为“三操”（太极康复操、健心康复操、广播体操），要求戒毒人员全员掌握；选训项目丰富多样，包括健步走、球类运动等，可供戒毒人员选择；特色项目由各戒毒所自定，各戒毒所结合实际，创编了花式篮球、花式绳操等特色项目。

2. 科学设计康复训练方案

一是根据年龄分组，一般分为青年组（30 岁以下）、中年组（31～45 岁）和老年组（46 岁以上），不同年龄段的人选择不同的训练内容。二是根据不同的戒毒阶段分期，分为生理脱毒期、身心康复期、回归社会期。

3. 科学开展康复训练活动

上海市戒毒系统与上海师范大学合作，对戒毒人员进行体能运动干预研究，通过观察不同时期戒毒人员的体能素质、身体成分、骨密度和心血管功能变化，形成了不同时间点的评估标准，为科学制订戒毒人员康复训练大纲提供了理论依据。与上海市精神卫生中心合作，开展认知神经功能康复研究，结果发现颅磁刺激可有效改善戒毒人员的认知神经功能，降低戒毒人员对毒品的渴求。在日常工作中，要求在组织康复训练时注重这样几个结合：一是戒毒教育与康复训练相结合；二是理论教学与运动实践相结合；三是课堂教学与日常锻炼相结合；四是必训项目与兴趣爱好相结合；五是集体教学和个别指导相结合。

4. 营造康复训练的良好氛围

从 2013 年开始，各戒毒所大队每季度举办专项体育比赛，戒毒所每年举办两次运动会，全局每年举办戒毒人员体能康复团体项目评比活动。比赛评委从局内部抽选和邀请上海市体育局、上海体育学院等社会体育专家一起参加，组织各所民警和专家到各戒毒所康复训练现场巡回观摩评比，以赛促练，扩大了训练覆盖面，提高了戒毒人员参加康复训练的热情，强化了戒毒人员的组织性、纪律性，巩固了戒毒康复成效。

2017 年 12 月 29 日，国家社科基金重大项目“戒断药物依赖人群的健康教育模式及体育运动干预机制研究”开题论证会在上海体育学院举行。上海市和大理市强制戒毒所成立运动戒毒研究团队，开展了对“运动戒毒”模式的最初探索。该社科重大项目将与全国 10 个省市的 11 所戒毒所及康复工作站合作，通过建立全国体育运动戒毒示范区，在全国范围内进行大规模调研、实施及研究，明确我国当前体育健康教育在药物依赖戒断与康复过程中面临的实际问题；通过运动锻炼干预对“大脑可塑性”的影响，找出运动锻炼在药物依赖人群戒断与康复过程中对人体各方面的影响机制；通过量化评分，评估药物戒断人员在生理、心理、神经生物等多个维度的康复状况，计算出戒断人群当前的康复程度和未来复吸的可能性等。

**（三）浙江省戒毒系统的主要做法**

2017 年以来，浙江省戒毒系统在全面实施“四四五”戒毒模式的基础上，以“科学戒毒行动年”为主线，以增强戒毒工作的核心发展力为目标，探索开展了科学体能康复工作，取得了初步成效。值得一提的是，2017 年 12 月 22 日，美国科学促进会官方刊物《科学》增刊详细介绍了浙江戒毒系统“重复经颅磁刺激治疗，VR 虚拟现实毒瘾评估矫治和体能康复处方操”三项全新技术，为戒毒工作提供了“浙江方案”和“中国智慧”，引领了戒毒领域的技术革命浪潮。具体做法如下：

1. 深化认识，凸显理念先进性

浙江省戒毒系统与宁波大学体育学院合作，研究制订了新的《体能康复纲要》，并进行升级迭代。在康复目标上，从注重体质改善向脑体并重，以脑功能康复为核心靶向转变；在康复方法上，更加注重科学实施、过程监管，避免盲目训练；在康复效果上，更加注重因人而异、精准康复，增强了内驱力，提高了训练积极性。

2. 完善机制，把握戒毒的规律性

一是明确理论依据。上海体育学院周成林教授团队对 1990 年至 2013 年有关运动锻炼对吸毒人员影响的国内外实验研究进行了元分析，结果表明：运动锻炼不仅能够增强体质，改善负性情绪，而且能改善大脑认识，有效促进大脑神经细胞的再生长，进而恢复受损的大脑神经功能，尤其是与拒毒能力相关的认知控制能力，为《体能康复纲要》提供了理论支撑。

二是明确运行原则。训练计划包含四个部分，即热身部分、核心训练内容、放松整理部分及牵拉练习，其中核心训练内容包括四个要素——训练频率、训练强度、训练持续时间和运动类型。

3. 规范流程，突出训练的科学性

浙江省戒毒系统以“四四五”戒毒模式为平台，依据戒治流程内各个阶段戒毒人员的身体特征，科学合理地安排训练方案，组织丰富多样的运动内容，将体能康复训练贯穿于整个戒治流程：生理脱毒期以“轻运动”为主要运动形式，教育适应期以“适应性运动”为主要运动形式，康复巩固期以“处方式运动”为主要运动形式，回归指导期以“趣味性运动”为主要运动形式。

4. 加强保障，确保运行的有序性

浙江省从体系建设、康复师资、场馆建设、训练器材、检测设备、考核监督等方面进行了保障，与宁波大学体育学院研发设计了体能康复处方操，被司法部戒毒管理局评为“优势教育戒治项目”，并在全国戒毒场所推广。浙江省已具备有资质的民警达数百名，全省 10 个单位均已成为“省国民体质监测与健身指导站”和“国民体质测定站”；全系统还设立了

14 个县(市、区)级康复训练指导站和传统健身项目辅导站;省拱宸所、省莫干山女所分别建立了“浙江省国民体质与健身技术研究重点实验室男性戒毒人员研究室”和“浙江省国民体质与健身技术研究重点实验室女性戒毒人员研究室”。

**(四)山西省戒毒系统的主要做法**

一段时间以来,体能康复训练工作在山西省一度发展缓慢,这一方面是因为山西省起步较晚,戒毒系统对体能康复训练认识不到位;另一方面是因为山西省财政配套资金不到位,导致出现了“无场地、无器材、无人员”的三无境地。2017 年,山西省戒毒系统提出了“安全为先、戒治为本、硬件先行、人才支撑、引领智力、品牌亮化,用三年时间跨入全国前列”的体能康复训练发展思路。在这一思路的引领下,山西省的体能康复训练工作逐步踏上了正轨,如康复训练硬件设施基本达到了规范化运行的要求,警察专业化程度不断提高,成功申报了部(局)级优势教育矫治项目“运动康复手段辅助毒品戒治效果研究”,并成功入选。

2017 年,山西省以部分所为试点,开展了身体康复训练工作“3753”工作法,即训练形式采取“三期阶梯法”,训练步骤实施“七步循环法”,训练机制创新为“五环渗透”,评估标准完成“三次测试”。

1. 三期阶梯法

三期阶梯法秉承“适用与创新”的工作理念,对应脱毒期、康复期、回归期,将身体康复训练分为恢复适应运动期、提升有氧运动期、巩固拓展运动期三个阶段。

2. 七步循环法

(1)脱毒期:收集信息→测试评估→逐人分析→建立档案→教学训练→适应性观察。

(2)康复期:制订计划→开具处方→教学训练→测试评估→小结反馈→调整处方→档案管理。

(3)回归期:制订计划→教学训练→体质测试开具报告→终评建议→档案留存。

3. 五环渗透

(1)“体医结合”,即体能运动与医疗相结合。

(2)“体教对接”,即身体康复训练过程中着重做好“三个教育”:身体康复训练课程教育、实操教育、“体育精神”教育。

(3)“体食互补”，即在戒毒人员身体康复训练的过程中，根据不同期段，分别进行合理的营养搭配，保证身体康复的需求。

(4)“体心融合”，即针对戒毒人员在团体咨询中表现突出的问题，在身体康复训练中进行有针对性的拓展训练。

(5)“体特拓展”，即尊重戒毒人员的兴趣爱好，分类施教，同时结合“一所一特色、一队一品牌”建设，组建不同的身体康复训练兴趣小组。

4. 三次测试

分别在戒毒人员入所时、一年期和解除前三个阶段，参照“国民体质测定标准”进行三项三次测定，及时对戒毒人员的身体康复情况进行诊断评估，同时将测试情况作为诊断评估的依据。

**(五)广东省戒毒系统的主要做法**

广东省戒毒管理局提出了“三三六”强制隔离戒毒模式及“6121”工作规定。“6121”工作规定即在严格执行戒毒人员每周劳动时间5天，每天劳动时间不超过6小时规定的基础上，安排戒毒人员每天体能训练的时间不少于1小时，专题教育的时间不少于2小时，兴趣活动时间不少于1小时，其目的就是将更多的时间放在教育矫治和康复训练上。“三三六”强制隔离戒毒模式即“三期、三分、六法”戒毒模式，其中“三期”为戒治适应期、康复训练期和回归体验期，“三分”是指分期、分区、分类戒治，“六法”分别是医学戒治法、知行矫正法、心理矫治法、生理康复法、回归培训法、延伸帮戒法。康复训练期为9～16个月，几乎贯穿了戒毒人员在所戒毒的全过程。康复训练期间的任务是采用医学戒治、知行矫正、心理矫治、生理康复、回归培训等戒治方法，帮助戒毒人员恢复体质，增加毒害认知能力、行为约束能力、拒毒和防复吸能力、心理调试能力及社会适应能力，提高身心健康水平。

**(六)云南省戒毒系统的主要做法**

一是党委重视，为开展康复训练工作提供了强有力的保障，包括与昆明学院就戒毒人员身体康复训练工作开展了合作共建。

二是强化制度建设，促进康复训练工作的规范化。围绕“391”戒毒模式和“三分”管理工作的要求，云南省戒毒系统出版印刷了《身体康复训练手册》，让康复训练教材体系更加完善。

三是强化师资队伍建设，促进康复训练工作专业化。目前，云南省强戒系统有身体康复训练指导老师188名。2016年，云南省组织86名警察开展了身体康复训练，省五所组织100名警察开展了社会体育指导员资质培训，锻炼和培养了身体康复训练工作的中坚力量。

四是坚持突出重点，提高身体康复训练质量，制订身体康复训练教材、工作实施方案，规范康复训练内容，建立身体康复训练档案，创新施行“多维康复训练模式”，对感染艾滋病病毒的戒毒人员开展瑜伽训练，对未成年戒毒人员开展花式跳绳、腰鼓训练，对少数民族戒毒人员开展民族广场舞训练，取得了较好的效果。

五是保障经费，夯实康复训练工作的基础。云南省先后投入近1000万元用于康复训练工作的办公场地、设施和装备建设工作，2017年上半年又投入300万元为省一所、省四所、省女所购买了国民体质测试设备等专业设备。云南省每年还划拨40万元工作经费用于课题研究，多个单位的理论研究成果被《中国司法》《司法行政戒毒工作》刊载。

### 三、山东省戒毒系统的康复训练戒毒工作介绍

近年来，山东省戒毒管理局着眼于帮助戒毒人员恢复身心健康，以制度建设、设施建设为保障，以专业化、社会化为方向，强化方式方法创新，开创了山东“体疗”戒毒工作的新局面。

#### （一）加强制度建设

山东省戒毒系统精准把握了“体疗”戒毒工作的内在规律，明确了目标任务，厘清了工作思路，树立了“祛病、安神、健身、明心”的大康复理念，以“实质性康复”为目标，出台了《关于深入开展“体疗”戒毒工作的意见》，修订了体能康复训练测试标准和训练大纲，推广了《体能康复评估手册》，建立完善了康复训练工作流程、机制和标准体系，规范了“体疗”工作运行机制，探索了“体疗”戒毒工作新模式和新路径，推动了“一二三”康复训练体系的不断完善。

#### （二）推行精细化管理

根据戒毒人员体质特点和仪器设备的使用功能，山东省戒毒系统推行了处方式训练，在各戒毒所推广配备国民体质测试仪器，精准测量戒毒人员的身体状况；统一全省戒毒系统体能康复训练中心展示板的形

式，邀请省体育局专家论证指导康复训练场地建设和训练器材配备工作，提高了康复训练场地建设的科学性；引入色彩管理方法，为戒毒人员佩戴彩色手环，将戒毒人员的身体状况分为“正常参加训练”“适度参加训练”和“严密监控条件下恢复训练”三个等级，精准实施了个性化康复训练。

（三）丰富活动内容

山东省戒毒管理局在全省戒毒系统开展了戒毒人员全员、全时段的康复训练活动，形成了“一队一品、一所一品”的格局。戒毒所以大队为单位，统筹制订了康复训练计划，综合考虑了性别、季节、天气等因素，运用器材训练、球类训练、徒手操等多种形式，满足戒毒人员的不同需求。此外，还在全省戒毒系统推广太极拳、八段锦、五禽戏等项目，并举办了展示赛活动，充分发挥了这些项目的重要作用，调动了戒毒人员参与康复训练的积极性。

（四）强化专业保障

山东省戒毒系统积极加强与体育类院校的联系协作，完善教育培训体系，建立实践教学基地，建成了全系统体能康复专家人才库，定期组织专家教授深入戒毒场所进行培训、讲座。还与山东省各级体育局合作，举办了多期体能康复训练师（国职健身教练）培训班，戒毒警察经培训后获得国家认证的“国职健身教练证书”和“社会体育指导员证书”，为体疗戒毒的有效开展提供了人才保障。在全系统警察中开展优秀康复训练师评选活动，评选表彰了22名优秀警察康复训练师，达到了表彰先进、激励整体的效果。

（五）加强理论研究

山东省戒毒系统主动谋求与社会资源的深度协作，充分发挥平台优势，不断加强跨界交流与合作。例如，与山东体育学院联合成立了“体疗”课题研究组，开展虚拟现实戒毒体能康复训练系统对戒毒人员体能康复的影响研究，与上海体育学院联合申报国家社科重大项目“戒断药物依赖人群的健康教育模式与体育运动干预机制研究”，与滨州医学院联合申报国家自然基金课题“运动干预对冰毒成瘾者康复期学习记忆影响与研究机制”，形成了一批有价值、可复制、可推广的科研成果，推动了山东省体疗戒毒工作的创新开展。

# 第三节　智慧化康复训练戒毒的实践与应用

当前，信息技术日新月异，我们迎来了"互联网＋"时代，物联网、大数据、云平台等智慧化高新技术逐渐成为新时代司法行政戒毒工作的重要支撑。党的十九大报告指出，要贯彻新发展理念，善于运用互联网技术和信息化手段开展工作，实施健康中国战略。[①] 以信息为核心的高新技术已对新时代司法行政戒毒工作的创新发展和转型升级形成了倒逼机制，传统管理模式的转型换代迫切需要新的思路和新的技术。开展智慧化康复训练戒毒工作，是贯彻落实"健康中国"战略的有力举措，是实现戒毒工作从底线安全到治本安全转变的重要平台，有利于解决长期制约康复训练科技创新的现实难题。智慧化已成为康复训练转型的"助推器"，为康复训练戒毒工作的创新发展提供了广阔空间。

## 一、对智慧化康复训练戒毒的基本认识

伴随着移动互联网、大数据、云计算等新一代信息技术的出现，"智慧地球""智慧城市""智慧交通"等新概念应运而生，并成为经济社会生活中的热点话题。智慧化康复训练戒毒作为现代信息技术与康复训练戒毒融合的一种新形态，将全面提升康复训练戒毒工作能力，代表了互联网时代戒毒工作信息化发展的新方向。

智慧化康复训练戒毒可以理解为应用物联网、互联网、大数据、云计算等智能技术，对海量感知信息进行处理和分析，对戒毒人员康复训练各个领域的需求做出智能化响应和智能化决策支持，使康复训练戒毒的管理更加"聪明"。

## 二、智慧化康复训练戒毒的特征

智慧化康复训练戒毒是对传统康复训练戒毒模式的进一步扩展与

---

① 党的十九大报告在"坚定不移全面从严治党，不断提高党的执政能力和领导水平"部分中提出了这一要求。

提升，其综合运用物联网、互联网、云计算、大数据、智能感知等新兴信息技术，全面感知康复训练行为的物理环境，将康复训练行为的物理空间和数字空间有机衔接起来，为最终实现整合奠定了基础。相对于传统的康复训练戒毒，智慧化康复训练戒毒有如下特征：

（一）广泛覆盖

智慧化康复训练戒毒的网络基础强调移动互联网和物联网，为康复训练中的物与物、人与物、人与人之间的全面互联、互通、互动，为各类随时、随地、随需的应用提供了基础网络条件。广泛覆盖的信息感知网络作为智慧化康复训练的基础，将极大地增强智慧化康复训练戒毒工作的能力。

（二）协同运作

在传统的康复训练戒毒工作中，各主体、部门的边界和壁垒将这些实体资源和信息资源分割化，资源的组织方式是封闭的、零散的。智慧化康复训练戒毒“协同运作”的目的就是打破这些壁垒，实现对信息资源的整合，形成统一的康复训练戒毒资源体系。协同运作的智慧化康复训练戒毒工作中，采用的是开放、协同、整合的信息化架构。

（三）智能处理

传统康复训练戒毒存在信息资源体系庞杂、分散分布及异构数据库等不利状况，因此要求智慧化康复训练戒毒平台必须具有对海量信息进行智能处理转换的能力，使信息价值转换后获得提升，从而变得更全面，更具体，更易利用。云计算、大数据等新信息技术为康复训练的信息化发展提供了有力的智能处理能力。

## 三、智慧化康复训练戒毒的发展原则

（一）坚持统筹规划、分步推广

智慧化康复训练戒毒建设是一项系统复杂、周期较长的工程，必须在主管部门的统一规划下，统一认识，统一标准，统一规范，协调各方面的人力、物力、财力，各单位、各部门协同建设，试点先行，分步实施，确保各项工作有序推进。

（二）坚持需求导向、数据引领

要深入挖掘康复训练戒毒工作的应用需求，以解决实际问题为出发点，推动高新技术在司法行政戒毒工作中的深度应用。以数据汇聚共享促进业务流与综合管理流的有机融合，最大限度地发挥康复训练和测试数据在执法管理、诊断评估、医疗防护等方面的先导性和预警性作用。

**（三）坚持开放共享、安全可控**

加强资源整合，推进信息资源的实时交换，逐步实现康复训练数据在各戒毒所的开放共享；加强互动交流，并处理好开放、发展和安全之间的关系，建立有效的安全保障体系，积极防御，综合防范，提升康复训练戒毒的安全防护能力和水平。

## 四、主要任务

**（一）推进智慧康复训练中心建设**

运用物联网、大数据等新一代的信息技术，建设覆盖康复训练中心运行各个环节的高速有线、无线网络及各种智能信息终端，从而打造智能化门禁识别系统。通过人脸识别、指纹识别等技术，准确判断戒毒人员的身份，实时监控康复训练中心的运行状态和锻炼人数，提高康复训练中心的监管水平和运行效率。对传统设备进行智能化升级改造，逐步完成对传统训练器材的更新换代，对可以改造的传统训练器材安装智能传输模块，实时上传运动数据，通过模块的运用实现健身设备与互联网的连接。配置虚拟现实康复训练系统，利用三维技术和全景拍摄技术构建虚拟健身场景，使戒毒人员摆脱所受的健身场地限制，增强主观参与度，并通过游戏强度调节实现对体能、体质的促进。科学划分训练中心空间，结合康复训练中心的实际，合理划分测试区、训练区和休息区，将训练区划分为力量训练区、有氧训练区、虚拟现实智慧体感训练区，提高空间利用率，满足康复训练的实际需要。

**（二）推进智能化大数据分析应用系统建设**

通过各种传感器全面连接和感知康复训练相关的要素及行为，利用大数据、云计算等智能处理技术处理分析海量数据，建立个性化运动处方。畅通基础数据采集渠道，收集戒毒人员的基本健康数据，建立戒毒人员基础数据目录，通过传感器、自动识别、多媒体射频等技术，对戒毒人员的训练和测试数据进行全面感知，实现基层数据互联互通，防止“信息孤岛”。配制可穿戴式智能手环，对戒毒人员日常戒治生活和康复训练时的心率、睡眠质量、实时定位等数据进行24小时不间断收集处理，并上传云计算服务器。明确数据分析评判标准，建立戒毒人员量化指标评价体系，找出康复训练戒毒的量化指标函数，探索符合戒毒人员身体条件的体能测试标准，建立戒毒人员康复训练风险评估机制，构建戒毒人员运动风险识别、评估理论与方法体系，为云平台的数据处理提供科学参照。加强终端数据管控和决策，配备个人电脑终端、手持终端，实现多个独立系统功能的集成。强化移动执法终端平台功能建设，设置对应的体能康复 APP 作为戒毒人员体能康复数据收集、更新、流转的平台，形成所内戒毒人员体能康复“云数据”，协助康复训练师科学决策和判断，为开展有针对性的康复训练，及时调整运动处方提供依据。

**（三）推进智慧化康复训练戒毒信息管理系统建设**

以各戒毒所为基点，依托现有网络和平台，建立覆盖司法行政戒毒系统的康复训练戒毒信息管理系统，加强对信息数据的获取、处理与更新，做好数据挖掘与共享。建设康复训练戒毒数据库，纵向实现省戒毒局与各戒毒所信息系统的互通互联，横向实现各戒毒所之间信息资源的共享交换。建设涵盖场所设备管理、人员组织管理、运动数据管理等功能的基础数据库，并根据业务管理信息系统动态更新基础数据，为实现大数据的应用、开放、决策、监管提供支撑。建设特色康复训练戒毒智库，加强与高等院校的合作，依托康复训练戒毒研究中心，共建康复训练戒毒发展战略研究平台。组建康复训练戒毒发展战略研究智囊团，为深入开展调研、学术研讨、论坛活动提供专项咨询和保障服务。建设康复训练戒毒处方库，对戒毒人员的基本情况进行集中调研并分类研究，对体质健康基本数据进行检测，依据戒毒人员的年龄、性别、吸毒史、心理人格分类、基本体质状况等进行差异化运动处方设计，对戒毒人员的运动干预效果进行评定，并进行处方库校正，以建立覆盖全省戒毒系统的康复训练处方库。

# 第二章　身体康复训练基本原则

身体康复训练的原则是依据戒毒康复训练规律，组织戒毒人员进行康复训练所必须遵循的基本准则，反映了戒毒康复训练活动的客观规律，主要包括动机激励原则、系统训练原则、周期安排原则、适宜负荷原则、区别对待原则和适时恢复原则，对戒毒康复训练实践具有普遍的指导意义。

## 第一节　动机激励与系统训练原则

### 一、动机激励原则

动机激励原则是利用多种方法来激发戒毒人员从事康复训练的主动性原则。这一原则可启发戒毒人员表现出更高的训练积极性和主动性，促使他们高质量、高效率地完成各项康复训练任务，为彻底戒除毒瘾打下良好的基础。为贯彻动机激励原则，需要做到以下几点：

一是加强训练的目的性教育。通过各种教学手段，进行训练的目的性教育，帮助戒毒人员树立起自觉训练的态度和动机，使戒毒人员认识到戒毒康复训练对恢复身心健康、彻底戒断毒瘾的重大价值，从而获得鼓舞和激励。

二是满足戒毒人员合理的需要。要关心戒毒人员的生活，安排好他们的日常康复训练时间，为他们创造良好的训练环境，尽可能使他们在安全和尊重上得到必要的保障，引导戒毒人员形成“自我实现”的更高层次需要，以产生积极从事训练的动机。

三是激发戒毒人员参与训练的兴趣。根据不同年龄段戒毒人员的个性心理特征,激发戒毒人员参加戒毒康复训练和竞赛的兴趣。生理脱毒期时,应多以修身的形式进行全面训练。

四是发挥戒毒人员在训练中的主体作用,使戒毒人员了解训练的目的、任务、要求,并在一定程度上参与训练计划的制订和组织。只有这样,才能使戒毒人员由被动变为主动。同时,要有意识地培养戒毒人员独立思考的能力,提高戒毒人员在各种复杂的环境下控制自己思想和行为的能力。

## 二、系统训练原则

系统训练原则是指持续地组织戒毒人员参加康复训练的训练原则。它一方面指出,戒毒人员只有长时间且持续地进行训练,才有可能以训练成瘾替代毒品成瘾;另一方面又指出,必须采取循序渐进的训练,不能突变式地增加训练负荷。贯彻系统训练需要做到以下几点:

一是保持训练的系统性。全国司法行政戒毒系统目前普遍适用四期训练模式,包括生理脱毒期、教育适应期、康复巩固期、回归指导期。为保证不同时期训练任务的完成,使戒毒人员得以保持训练的系统性,各时期必须紧密衔接,防止各行其是。相应的对策是制订戒毒人员在不同时期的训练大纲。

二是建立和强化正确的训练动机。戒毒人员只有具有强烈的训练动机时,才能够积极主动地坚持系统训练,从而恢复身心健康。

三是提供强有力的社会支持。戒毒康复训练不仅局限在强制隔离戒毒场所这一狭窄的范围内,而且要成为具有广泛联系的社会活动。戒毒人员的学习、职业、经济收入、婚姻、家庭等各个方面的状况,都对其训练有着不可忽视的重要影响。这些问题若得到妥善解决,必然会给训练活动以有力的支持。

## 第二节　周期安排与适宜负荷原则

### 一、周期安排原则

周期安排原则是指周期性地组织戒毒康复训练过程的训练原则，即依据戒毒人员机体的生物节奏变化规律和训练安排的周期性特点，按照一定的动态节奏循环往复，再逐步提高地安排训练内容和负荷量度。贯彻周期安排原则需要做到以下几点：

一是按照周期性的特点来组织进行。按照一个训练周期所包含的时间跨度的不同，可将其分为两年训练周期、年度训练周期、季度训练周期及日训练周期等。

二是处理好固定因素与变异因素的关系。尽管人体本身受着生物节律的影响，但它并不是绝对不变的，人们完全可以通过训练安排使其在特定的时间里表现出最佳的状态。康复训练师应努力做到有把握地调节这一变异因素，使之与戒毒人员特定的训练日程安排相吻合。

三是注意周期之间的衔接。把一个完整的训练过程划分成若干个较小的周期之后，人们往往会忽视各周期之间的衔接，主要表现为注重训练过程的阶段性而忽略了连续性。因此，在具体的训练过程中，应特别注意周期之间的衔接。

### 二、适宜负荷原则

适宜负荷原则是根据戒毒人员的现实可能及人体机能的训练适应规律，以提高戒毒人员身心健康的需要为目的，在训练中给予相应量度负荷的训练原则。贯彻适宜负荷原则需要做到以下几点：

一是正确理解负荷的构成。戒毒康复训练过程中的任何一个负荷都包含着负荷的量度与强度这两个方面。前者反映负荷对机体刺激量的大小，后者反映负荷对机体刺激的深度。反映负荷量大小的指标一般为次数、时间、距离、质量等。任何负荷的量均以一定的强度为条件而存在，任何负荷强度又都以一定的量为其存在的必要基础。一个方面的变化必然会导致另一个方面的相应变化，对此康复训练师一定要综合考虑。

二是渐进式地增加负荷的量度。随着戒毒人员年龄的增长和身心健康程度的提高，通常需要相应地加大负荷的量度，但这一变化必须循序渐进，才能得到理想的效果。

三是科学地探求负荷量度的临界值。负荷的增加需要有起有伏，每次负荷下降可比前一阶段的最高负荷稍低，然后再提高到新的水平。依此规律，始终按波浪式上升，此时无论连接波峰或波谷，均表现出斜线上升的趋势。

## 第三节　区别对待与适时恢复原则

### 一、区别对待原则

区别对待原则是指对于不同的戒毒人员，应有区别地组织相应的训练，选择相应的训练科目，给予相应的休息时间。针对不同戒毒人员训练中的个体特异性实施区别对待原则，是戒毒康复训练中应遵循的重要原则之一。贯彻区别对待原则要做到以下几点：

一是贯彻区别对待原则时需要考虑多方面的因素。每个训练对象都有不同的生物学、心理学、社会学及训练学方面的特征，这是贯彻区别对待原则时经常需要考虑的因素。在训练中，对不同性格的训练对象，康复训练师应运用不同的语言艺术进行指导。场地、气候、同伴、环境等也是贯彻区别对待原则时所必须考虑的。

二是正确处理训练中共性与个性的关系。通常，康复训练师容易忽视戒毒人员的个人特点，针对枯燥、单调的个人训练项目，如能有效地组织集体训练，就会减轻戒毒人员的心理负荷，使他们对训练产生更高的兴趣，从而收到事半功倍的效果。康复训练师可围绕身心健康的几个主要决定因素来了解具体情况。

### 二、适时恢复原则

适时恢复原则是指消除戒毒人员在训练中所产生的疲劳，并通过生物适应过程产生超量恢复,以提高机体能力的训练原则。在戒毒人员疲劳到一定程度时,依照训练的统一计划,适时安排必要的恢复性训练,采取有效的恢复措施,使戒毒人员的机体快速得到充分的恢复和提高。贯彻适时恢复原则要做到以下几点:

一是准确判别疲劳程度。戒毒人员疲劳程度的判别通常是根据自我感觉和外部观察来进行的,也可采用一些较客观的生理及心理测试方法。自我感觉是简单有效的判别方法,戒毒人员在疲劳时,会有肌肉僵硬、局部酸痛、四肢无力、呼吸急促、胸部发闷等感受。在恢复过程中,上述疲劳感将逐渐减轻或消失,自我感觉新的活力又重新滋生,继续训练的愿望也逐渐加强。外部观察也是康复训练师常用到的判别戒毒人员负荷情况的方法。

二是积极采取加速机体恢复的适宜措施。恢复手段主要包括变换训练内容和训练环境,交替安排负荷,调整训练间歇的时间与方式,在训练课中穿插和采用一些轻松愉快、富于节奏性的练习等。在恢复过程中,以轻微的肌肉活动为主,来帮助肌肉和血液中的乳酸更快地消除。安排好每天的训练时间,使其成为一种习惯性的定型,也有利于机体的恢复。由于训练时戒毒人员的能量消耗大,故训练后的能量补充除了考虑补充物的数量,还应注意各种营养素的适宜搭配。

# 第三章　身体康复训练的内容

戒毒人员由于长期吸毒，大都处于身体疾病和心理疾病的共病状态，这对其身体造成了严重损害。探索一条科学化、专业化的戒毒途径，积极推动“六疗”（其中包括“体疗”，即身体康复训练工作，重在科学运用体育锻炼方法，促进戒毒人员祛病安神、固本培元、祛邪扶正）戒毒模式，对于帮助戒毒人员从根本上祛除毒瘾具有独特的重要作用。

## 第一节　身体素质训练

身体素质是指人在体育运动、劳动和生活中所表现出来的机能能力，如力量、速度、耐力、柔韧性和反应灵敏程度等。人的身体素质水平不一，主要由人体运动器官的解剖和生理特点、肌肉工作时的供能状况以及内脏器官和调节能力等决定。一个人身体素质的好坏与遗传有关，但与营养和体育锻炼的关系更为密切。通过正确的方法和适当的锻炼，可以从各个方面提高身体素质水平。

### 一、力量训练

#### （一）力量素质的定义

力量素质是指人体神经肌肉系统在工作时克服或对抗阻力的能力。[①] 人体的运动都必须依靠力量的作用才能实现，所以力量又被称为“运动之源”。力量素质对速度、耐力等运动素质都有着重要的影响。

---

① 参见田麦久主编：《运动训练学》，北京体育大学出版社 2000 年版，第 191 页。

力量素质的分类体系繁多，根据完成不同项目所需力量素质的特点，可将其分为最大力量、快速力量和力量耐力。

（二）生物学因素对肌肉力量的影响

1.肌纤维收缩的初长度

肌肉在收缩时的初长度极大地影响着肌纤维收缩的力量。通常来说，在适当的初长度下，肌肉的收缩效果最好。肌节过短或过长都将因肌球蛋白横桥与肌动蛋白结合的数量减少而导致肌力下降。

2.参与工作的肌纤维数量

肌肉在收缩时产生张力的大小与参与工作的肌纤维数量有关。肌肉收缩时，参与兴奋的肌纤维数量越多，产生的张力就越大。

3.肌纤维类型

每块肌肉均由不同类型的纤维组合而成，包括慢肌纤维和快肌纤维。慢肌纤维收缩的持续时间长，快肌纤维收缩的持续时间短。慢肌纤维兴奋时冲动频率较低，但可持续较长时间；快肌纤维兴奋性高，收缩力量大，但容易疲劳。

4.肌肉横截面积

肌肉的生理横截面积是决定肌肉力量大小的重要指标。通过力量训练促进肌纤维横截面积的增加，从而引起肌肉力量的增加。

5.肌肉工作的协调性

肌肉工作的协调性是指肌肉内和肌肉间工作任务的专一性。肌肉间工作任务的专一性是指在特定的任务下肌肉之间的激活形式和相互作用，主要表现为单关节中主动肌和对抗肌的相互作用，还有多关节运动中主动、被动、协同及固定肌群之间的协调作用。

（三）力量素质的训练及评定

1.快速力量的训练及评定

快速力量的主要训练方法有：

（1）金字塔训练法。采用金字塔训练方法进行快速力量训练时，要求起始负荷为最大强度的90％，分5次逐渐递增强度，最后达到100％。

（2）中低强度快速用力法。该方法强度控制在最大强度的30％～50％；负荷数量为每组5～10次，累计3～6组；间歇时间不宜过长；动作要求协调、流畅。

(3)复合训练法。该方法是最大力量练习和爆发性用力练习相结合的一种训练方法,其首先进行最大力量训练,接着进行快速收缩用力练习。

(4)最大向心-离心用力法。该方法将发展力量提高率的最大离心用力的最高峰值负荷特点与最大向心动作优势结合在一起,完成技术动作时,几乎自由下落的杠铃应当在最短的时间内减速,然后加速。该方法通常用于卧推和上翻练习中,强度在最大强度的70%~90%,每组6~8次,3~5组,组间时间5分钟。①

(5)超等长训练法。超等长训练法是通过肌肉收缩性、弹性和牵张反射发展力量的方法,训练目的是通过脊髓反射改善神经系统的适应性,增强肌肉力量,提高支撑力、弹跳反应力、鞭打力等。

快速力量的评定:通过计算速度力量指数,可评定速度力量。快速力量指数=力量的极值×达到力量极值的时间。

2.最大力量的训练及评定

最大力量素质的主要训练方法有:

(1)极限强度法。极限强度法的最大特点是负荷强度达到了极限值。该方法中,负荷强度的选择是从接近本人最大强度开始,然后递增负荷数量,重复1~2次,组间间歇时间4~5分钟。②

(2)重复训练法。重复训练法分高强度重复训练法和中等强度重复训练法,现分述如下:

高强度重复训练法通过提高参训者肌肉内及肌肉间的协调程度而提高最大力量,同时减少肌纤维体积的增加。该方法负荷强度控制在最大强度的85%以上;负荷数量为每组1~6次,累计3~6组;间歇时间2~5分钟。

中等强度重复训练法的目的是通过提高一定的负荷刺激使肌纤维体积增加。负荷强度控制在最大强度的65%~85%;负荷数量为每组6~12次,累计3~6组;间歇时间0.5~1.5分钟。

(3)静力练习法。静力练习法对提高康复训练人员的最大力量有很

---

① 参见田麦久主编:《运动训练学》,北京体育大学出版社2000年版,第201页。

② 参见田麦久主编:《运动训练学》,北京体育大学出版社2000年版,第194页。

好的作用。负荷强度为最大强度的 60%～70%时，持续时间为 6～10 秒；负荷强度为最大强度的 80%～90%时，持续时间为 4～6 秒；负荷强度在最大强度的 95%以上时，持续时间为 2～3 秒。练习组数不超过 4 组，间歇时间相对较长。[①]

(4)极限次数法。极限次数法是以某一个强度达到极限练习次数的训练方法。该方法对促进肌肉肥大、增加肌肉横断面积效果显著。极限次数法的训练强度控制在最大强度的 65%～85%。[②]

(5)金字塔训练法。该方法开始的强度不低于最大强度的 65%，然后逐步提高强度，减少重复次数，直至最大强度。具体要求为开始负荷为最大负荷的 70%，做 4 组，每组 4 次；递增负荷至 80%，做 3 组，每组 3 次；递增负荷至 90%时，做 2 组，每组 2 次；递增负荷至 100%，做 1 组，每组 1 次。常用的最大力量测试方法有卧推、半蹲、深蹲、握力、背肌力、屈臂悬垂、引体向上、双杠臂屈伸、俯卧撑等。

3. 力量耐力的训练与评定

力量耐力的主要训练方法有：

(1)循环训练法。该法是将人体不同肌群分别参与工作的 6～10 个练习按一定顺序排列，康复训练人员依次连续完成各站规定的练习，短时间间歇后再做下一组。根据一组练习负荷的大小，可分别选做 3～10 组，从而使不同肌群的力量耐力得到发展。一次做 3～5 组，组与组之间可采用慢跑作为间歇。

(2)间歇训练法。组间间歇时间可以为 30～90 秒或者更多，练习时间较短(如 20～60 秒)，并且完成几组练习之后，若需要达到疲劳积累的目的，那就应该在工作能力尚未完全恢复时进行下一组练习。[③]

(3)持续训练法。一般采用 25%～60%的负荷强度，多次重复，直至达到极限。具体次数因负荷强度的不同而异。[④] 重复组数视康复训练人员而定，一般组数不宜太多。应避免用组数去弥补练习重复次数的不足。

对力量耐力的评定可用力量耐力指数来进行，力量耐力指数＝练习

---

① 参见田麦久主编：《运动训练学》，北京体育大学出版社 2000 年版，第 194～195 页。

② 参见田麦久主编：《运动训练学》，北京体育大学出版社 2000 年版，第 195 页。

③ 参见田麦久主编：《运动训练学》，北京体育大学出版社 2000 年版，第 200 页。

④ 参见田麦久主编：《运动训练学》，北京体育大学出版社 2000 年版，第 200 页。

阻力×重复次数。另外，针对局部肌肉的力量耐力进行评价时，应该选择该部位肌肉的最大重复次数或一定时间内完成的次数，如1分钟仰卧起坐、最大次数仰卧起坐等。

## 二、速度训练

### （一）速度素质的定义

速度素质是指人体快速运动的能力。[①] 快速运动的完成依靠机体运动的加速度和最大速度。机体运动的加速度受到身体重量和力量的影响，因此，速度素质和力量有着密切的联系。

速度素质包括反应速度、移动速度和动作速度。其中，反应速度是指人体对各种信号刺激（声、光、触等）快速应答的能力，移动速度是指人体在特定方向上位移的速度，动作速度是指人体或人体某一部分快速完成动作的能力。[②]

### （二）速度素质的影响因素

反应速度主要取决于人的感受器（视觉、听觉）和其他分析器的特征，以及中枢神经系统与神经肌肉之间的协调关系。反应速度素质受遗传效应影响较大，在训练过程中，反应速度提高的幅度是很小的。

移动速度的主要影响因素是单个动作的幅度与动作的频率，即单位时间内完成的动作周期数和每一个动作周期在特定运动方向上的位移幅度。这两个因素状况的改善以及它们之间的合理组合是提高移动速度的关键。

动作速度主要取决于中枢神经系统的功能、引起该部位运动的肌肉力量大小以及康复训练动作的合理性。

### （三）速度素质的训练方法及评定

1.反应速度的训练方法及评定

（1）移动目标练习。训练者对移动目标的变化做出反应，如通过篮球、羽毛球、乒乓球、丢沙包、踢毽子等练习提高反应速度。[③]

---

① 参见田麦久主编：《运动训练学》，北京体育大学出版社2000年版，第206页。

② 参见田麦久主编：《运动训练学》，北京体育大学出版社2000年版，第207页。

③ 参见田麦久主编：《运动训练学》，北京体育大学出版社2000年版，第209页。

(2)信号刺激法。利用突然发出的信号，提高康复训练人员对信号的反应能力。该方法要求参训人员能对各种信号迅速做出反应，如通过起跑的口令、队列训练的口令、体育游戏的口令等信号提高反应能力。[①]

(3)逆反应练习。参训人员对指挥员下达的口令做出相反的应答动作，如指挥员下达“蹲下”口令，参训者站立不动；指挥员喊“向左转”，参训者向右转等。

反应速度的评定：人们通常通过测定反应时，即参训人员对信号刺激做出反应所需的时间来评定个体的反应速度。

2. 动作速度的训练方法及评定

(1)增阻练习法，即加大难度、加大阻力进行练习后，突然将阻力或难度恢复到正常水平，来有效提高动作速度，如负重俯卧撑练习。

(2)减阻练习法，即在训练中给参训者以助力或者减轻外界阻力，帮助其快速完成动作的训练方法，如在仰卧起坐训练中给予助力。

(3)信号刺激法，即利用同步声音的伴奏等，使参训者伴随着声音信号的快节奏而做出协调一致的快速动作，如听掌声、哨声做高抬腿练习。[②]

(4)变换训练法，即缩小完成练习的空间及时间界限的方法，常常通过限制活动的时间、范围，进而达到提高动作速度的目的，如半场 3 人制的篮球赛等。

动作速度的评定：因为动作速度寓于某一个技术动作之中，如跳跃起跳的动作速度、跑步摆腿的动作速度等，所以动作速度的测量是与技术参数的测定联系在一起的，像出手速度、起跳速度等。此外，还可以通过对连续多次完成同一动作的计时求出单次动作的平均速度。

3. 移动速度的训练方法及评定

(1)最大速度训练法。最大速度训练法是指利用器材或场地突破已有速度极限的练习方法，基本方法有下坡跑、牵引练习、高速跑步机冲刺等。[③]

---

① 参见田麦久主编：《运动训练学》，北京体育大学出版社 2000 年版，第 191 页。

② 参见田麦久主编：《运动训练学》，北京体育大学出版社 2000 年版，第 209 页。

③ 参见田麦久主编：《运动训练学》，北京体育大学出版社 2000 年版，第 214 页。

(2)起动能力练习。起动训练包括起跑练习、负重短距离加速练习和短跑辅助技术练习,如折返跑等。

(3)速度耐力的练习。速度耐力训练的目标是改善和提高有氧运动能力,常用的手段有持续的放松跑、法特莱克跑(即加速跑、慢跑交替进行)、需要持续运动的比赛、间歇跑(即中等强度的400米跑,伴以极短时间的休息)、循环训练等。

移动速度的评定:测定移动速度时,常用测量短距离跑的方法。测试要求受试者全力加速,以最短的时间完成考核。

## 三、耐力训练

### (一)耐力素质的定义

耐力素质是指机体在一定时间内保持特定强度负荷或动作质量的能力。保持特定运动强度或动作质量是耐力水平的直接体现。耐力水平的提高表现为更长时间保持特定强度或动作质量,或在一定时间内承受更高强度的能力。

一般来说,按人体的生理系统分类,耐力素质分为肌肉耐力和心血管耐力。肌肉耐力也称为“力量耐力”,心血管耐力又分为有氧耐力和无氧耐力。[①] 其中,有氧耐力是指机体在氧气供应比较充足的情况下能坚持长时间工作的能力,无氧耐力是指机体在以无氧代谢为主要供能形式时坚持较长时间工作的能力。无氧耐力又分为磷酸原代谢供能的无氧耐力和糖酵解供能的无氧耐力。在无氧代谢的肌肉活动中,糖的酵解供能产生乳酸。机体处在这种状态下坚持长时间工作的能力就称为“糖酵解代谢供能的无氧耐力”。在无氧代谢供能的肌肉活动中,磷酸肌酸分解供能,不产生乳酸,称为“磷酸原代谢供能”,机体处在这种状态下坚持较长时间工作的能力就称为“磷酸原代谢供能的无氧耐力”。

### (二)耐力素质的影响因素

耐力素质取决于体内能源物质的储存、个体有氧代谢的能力、对疲劳的心理耐受程度以及支撑运动器官承受长时间工作的能力这四个方面。

长时间的单一练习,如跑步、游泳、骑自行车等,既能发展机体有氧

① 参见田麦久主编:《运动训练学》,北京体育大学出版社2000年版,第216页。

代谢的能力，又能发展进行该项运动主要工作肌群及关节、韧带的工作耐力；而长时间变换内容的练习则会减轻局部运动组织的工作负荷，着重培养有氧代谢的能力。

（三）耐力素质的训练及评定

1. 有氧耐力的主要训练方法及评定

（1）间歇训练法。负荷强度：心率 170～180 次/分。运用间歇训练法必须严格控制间歇时间，在机体尚未充分恢复时（心率恢复到 120 次/分左右）进行下一次练习。运用间歇训练法练习的持续时间需要半个小时以上，时间过短则难以取得理想的训练效果。①

（2）持续训练法。采用持续训练法发展有氧耐力的训练强度相对较小，心率控制在 140～170 次/分。这个训练强度对提高机体的心脏功能尤为有效，对改善肌肉的供血能力和直接吸氧能力也有特殊意义。②

有氧耐力训练的适宜心率可这样计算：安静心率＋（最大心率－安静心率）×（60％～70％）。

一般地讲，发展有氧耐力训练时间应不短于 30 分钟。训练方式包括匀速持续跑（心率控制在 150 次/分左右）、越野跑（在自然环境中练习可提高参训者的兴趣，推迟疲劳的产生）、变速跑［负荷强度可从较低强度（心率 130～145 次/分）提高到较高强度（心率达 170～180 次/分）］和法特莱特跑（有利于提高参训者训练的兴奋性，吸进更多的新鲜氧气，推迟疲劳的出现）。③

（3）循环练习。选择作用于心血管耐力的练习为主要手段，每次练习的负荷可按极限负荷的 1/3 安排。

（4）游戏练习。通过体育游戏的方式进行训练，心率为 140～150 次/分钟为宜，运动时间在 20 分钟以上。

有氧耐力的评定：评定有氧耐力的方法有很多，一般多采用的方法是定距离的计时位移运动，如 1500～10000 米跑等。还有定时计距离的 12 分钟跑等。

---

① 参见田麦久主编：《运动训练学》，北京体育大学出版社 2000 年版，第 219 页。

② 参见田麦久主编：《运动训练学》，北京体育大学出版社 2000 年版，第 218 页。

③ 参见田麦久主编：《运动训练学》，北京体育大学出版社 2000 年版，第 218～219 页。

2.无氧耐力的训练及评定

无氧耐力训练的强度应达到80%～90%，一次练习的持续时间为1～2分钟，若以跑为训练手段时，距离应控制在300～800米，一般以400米为宜；若以游泳为训练手段时，游程可控制在100～200米。

每组练习的重复次数不必过多，初训者可安排2～3组，后期逐渐增加。确定练习重复组数的基本原则是，使参训者在最后一组也基本能保持所规定的负荷强度，而不应下降得过多。

无氧耐力训练的间歇时间安排有两种做法，一种是采取逐渐缩短时间的方式安排，如第一、二次之间间歇5～6分钟，第二、三次之间间歇4～5分钟，第三、四次之间间歇3～4分钟，这样做有利于体内乳酸的堆积。另一种是每次间歇时间以恒定不变的方式安排，如每次练习之间休息4分钟等。

组间的间歇时间一般要长于练习时间，以利于恢复。评定无氧耐力时可采用持续1分钟的练习作为评定指标，如400米跑。

3.一般耐力训练的常用方法和手段

(1)各种形式的长时间跑。

(2)长时间进行的其他周期性运动，如骑单车、划船等。

(3)长时间重复做某一非周期性运动，如篮球运动中多次变向练习。

(4)反复做克服自身体重的练习，坚持较长时间的抗小阻力练习。

(5)循环练习等。①

通过对耐力素质的训练，能培养参训者克服机体的疲劳感、坚持高负荷训练，在康复训练中顽强拼搏、克服困难、坚持到底的信心和能力等良好的意志品质，在增强参训者自信心方面起着积极的作用。

## 四、柔韧训练

### （一）柔韧素质的定义

柔韧素质是指人体关节活动幅度的大小以及跨过关节的韧带、肌腱、肌肉、皮肤及其他组织的弹性和伸展的能力。柔韧素质通过关节运

---

① 参见田麦久主编：《运动训练学》，北京体育大学出版社2000年版，第211页。

动的幅度，也就是按一定的运动轴产生转动的活动范围而表现出来。[①]关节的活动幅度主要取决于关节本身的结构，即跨过关节的肌肉、肌腱、韧带等软组织的伸展性。

柔韧素质在运动训练过程中发挥着重要的作用，主要有以下几点：

（1）有利于对技术动作的掌握。柔韧性的提高可以改善关节的灵活性，增加动作的协调优美感。身体柔韧性的提高还有助于完成复杂的动作。

（2）有利于力量和速度的发挥。踝、髋、肩等关节柔韧性的改善有利于加大身体各部位的活动幅度，为力量和速度素质的提高提供帮助。如果肌肉力量的提高与肌肉柔韧性的发展之间失去平衡，关节的运动幅度就会受到影响。

（3）防止、减少伤害事故的发生，延长运动寿命。四肢的伸展和柔韧性练习可使关节周围的肌肉群伸展，满足训练、比赛的要求。有计划地加强力量和柔韧性练习还可以保护关节，防止伤病的发生。

**（二）柔韧素质的训练**

拉伸是提高柔韧性的主要方式。按照拉伸的方式划分，伸展练习有两种类型：动力性伸展练习与静力性伸展练习。拉伸需要参训人员使身体的关节运动到活动范围受阻的地方，在这个受阻的地方施加一定的力以完成拉伸运动。在运动实践中，不同的运动项目常选择不同的拉伸方式。田径项目要求四肢活动具有弹性和节奏，且依靠身体运动所产生的动量来发挥力量，所以常采用动力性伸展练习；而体操等表现性项目则较多采用一些静力性拉伸练习。[②]

1. 动力性拉伸练习

动力性拉伸是指有节奏的、速度较快的、幅度逐渐加大且多次重复一个动作的拉伸。在运用该方法时用力不宜过猛，幅度一定要由小到大，先做几次小幅度的预备拉长，然后加大幅度，以避免拉伤。动力性拉伸运动由一整套大幅度动作组成，比静力性拉伸的运动强度要大，一般放在静力性拉伸运动之后，可为训练做好准备。动力性拉伸运动能够刺

---

① 参见田麦久主编：《运动训练学》，北京体育大学出版社 2000 年版，第 225 页。

② 参见田麦久主编：《运动训练学》，北京体育大学出版社 2000 年版，第 227 页。

激某些特殊关节神经系统的活动，通过这些活动，使肌肉和关节为接下来的激烈运动做好热身准备。

动力性拉伸练习有助于保持关节运动的幅度，但不能改善肌纤维长度。事实上，动力性拉伸练习引起的是肌肉牵张反射，肌纤维被暂时拉长。如果过度牵拉肌纤维，就会导致肌纤维受损，造成肌肉弹性丧失。在安排动力性拉伸练习时，教练员必须清楚练习的潜在危险。动力性拉伸每个练习重复5～10次。

2. 静力性拉伸练习

静力性拉伸运动是在一定时间里，缓慢地将肌肉、肌腱、韧带拉伸到一定活动范围的拉伸活动。静力性拉伸运动的主要特征是动作缓慢并停留一定时间。静力性拉伸练习是目前较理想的拉伸练习方法。与动力性拉伸练习相反，静力性拉伸练习要求四肢缓慢拉伸，参训者着重体会肌肉被拉长的过程。这种方法可减少或消除超过关节伸展能力的危险性，防止拉伤。

静力性拉伸有两种形式，即主动性拉伸和被动性拉伸。主动性拉伸要求参训者始终依靠自身的力量完成练习，并保持15～20秒钟。被动性拉伸是指参训者开始自己练习，在练习的最后阶段再借助外力进行拉伸。

静力性拉伸练习的要点是每一个动作停顿15～20秒钟，重复2次，每周练习5～7次。在做拉伸运动时要顺应身体状况。做伸展运动时，会有肌肉的被牵拉感，但不是疼痛感或不适感。如果感到疼痛，应立刻停止练习。[①]

3. PNF拉伸运动

PNF拉伸又称“本体感受神经肌肉促进法”，主要是通过增加肌肉的张力和活动来放松肌肉。由于这种方法的练习能有效改善特定肌肉的功能和提高关节的柔韧性，所以在训练中一直被作为增加肌肉柔韧性的主要手段。PNF拉伸包括被动的拉伸运动和主动的肌肉收缩活动，这种方法能够促进肌肉的放松，因而比其他拉伸方法更有效。其缺点是需要同伴的帮助，不能自己完成，同时需要专门的知识为基础。该法既可以

---

① 参见田麦久主编:《运动训练学》，北京体育大学出版社2000年版，第227页。

在练习的热身阶段采用,又可以在放松恢复阶段采用;既可以作为一般性柔韧性练习手段,又可以作为专门性柔韧性练习手段。

在PNF拉伸运动过程中,包含静态拉伸和被动拉伸。PNF拉伸有三种类型的技术,分别是静力-放松、收缩-放松、静力-放松,练习的同时对侧主动肌收缩。

4.被动拉伸练习

在被动拉伸练习中,练习的最后部分必须借助外力完成。在练习中,当参训者感到疼痛时,要停止施加外力。被动拉伸练习的好处是强调参训者在练习中要尽量放松对抗的肌肉群,即拉长的肌肉群。在拉伸练习中,施训者与参训者之间应密切合作,施训者应辅助参训者进行柔韧性练习,以防止伤害事故的发生。被动拉伸练习由一名同伴或一名教练协助来完成。被动拉伸一定要掌握必要的技巧,以保证安全。被动拉伸运动对于提高参训者的关节活动范围特别有效,但协助练习的同伴或施训者必须小心,避免参训者受伤。

被动拉伸的练习要点:参训者应该动作缓慢,自己有所控制;被动拉伸运动应给予肌肉微微拉紧的感觉,而非疼痛感;参训者和施训者应及时交流,保证拉伸运动的安全;参训者自己应感受所做的伸展运动恰到好处的状态,而非"多多益善"。

(三)柔韧素质的评定

测量与评定柔韧素质带有局部性的特点,其测量方法和手段均涉及身体有关部位在完成某些特定动作时的活动幅度。评定柔韧素质采用最多的方法是用直尺、皮尺、量角器等工具直接测量关节活动的幅度。

柔韧性测量的指标是角度和距离。例如,测量肩关节活动幅度时,可手持木棍进行转肩练习,同时测量两大拇指的间距,间距越小,则肩关节的活动幅度越大,即柔韧性越好。

## 五、协调训练

### (一)协调的定义

协调素质是指机体不同器官、不同系统、不同部位协同配合完成技术动作的能力,协调能力是形成运动技术的重要基础。运动协调能力是综合的神经机能能力,其表现形式即是运动协调。人体的运动协调能力由反应能力、本体感知能力、空间定向能力、平衡能力、节奏能力、动作认知能力等多种要素构成。

**(二)协调素质的训练**

发展协调素质可通过分解的协调素质训练和组织综合的协调素质训练两条途径进行。

1. 平衡能力的训练

平衡能力是指人体维持平衡的本领。人体运动时总是与维持相对稳定的身体位置相关,即与保持平衡相关。平衡是通过对抗使身体偏离适宜位置的力(惯性力、支撑反应力等)而达到的状态。人体保持稳定姿势的能力是保证人体基本静态位置的关键能力,也是人体有效完成某一动作的基础。

2. 反应能力的训练

反应能力是指人的神经系统及动作的快速应答能力。机体反应能力的强弱直接影响着协调能力的水平高低,常用的练习如快速反应能力(如快速改变方向的各种跑、各种躲闪等)、专门设置的各种复杂多变的练习(如立卧撑及综合变向跑等)、各种改变方向的追逐性游戏和对各种信号做出应答的练习。①

3. 节奏能力的训练

节奏能力是指在练习过程中,在完成动作的时间和力度上呈现出来的快慢、强弱有序变化的能力。常采用的练习如下:

(1)用固定的频率完成固定的练习,按规定的节奏完成练习,该练习常用在固定动作组合的运动项目的训练之中。

(2)用固定的频率完成不同长度的分段距离,要求在完成每一个分段距离时保持固定的频率。

(3)变换训练法,可用于提高机体控制节奏的能力。

(4)用高于比赛的平均频率完成一定距离和固定动作的练习。②

4. 时间感知能力的训练

时间感知能力是指参训者在时间维度上准确判断完成练习的能力。

① 参见田麦久主编:《运动训练学》,北京体育大学出版社 2000 年版,第 242 页。

② 参见田麦久主编:《运动训练学》,北京体育大学出版社 2000 年版,第 245 页。

时间感知能力的培养常采用变速完成训练任务的练习，即预先设定练习目标（如时间目标），可规定行进速度为最大速度的95%、90%、85%、75%、70%，然后要求参训者尽可能按规定的速度完成练习。

5.空间定向能力的训练

空间定向能力是指机体对外界物体或现象的空间位置的判断及其对自身运动的空间位置判断的能力。空间定向能力的主要评价指标就是对技术动作的精确控制水平。

作为完成某一技术动作的关键因素，控制动作的精确性对个人的空间定位能力起着决定性作用，如排球的接发球等。

6.专门感觉能力的训练

专门感觉能力是在完成各种各样的专门练习的过程中得到发展的。专门的感觉能力与运动项目的运动方式以及运动环境密切相关，如打篮球的球感等都是通过反复驾驭器械的训练获得的。

**（三）协调素质的评定**

协调素质的水平可以从完成动作过程中有无多余动作或动作僵硬（紧张）程度来判断。由于协调素质的评定难以定量，故可以采用设计一个有难度的新动作让参训者来完成的方法，通过观察参训者掌握新动作的能力来评价其协调素质。

## 第二节　健身操

在康复训练实践中，将传统的健身操引入戒毒人员的康复训练之中，取得了祛病安神、固本培元、祛邪扶正等良好成效。

### 一、太极拳

太极是中国古代最具特色和代表性的哲学思想之一，太极拳基于太极阴阳之理念，用意念统领全身，通过入静放松、以意导气、以气催形的反复习练，以进入“妙手一运一太极，太极一运化乌有”的境界，达到修身养性、陶冶情操、强身健体、益寿延年的目的。

太极拳的运动特点是中正安舒，轻灵圆活，松柔慢匀，开合有序，刚柔相济，动如“行云流水，连绵不断”。这种运动既自然又高雅，可令练习者亲身体会到音乐的韵律，哲学的内涵，美的造型，诗的意境，使身心健康。

太极拳要求精神专一，全神贯注，意动身随，内外三合（内三合指意、气、力相合，即意与气合，气与力合；外三合指手与足合、肘与膝合、肩与胯合），连绵不断，一气呵成。这些细微、复杂、独特的锻炼方法和要求融合在太极拳练习过程当中，从而起到防病、治病、强身、防身的目的。

## 二、八段锦

八段锦是一个优秀的中国传统健身功法。八段锦形成于12世纪，后在历代流传中形成了许多练法和风格各具特色的流派。八段锦动作简单易行，功效显著。古人把这套动作比喻为“锦”，意为动作舒展优美，如锦缎般柔顺；又因为功法共为八段，每段一个动作，故名为“八段锦”。八段锦整套动作柔和连绵，滑利流畅，有松有紧，动静相兼，气机流畅，骨正筋柔。

八段锦的锻炼方法有两种，一种是用力的练法，另一种是不用力的练法。动作用力练时，仍保持肌体放松，不可用僵力或单纯之臂力，动作要随呼吸而起，气贯丹田。不用力的练法则主要是以外带内，外动促进内动，以达到健身祛病之功效。八段锦的功法特点为：

（1）八段锦为徒手定步功法，因此无任何设备及场地要求。

（2）节省时间，全套练习不过10余分钟，每日晨、晚各锻炼一遍便可。

（3）八段锦共分八段，每段一式，可单式练习，也可全套练习或选段练习。每式的运动量可由只做八呼或十六呼来调节，也可由下蹲之程度为高势、中势或低势来调节，故运动量可大可小，可自行掌握，既方便又灵活。

（4）身法端庄，姿势舒展大方，动作简单易学，因此男女老少均可练习此功。

（5）锻炼较为全面，自头至足的全身关节、大小肌肉无一处不动，是比较系统完整的健身功法。

八段锦口诀：双手托天理三焦，左右开弓似射雕，调理脾胃须单举，五劳七伤往后瞧，摇头摆尾去心火，两手攀足固肾腰，攒拳怒目增气力，背后七颠百病消。

## 三、五禽戏

五禽戏是由东汉末年著名医学家华佗根据中医原理，以模仿熊、虎、鹿、猿、鸟这五种动物的动作和神态而编创的一套导引术。五种不同的动作和神态有不同的功效：

（1）练熊戏可调理脾胃。练熊戏时要在沉稳中寓于轻灵，将其剽悍之性表现出来，习练熊戏有健脾胃、助消化、消食滞、活关节等功效。

（2）练虎戏可缓解腰背痛。练虎戏能增强夹背穴和督脉的功能，缓解颈肩背痛、坐骨神经痛、腰痛等症状。

（3）练鹿戏可缩减腰围。鹿戏主要是针对肾脏的保健来设计的，它的各个动作都是围绕腰部来进行的，在练习的过程中，可使腰部的脂肪大量消耗，有益于缩减腰围，保持苗条身材。

（4）练猿戏可增强心肺功能。猿戏中的猿提动作遵循“提吸落呼”的呼吸方式，即身体上提时吸气，放松回落时呼气。上提时吸气缩胸。全身团紧；下落时放松呼气，舒展胸廓。这组动作有助于增强心肺功能，缓解气短、气喘等症状。

（5）练鸟戏可预防关节炎。练鸟戏时，动作轻盈舒展，可调达气血，疏通经络，祛风散寒，活动筋骨关节，预防关节炎的发生。

## 四、六字诀

六字诀是一种吐纳法，因历代流传，故版本较多。2003 年，中国国家体育总局把重新编排后的六字诀等健身法作为“健身气功”向全国推广。

六字诀具有以下功效：“嘘”字功平肝气，“呵”字功补心气，“呼”字功培脾气，“呬”字功补肺气，“吹”字功补肾气，“嘻”字功理三焦。

六字诀的练习要点是：

先调息，每个字读六遍后，调息一次，稍事休息，恢复自然。

（1）嘘，读（xū），口型为两唇微合，有横绷之力，舌尖向前并向内微缩，上下齿间有微缝。

（2）呵，读（hē），口型为半张，舌顶下齿，舌面下压。

（3）呼，读（hū），口型为撮口如管状，舌向上微卷，用力前伸。

(4)呬,读(xì),口型为开唇叩齿,舌微顶下齿后。

(5)吹,读(chuī),口型为撮口,唇出音。

(6)嘻,读(xī),口型为两唇微启,舌稍后缩,舌尖向下,有喜笑自得之貌。

## 第三节 戒毒康复操

2016年,山东省戒毒局联合山东师范大学体育学院,首创了三套具有山东特色的戒毒康复操,以帮助戒毒人员增进身心健康,最终达到远离毒品、保持操守的目标。

### 一、《云水禅心》

该康复操主要针对脱毒期和适应期戒毒人员,针对此阶段戒毒人员身体素质差、大脑中枢神经系统受损严重的现实,借鉴中医穴位按揉、传统健身气功等内容,以祛病安神、和畅气血、疏通经络、培益真气、恢复体力为目的,帮助戒毒人员消除紧张焦虑情绪,尽快融入集体戒治生活。康复操共分八节:按揉风池穴,指压合谷穴,敲打足三里;伸展望月;抻肩绕环;拉弓射箭;打躬涮腰;攀足固肾;三盘落地;提踵颠足。

### 二、《沂蒙山小调》

该康复操主要针对康复期戒毒人员,以具有山东特色的沂蒙山小调为旋律,加入健美操、体育舞蹈等内容,配合柔美的音乐,旨在固本培元,帮助戒毒人员修复受损的心肺机能,调节神经系统和自身免疫系统的功能。

### 三、《我相信》

该康复操针对身体机能已经基本恢复到正常人水平的回归期戒毒人员,以改善人际关系、挑战自我、增进自信、修炼心性、提高境界为主要目的,还加入了健美操、社会类拓展训练等内容,配合活泼欢快的《我相信》音乐,为戒毒人员回归社会,真正戒除毒瘾,保持操守打好了基础。

# 第四节 身体康复训练拓展游戏

拓展游戏也被称作“体验式训练”。在开展的康复训练中,山东省戒毒系统采用拓展游戏这种既安全有趣又有教育意义的方法,实现了磨炼意志、陶冶情操、完善人格、熔炼团队的目标,对培养戒毒人员顽强的精神品质、乐观的生活态度和坚定的戒毒信念发挥了非常重要的作用。

## 一、破冰类

所谓“冰”,是指人与人之间的成见,或人与人之间坚硬的看法。看法会转化为固定的信念,从而在人与人之间结了一层不易融化的坚冰。这种信念会潜移默化成一股固定的情绪(如不满、看不惯等),这些情绪进而会表现为戒毒人员的各种日常违纪行为(如摩擦、斗气、相互攻击等)。而“破冰类”训练便是通过一些团队游戏和身体的接触,消除戒毒人员之间、戒毒人员与警察之间的成见,从而彼此熟悉、彼此了解、彼此融合。

### (一)游戏名称:速抓手指

1.游戏目的:融洽队内氛围,培养戒毒人员的注意力。

2.参与人数:3 人以上。

3.游戏流程:

(1)戒毒人员围成一个或若干个圆圈,面向圆心站好或坐好。

(2)众人右手掌心向下,左手食指垂直向上,放在旁边人的掌心下,相邻者左右手连成一线。

(3)接下来请戒毒人员听教师讲述一段故事,故事中出现某个字时,迅速用右手抓握右边人的手指,左手指则迅速“逃脱”,以抓住次数多者为胜。

4.游戏分享:

(1)专注听别人的话才能听得清楚,行动才会敏捷、果断。

(2)过分担心失败,反而更容易错了。

(3)很容易受旁边人的影响,所以做判断时保持独立清醒的头脑也很重要。

**(二)游戏名称:桃花朵朵开**

1. 游戏目的:集中戒毒人员的注意力,发展其分析、判断及反应能力。

2. 参与人数:10 人以上。

3. 游戏流程:

(1)所有戒毒人员围成一个大圆圈,每人代表一朵"桃花",向左或向右跑起来。

(2)教师站在圆圈中间喊"桃花桃花就要开",戒毒人员一起问"开几朵?"

(3)戒毒人员根据教师发出的指令,在规定时间内按朵数围成一个圆圈,落单的接受惩罚。

4. 游戏要求:听数抱团时,不得因人数不符而互相推撞。喊数后,教师要"读秒",以限制戒毒人员反应的时间。

**(三)游戏名称:大树与松鼠**

1. 游戏目的:活跃气氛,锻炼戒毒人员的快速反应能力。

2. 参与人数:10 人以上。

3. 游戏流程:

(1)事先分组,三人一组。二人扮"大树",面对对方,伸出双手搭成一个圆圈;一人扮"松鼠",站在圆圈中间;教师或其他没成对的戒毒人员担任临时人员。

(2)教师喊"猎人来了","大树"不动,扮演"松鼠"的人就必须离开原来的"大树",重新选择其他的"大树";教师或临时人员则临时扮演"松鼠"并插到"大树"当中,落单的人应表演节目。

(3)教师喊"着火了","松鼠"不动,扮演"大树"的人就必须离开原先的同伴并与他人重新组合成一棵"大树",并圈住"松鼠",教师或临时人员也应临时扮演"大树",落单的人应表演节目。

(4)教师喊"地震了",扮演"大树"和"松鼠"的人全部打散并重新组合,原先扮演"大树"的人也可扮演"松鼠",原先扮演"松鼠"的人也可扮演"大树",教师或者其他没成对的人亦插入队伍当中,落单的人表演节目。

4.游戏分享：

(1)随着外界环境的不断变化，致使“大树”和“松鼠”都面临着脱离群体的危机，所以参与者都会想尽一切办法归属团体。

(2)游戏过程中，戒毒人员“归属”的需要得到放大体现，促进了人与人之间的交流沟通。

**(四)游戏名称：放飞机**

1.游戏目的：戒毒人员之间相互熟悉了解，增进感情。

2.参与人数：5 人以上。

3.游戏道具：纸和笔。

4.游戏流程：

(1)请戒毒人员在纸上写下自己的个人资料来形容自己的性格，资料越多越好，但不可写外貌特征，亦不可让别人看到纸上的内容。几分钟后，请戒毒人员将纸折成纸飞机。注意：纸飞机的头部不宜折得太尖。

(2)折完后，戒毒人员围成一大圈站好，教师告诉他们说：“现在每架‘飞机’内有一位‘乘客’。”请大家闭上眼，教师喊：“一！二！三！起飞！”每人把飞机抛上天，在“飞机”落地之前，教师命令：“接机！”大家马上睁开眼并捉住任何一架“飞机”。

(3)拆开纸飞机后，每人按纸上的信息猜测这人是谁，然后写上那人的名字。重复以上步骤。最后大家轮流讲出纸上的内容，一起猜这人是谁。

**(五)游戏名称：进化论**

1.游戏目的：活跃气氛，增进交流，帮助他人更好地融入集体。

2.参与人数：10 人以上。

3.游戏流程：

(1)教师向全体戒毒人员宣布每人要扮演的几个角色(鸡蛋、小鸡、凤凰、猩猩、人类)并示范动作。进化的方式用“石头、剪刀、布”的游戏决定，一局定胜负。

鸡蛋的造型：一脚在前一脚交叉在后，双手交叉，手心朝外在头顶。

小鸡的造型：半蹲，两只胳膊作为小鸡的两个翅膀，不停地展开。

凤凰的造型：右手在头前方翘兰花指，左手在后作为尾巴左右摆动，一前一后。

猩猩的造型：两手握拳，置于头上方。

人类的造型：摆一个最能表现自己个性的动作。

(2)游戏开始时，所有人都蹲下，大家都是生物链中最底端的“鸡蛋”。通过“石头、剪刀、布”往上进化，赢的升一级，输的降一级，降到“鸡蛋”后不再降。

(3)变成“小鸡”的，“小鸡”跟“小鸡”石头、剪刀、布，还是“鸡蛋”的继续跟“鸡蛋”石头、剪刀、布，“小鸡”跟“小鸡”赢的变成“凤凰”，输了的继续找自己的同类进化。只能找身边同样是“鸡蛋”“小鸡”“凤凰”“猩猩”的进化，即“鸡蛋”找“鸡蛋”、“小鸡”找“小鸡”、“凤凰”找“凤凰”、“猩猩”找“猩猩”进化，以此类推，直到完全进化成人类。

4. 游戏要求：

(1)教师要全程监控，维持好游戏秩序。

(2)当游戏最后剩下一个“鸡蛋”、一只“小鸡”、一只“凤凰”和一只“猩猩”时，教师可参与进去，使气氛更加活跃。

## 二、团结协作类

吸毒者与正常人的不同之处是存在着心理方面的差异，吸毒者的心理常常表现出高度的敏感性，他们性格脆弱，自私自利，容易冲动，缺乏对他人的信任，对环境的适应能力较差，很难维系正常的人际交往。通过团结协作类游戏训练，可以使他们逐渐走出以自我为中心的世界，学会相互帮助、相互理解、相互信任，从而融入集体，融入正常人的生活。

### (一)游戏名称：信任背摔

1. 游戏目的：建立团队内部的信任感，理解信任和承诺的重要性，增强自信和自我控制。

2. 参与人数：10 人以上。

3. 游戏道具：高台(160～170 厘米)，一根捆手绳(约 60 厘米长)，一块软垫。

4. 游戏流程：

(1)摘掉戒毒人员身上所有有可能造成伤害的硬质物品并仔细检查。

(2)台上戒毒人员的背摔动作：平伸两手，掌心向外，两手臂叠加后十指交叉，内旋，两手自然放置在胸前，用捆手绳将手捆上，下颌始终保持内收，身体自然挺直，两足并拢。

(3)台下戒毒人员的接人动作：按高矮胖瘦两两搭配，两人面对面站好，同时迈出右脚，两只右脚并拢，用膝盖的内侧顶着，成前腿弓后腿蹬的动作；将双手上下叠加放在对面同伴的右肩上，掌心向上，大拇指始终保持向下压和内收的动作；头始终后仰，用自己的余光去观察台上的戒毒人员，随时灵活调整方位；接人队列保持平直。

(4)口令的一致性：台上人背对大家问："准备好了吗？"台下人一齐响亮地回答："准备好了！ 一！ 二！ 三！"台上人一定要在听到"三"的时候，才能自然地挺直倒下，绝对不能提前，也不能延迟，否则对己对他人都不利。

(5)充电鼓励：所有戒毒人员围着准备上台的戒毒人员紧凑地站成一个圆圈，把左手统一放在准备上台戒毒人员的肩上，右手放在邻近同伴的右肩上，一齐响亮地喊准备上台的戒毒人员的姓名，给其加油助威。每一个上台的戒毒人员都应接受这种团队鼓励，并且保持"一个都不能少"的原则。

(6)感恩答谢：每一个背摔下来的戒毒人员都要向接应的戒毒人员鞠躬致谢。

5.游戏要求：

(1)提前了解戒毒人员的身体情况，有心脏病、脑血管病、高血压及严重腰伤的人不能参加。

(2)合理安排各组戒毒人员的位置。

(3)注意控制戒毒人员倒下的方向。

(4)戒毒人员倒下后要及时抱住，放下时先放脚，后放头。

(5)教师要时刻注意在台上的戒毒人员的安全，并时刻关注戒毒人员的表现，不断予以提醒。

(6)游戏结束后，教师要将所有戒毒人员集中在一起，进行游戏分享。

6.游戏分享：

(1)懂得换位思考。

(2)面对挑战时用积极的心态面对。

(3)对团队的信任感,对同伴的责任感。

(4)信任别人是快乐的,被别人信任是幸福的。

(5)挑战自我,发挥个人潜能。

**(二)游戏名称:齐眉棍**

1.游戏目的:培养戒毒人员的团队合作精神,训练戒毒人员的团队协调能力。

2.参与人数:每组8～12人。

3.游戏道具:一根长2～3米的直立塑料棍或竹竿。

4.游戏流程:

(1)让戒毒人员站成相对的两列(并排一列亦可),并全部伸出一根手指,举到自己眉头的位置。

(2)将塑料棍放在每个人的手上。注意,必须保证每根伸出的手指都接触到塑料棍,并且手都在塑料棍下面。

(3)要求戒毒人员将塑料棍保持水平,任务是在保证每个人的手都在塑料棍下面的情况下,将塑料棍完全水平地往下移动。一旦有人的手离开塑料棍或塑料棍没有水平往下移动,任务就算失败。

5.游戏分享:

(1)游戏看似很简单,但要成功地完成却非常不容易。

(2)统一指挥和成员的共同努力是成功的关键。

(3)抱怨、指责对团队的危害。

**(三)游戏名称:翻叶子**

1.游戏目的:问题决策和团队互动。

2.参与人数:每组10～14人。

3.游戏道具:一块或数块布块作为“叶子”,大小为可让整组人站上去或稍大。

4.游戏流程:

(1)整组人员站上“叶子”后,由教师开始宣布规则。

(2)情景模拟:整组人员现在是一群雨后受困的“蚂蚁”,在水面上好不容易找到一片“叶子”站立,却又发现叶面上充满了毒液,除非大家可以将“叶子”翻面,否则生命又将面对另一次威胁。

(3)在“叶子”成功翻面以前,每隔3分钟,就有一人中毒失明或无法说话，中毒者由团队自行决定。

(4)整个过程都在“叶子”上进行，包括讨论。

(5)参加人员身体的各部位均不可碰触到“叶子”以外的地方，否则整个游戏重新开始。

**(四)游戏名称：同心协力**

1.游戏目的：调动参与者的兴趣，并且能让他们从游戏中体会友谊和协作的乐趣，活跃课堂气氛。

2.参与人数：分若干组，每组5～10人。

3.游戏流程：

(1)每组先派出两名戒毒人员，背靠背坐在地上。两人双臂相互交叉，合力使双方一同站起来。

(2)以此类推，每组每次增加一人，如果尝试失败需再来一次，直到成功才可再加一人。

(3)教师在旁边观看，选出人数最多且用时最少的一组为优胜组。

4.游戏分享：

(1)仅靠一个人的力量能完成起立动作吗？

(2)小组指挥者和调动其他戒毒人员的能力。

(3)任何人的不配合都会产生负面效应。

**(五)游戏名称：人椅**

1.游戏目的：体会团队合作的重要性，享受成功后的喜悦。

2.参与人数：能围成一个大圆或若干小圆。

3.游戏流程：

(1)全体戒毒人员围成一圈。

(2)每位戒毒人员双手放在前面戒毒人员的双肩上。

(3)听到指令后，缓缓地坐在身后戒毒人员的大腿上。

(4)坐下后，让戒毒人员喊出“齐心协力，勇往直前”等口号。

(5)看哪一小组坚持的时间长，最长者为胜利组。

4.游戏分享：

(1)游戏过程中，自己的精神状态是否发生了变化？

(2)是否有依赖思想，你认为自己的松懈对团队影响大不大？

(3)若要在竞争中取胜，什么是最重要的？

**(六)游戏名称:蛟龙出海**

1.游戏目的:锻炼戒毒人员的团队协作意识,培养统一行动、服从指挥的习惯。

2.参与人数:每组6～10人。

3.游戏道具:绑腿绳若干。

4.游戏流程:

(1)在场地画起点和终点线,相距20～30米。将所有戒毒人员平均分成若干组,纵队站成一排,位于起点线后方。

(2)用绑腿绳将相邻两人的膝盖以下系在一起,通过侧行的方式,团队配合以最短的时间到达终点,用时最少者获胜。

5.游戏要求:

(1)场地必须是平整宽敞的地面。

(2)绑腿带松紧度适宜。

(3)了解戒毒人员的身体情况,如有头、颈、肩、背、腰、骶受伤史,严重的心脏病、脑血管疾病、低血糖、高血压者不宜做此项目。

(4)教师站在距离队伍1米处,随时提供保护。

(5)教师要时刻关注每一位戒毒人员,一旦有人失去平衡立刻叫停。

## 三、交流沟通类

沟通是人与人之间、人与群体之间传递和反馈思想及感情的过程,以求达成思想一致和感情通畅。吸毒人员由于长期吸食毒品,脾气往往比较暴躁,多疑且敏感,不愿与亲近的人沟通交流,悲观失落,自闭心理严重。通过交流沟通类游戏的训练,可使戒毒者能够了解沟通的重要性,掌握与人沟通的基本技巧,从而学会如何处理人际关系,重塑自信。

**(一)游戏名称:盲人摸号**

1.游戏目的:让戒毒人员体会沟通的方法有很多,当环境及条件受到限制时,该怎样去改变自己,用什么方法来解决问题。

2.参与人数:每组12～16人为宜。

3.游戏道具:摄像机、眼罩及小贴纸。

4.游戏流程:

(1)把戒毒人员分成若干组,让每位戒毒人员戴上眼罩。

(2)给他们每人一个号,但这个号只有本人知道。

(3)让小组根据每人的号数,按从小到大的顺序排列出一条直线。

(4)全过程不能说话,只要有人说话或摘下眼罩,则游戏结束。

(5)全过程录像,并在点评之前放给戒毒人员看。

5.游戏分享:

(1)你用什么方法来通知小组你的位置和号数?

(2)沟通中都遇到了什么问题?你是怎么解决这些问题的?

**(二)游戏名称:盲人方阵**

1.游戏目的:培养戒毒者在逆境中解决问题的能力以及沟通技巧。

2.参与人数:每组15～20人为宜。

3.游戏道具:长绳、短绳各一条(预先打几个绳结),眼罩若干。

4.游戏流程:

(1)将戒毒人员带至平坦场地,让全体戒毒人员用眼罩把眼睛蒙上。

(2)将打好绳结的长、短绳交于其中一位戒毒人员手中,向戒毒人员宣布游戏规则及任务。

(3)40分钟内,戒毒人员利用手中的绳子拉出一个最大的封闭正方形,所有戒毒人员平均分布在正方形各边上。

5.游戏要求:

(1)在游戏进行中全体戒毒人员不能把眼罩摘下及偷看。

(2)游戏结束时,让戒毒人员闭着双眼慢慢将眼罩摘下,先不要睁开双眼,适应一会儿再睁开。

(3)观察戒毒人员是否积极参与。

(4)观察戒毒人员是从什么时间开始有序沟通。

(5)观察戒毒人员沟通中的小团体。

(6)观察是谁最先站出来组织团队进行游戏。

(7)观察出主意的戒毒人员是否能说服别人听从他的意见。

(8)观察参与者能否倾听其他人的想法。

(9)观察在全过程中有谁一直沉默。

(10)观察在游戏过程中是否有游离在团队之外的人,以及为什么会出现这种状态。

6. 游戏分享：

(1)如何在障碍下进行有效沟通，并让别人信服？

(2)如何处理混乱和变革，如何在非常状态、紧急状态下应变？

(3)如何在压力下清晰地分析并有条理地解决问题？

(4)非常状态下团队中正确的沟通及决策是如何产生的？

**(三)游戏名称：撕纸**

1. 游戏目的：沟通的方式多种多样，通过游戏学会如何进行双向沟通和交流。

2. 参与人数：不超过30人为宜。

3. 游戏道具：总人数两倍的纸张。

4. 游戏流程：

(1)给所有的戒毒人员发一张纸，按照教师的指令去做，任何戒毒人员都不能发声(可以要求戒毒人员闭上眼睛)。

(2)教师发出指令：将纸对折一下，然后再对折一下，在右上角撕去一个角，然后转动180度，再将手中所拿纸的左上角撕去，然后把纸打开。

(3)会发现出现各种不同的图形，有很多戒毒人员的图形和教师所折的图形是不相同的。

(4)再发给所有戒毒人员一张纸，重复做上面的动作，只不过这次允许戒毒人员在做的过程中可以向教师发问，并提出自己的一些疑问及不清楚的地方，譬如问清楚对折是横折还是竖折，折过后的开口朝哪个方向等。

(5)在此基础上做完所有的指令，然后要求戒毒人员将纸打开，会发现大部分图形一致，但也有少数图形不一样。

(6)引导戒毒人员探询结果不一致的原因。

5. 游戏分享：

(1)完成第一步之后教师可以问大家，为什么会有这么多不同的结果？

(2)第一次是因为戒毒人员不许问问题，所有的信息都是教师传达给戒毒人员，因而是单向沟通。在单向沟通的过程中，最容易发生沟通不足的问题，产生误差。教师虽然说得很清楚，但戒毒人员未必都听到了；或者即使是听到了，也未必听懂了，所以呈现的结果会很不一致。

(3)完成第二步之后教师再问大家,为什么还会有误差?

(4)第二次时允许戒毒人员在游戏的过程中提问,这较上一次是进步了,变为双向的沟通。但有部分戒毒人员仍然会出现与教师所得图形不一致的地方,这是因为戒毒人员没有抓住关键点的信息,譬如说对折后开口朝哪个方向等。也就是说,在沟通的过程中,无论是信息的发布者还是信息的接受者,都要把握好关键的信息。任何沟通的形式及方法都不是绝对的,这也印证了“沟通无极限”的道理。沟通依赖于双方彼此的了解及环境等。

**(四)游戏名称:驿站传书**

1.游戏目的:了解沟通的过程和要素,体会沟通中的障碍及团队合作的重要性。

2.参与人数:每组 10～15 人为宜。

3.游戏道具:若干笔,写好数字的纸条,若干张白纸。

4.游戏流程:

(1)组织戒毒人员每组一列纵队坐好,每两列之间保持一定距离。

(2)给每一列的第一位戒毒人员发一张白纸和一支笔,比赛共分三轮,由每一列的最后一位戒毒人员传递数字信息至第一位戒毒人员。

(3)给戒毒人员 5 分钟的时间进行组内讨论,以决定沟通的方式和方法。

(4)教师将一组数字交给排尾,由排尾传递给排头。

(5)看哪个队伍能以最快的速度传出准确的数字。如果速度最快但是数字不正确,依旧算是失败。

5.游戏要求:

(1)任何人不能讲话,不能使用任何工具。

(2)前面的人不能往后看,后面的人不能把手伸到前面人的眼前。

(3)每轮游戏结束后,给团队成员 3～5 分钟的时间进行讨论总结。

**(五)游戏名称:荒岛求生**

1.游戏目的:通过角色扮演,学会倾听别人的谈话,并有条理地陈述自己的意见。

2.参与人数:6 人一组。

3. 游戏流程：

(1)角色分配：孕妇：怀胎 8 个月；发明家：正在研究新能源(可再生、无污染)汽车；医学家：常年研究艾滋病的治疗方案，已取得突破性进展；宇航员：即将远征火星，寻找适合人类居住的新星球；生态学家：负责热带雨林抢救工作。

(2)情景模拟：私人飞机坠落在荒岛上，只有 6 人存活。这时逃生工具只有一个只能容纳一人的橡皮气球吊篮，没有水和食物。

(3)针对由谁乘坐气球先行离岛的问题，各自陈诉理由。先复述前一人的理由，再陈述自己的理由。

(4)由大家根据复述别人逃生理由的完整程度与陈述自身理由的充分程度，可自行决定先行离岛的人。

4. 游戏分享：认真聆听别人的话，记住别人的想法，这样别人才会相信自己，才会让自己逃生。由此可见聆听的重要性。

**(六)游戏名称：高台演讲**

1. 游戏目的：练习在公众面前的语言表达能力，体会对时间的掌控和感觉能力，以及对主题任务的全面掌握和分配能力。

2. 参与人数：不限。

3. 游戏道具：高台或结实的桌子。

4. 游戏流程：

(1)这是一个个人挑战项目，为了表现特殊压力下的情境，所有的人轮流站到高台上进行演讲。

(2)从双脚站到台上开始计时，演讲时间 3 分钟，到 3 分钟必须停止。

(3)用 1 分钟讲讲自己的过去，用 1 分钟讲讲自己的现在，用 1 分钟讲讲自己想象中的未来。

(4)如果演讲结束而时间未到，请继续站在台上，可以随便讲些其他话题。

## 四、身体素质类

吸毒者在反复使用毒品的过程中，肌体与毒品相互作用，形成了一种特殊的精神和躯体病态状况，这会对人体的中枢神经系统造成巨大损害，从而影响呼吸系统、心血管系统等的正常生理机能，导致力量、速度、灵敏度等各项身体素质显著下降。通过针对性和互动性较强的身体素质类游戏训练,再配合常规性康复训练,可帮助戒毒人员逐渐恢复各项身体机能,并从中体会团结互助、奋勇争先的精神,进而寻回自尊自信,树立起阳光心态,达到戒除毒瘾的目的。

**(一)游戏名称:四门大开**

1.游戏目的:发展戒毒人员的协调能力,提高其反应速度和奔跑速度。

2.参与人数:每组 12～16 人。

3.游戏流程:

(1)在场地上画两条相距 30 米的平行线,一条为起跑线,另一条为终点线。

(2)教师将戒毒人员分成人数相等的若干队,各队成纵队站在起跑线后,彼此间隔 3 米。

(3)各队选出 4 名队长,在两条线的中间处,面向里手拉手呈四方形,使其两手构成的"城门"分别正对东、西、南、北方向。

(4)游戏开始,各队后面的人两手扶前面人腰的两侧,当教师发令后,各队迅速向前跑去,到接近"城门"时,教师发出"进东门! 出西门!"(可简称"东、西")的命令,各队必须按教师的命令穿城而过(从手下钻过),然后跑向终点线,以先到的队为胜。

4.游戏要求:

(1)跑动中全队不得散开,否则要原地整队后方能继续前进。

(2)到终点时,以队尾通过终点才算全队抵达。

**(二)游戏名称:蛇战**

1.游戏目的:发展戒毒人员的灵敏、协调素质。

2.参与人数:每组 5～10 人。

3.游戏流程:

(1)每组站成一排,后面的人抱住前面人的腰,组成一个整体。

(2)游戏开始的命令下达后,各组之间相互混战,如有一组的排头抓到另一组的蛇尾时,被抓到的一组立刻被淘汰出局。最后,没有被抓到尾巴的一组即是优胜者。

4.游戏要求:被抓尾巴则淘汰出局;"蛇腰"脱节时,排头抓到另一组的排尾无效。

**(三)游戏名称:捕鱼**

1.游戏目的:发展戒毒人员的快速奔跑素质和协调配合及躲闪能力,提高戒毒人员的心肺功能和团结协作精神。

2.参与人数:20 人以上。

3.游戏流程:

(1)把戒毒人员分成人数相等的两队,双方猜拳确定谁扮演“渔民”和“鱼”的角色。

(2)“渔民”必须 3 人或 3 人以上手拉手结网捕“鱼”,不准“抓鱼”;“鱼”在规定的场地内自由跑动,“鱼筐”设在场内一角,捕到的“鱼”在“鱼筐”内,不能跑走。

(3)“鱼”游到场地外就算被“渔民”捕到,由“渔民”捉到“鱼筐”内。单个或两个“渔民”抓“鱼”时,“鱼”可以“拒捕”,告诉教师不计数。

(4)比赛采用三局两胜制,每局交换角色,以捕完所有“鱼”用时最少者获胜。

**(四)游戏名称:贴膏药**

1.游戏目的:在游戏过程中能很好地发展戒毒人员的奔跑能力及下肢力量、灵活性与全身的协调性。

2.参与人数:10 人以上。

3.游戏流程:

(1)戒毒人员站成双层圆圈,左右间隔两臂,前后戒毒人员身体靠近。先由两名戒毒人员开始,一人站圈内为追人者,另一人站圈外为被追者。

(2)被追者可利用圆圈上的双层人墙作障碍,挡住追人者,也可沿圈外奔跑。

(3)当被追者即将被抓到或者不想再逃奔时,可从外圈钻入内圈,并以自己背部紧贴在任何一组戒毒人员的身前,临时造成三人重叠的一组,此时这三人重叠的最外层的人应立即代替贴在前面的人成为被追者。追逐者必须开始追最外层的另一人(即第三人),使圆圈上的双层队伍始终保持双人。

(4)被追者必须从圈外奔跑,不得穿过圆圈。贴人时必须以背部贴靠在别人身前。外层第三人逃开后,共同后退半步,保持圆形队伍。

(5)凡以手摸到被追者即为追上,此时追人者与被追者互换角色,游戏重新开始。被追者不得跑离圆圈队伍3米以外。

**(五)游戏名称:赢追输跑**

1.游戏目的:训练戒毒人员的快速反应能力以及速度性。

2.参与人数:2人以上。

3.游戏流程:

(1)两人之间画一条线,相互猜拳,赢的追,输的跑。

(2)在规定路程内,没有追上跑的人,跑的一方获胜;如果追上了,追的一方获胜。

4.游戏要求:

(1)每人仅有一次机会参加项目比拼,可分多轮进行。

(2)采用单人淘汰制,先全军覆没的队输。

(3)在追人过程中,用手拍上对方就算追上。

(4)禁止在追人过程中用力去推对方。

**(六)游戏名称:偷天陷阱**

1.游戏目的:通过模仿电影情节,锻炼戒毒人员的平衡能力和协调性。

2.参与人数:每组两人,分若干组。

3.游戏道具:眼罩若干,细线(约30米长),铃铛若干。

4.游戏流程:

(1)戒毒人员两人一组,正面穿越一个模拟有红外线的封锁空间,不可绕行。

(2)通过过程中要戴眼罩,不许偷看。

(3)穿越过程中若有一人触网,则要求两人返回原处,重新开始。

(4)游戏进行中,穿越过去的人不得返回起点。

(5)服从教师的口令,当教师发现有安全隐患时要及时制止。

**(七)游戏名称:兔子舞**

1.游戏目的:培养戒毒人员在跳跃练习中的协调能力,同时也作为素质练习,发展戒毒人员的腿部力量。

2.参与人数:15人以上。

3.游戏道具:音响,兔子舞音乐。

4. 游戏流程：

（1）让所有戒毒人员组成一个小队，要求后面的戒毒人员用双手搭在前面戒毒人员的双肩上。

（2）教师站在一边为他们发号施令："左脚跳两下，右脚跳两下，双腿合并向前跳一下，向后跳一下，再连续向前跳三下。"

（3）游戏开始的时候由教师发号施令，随着游戏的推进，教师可以将这个权力交给某个游戏者，让他左右大家的步伐。

### 五、趣味类

戒毒人员的心理素质相对比较脆弱，在现实生活中遭遇困难时，往往容易意志消沉，对生活失去兴趣，对未来失去信心，从而进一步自暴自弃，产生彻底放弃自己的想法，陷入悲观绝望的境地。通过趣味性小游戏练习，可以转移戒毒人员的注意力，让他们从中体会参与的乐趣、与人合作的愉快，并感受成功的喜悦，从而逐步树立起阳光的心态，培养坚强的性格、坚定的意志、健康的兴趣爱好，最终坚定戒毒信念，迎接一片崭新的天地。

**（一）游戏名称：动力火车**

1. 参与人数：12 人以上。

2. 游戏流程：

（1）在平整的场地上画两条相距 30 米的线，一条为起点线，另外一条为终点线。

（2）除排头是双脚支撑、双手抱住后边两人的膝关节外，后边两路纵队的其他队员均用内侧手扶在前面人的肩上，用内侧脚支撑，外侧腿小腿向前抬起，同时外侧手抱（抓）住后面的人向前抬起的外侧脚的踝关节处。

（3）裁判员鸣哨后，除"火车头"与"火车尾"两名队员用走步方式引导"火车"前进外，其他全体队员以单脚支撑集体向前跳进，行进时可以喊着统一的口令，使全队步调、节奏保持一致。

（4）以排尾人员首先越过终点线的队为胜。多支队伍比赛时可以采用分组计时的方法，以确定名次。

3. 游戏要求：

（1）"火车"行进过程中，除排头、排尾外，如其他人以两脚行走则判为失败。

(2)“火车”如在中途脱节,必须在原地接好后再前进。

**(二)游戏名称:水果蹲**

1.参与人数:每组6～10人。

2.游戏流程:

(1)把参加活动的戒毒人员平均分为3～5组,肩并肩围成一个圆圈,双手搭在相邻人的肩膀上。

(2)每组给自己起一个水果的名字,比如“苹果”“橘子”“菠萝”等,并大声喊出,告知其他小组。

(3)由教师指定任意小组开始,该组的口令是“AA(本组的水果名称)蹲,AA蹲,AA蹲完BB(希望喊的其他小组名称)蹲”,当喊到“蹲”时,本组所有人员一起呈下蹲状。

(4)被喊到的小组继续以上口令“BB蹲,BB蹲,BB蹲完CC蹲”。注意,BB组不能接着再喊AA,要依次进行下去。

(5)蹲错(如被喊到代号没有反应过来,没有喊到却开始下蹲,小组喊的代号不一致或反应迟钝)的组都要出来接受惩罚。

3.游戏要求:每位参与者的口令洪亮,动作到位,反应灵敏,听从指挥。

**(三)游戏名称:瞎子背瘸子**

1.参与人数:每组6人。

2.游戏道具:不透明黑布若干,障碍物若干(矿泉水瓶、气球、鲜花等)。

3.游戏流程:

(1)比赛距离为20米,每隔5米设置一个障碍物,每三组进行一次比赛。

(2)用不透明黑布蒙住其中一名戒毒人员的眼睛令其作“瞎子”,由另外一名戒毒人员作“瘸子”。

(3)游戏开始后,“瞎子”在“瘸子”的指引下,分别经“绕过矿泉水瓶”“踩破气球”和“捡起地上的鲜花递给‘瘸子’”三个障碍环节,到达终点即为成功。

4.游戏过程中,“瞎子”不能碰到瓶子,“瞎子”必须把气球踩破,“瘸子”的脚不能着地。

**(四)游戏名称:传呼啦圈**

1. 参与人数:每组8~12人。

2. 游戏道具:呼啦圈。

3. 游戏流程:

(1)每组的人手拉手围成一个封闭的圆圈。

(2)其中一个人的手臂上套一个呼啦圈。

(3)比赛开始后,各小组同时运动,在不允许用手的前提下,将呼啦圈穿过每个人的身体。

(4)最先转完一圈的小组胜出。

4. 游戏要求:

(1)传递过程中手不能断开。

(2)呼啦圈也可用绳套代替。

**(五)游戏名称:大风吹**

1. 参与人数:10人以上。

2. 游戏道具:每人一个凳子。

3. 游戏流程:

(1)全体参与者围坐一圈,固定好各自的位置,主持人站中间。

(2)主持人开始说:“大风吹!”大家问:“吹什么?”主持人说:“吹穿布鞋的人。”则凡是穿布鞋者均要移动,另换位置。

(3)主持人抢到一位置,使得一人没有位置,出来表演节目并成为新的主持人,再继续上述步骤。

4. 游戏要求:

(1)移动过程中严禁推搡及拉扯凳子。

(2)吹的内容可随便选,如穿白袜子的、戴眼镜的等。

(3)若喊“小风吹”则相反。

**(六)游戏名称:赛龙舟**

1. 参与人数:每组5人。

2. 游戏道具:3米长的塑料棍或竹竿若干。

3. 游戏流程:

(1)在平坦场地中央画两条间隔30米的线,作为起点和终点。

(2)每组 5 人,排成一路纵队,队尾背向而站,当舵手。

(3)5 人两侧手同握一根 3 米长的竹竿,组成一艘"龙舟"。

(4)发令后,"龙舟"齐心协力地从起点出发,以中途不散架先跑到终点者为胜。

**(七)游戏名称:企鹅漫步**

1. 参与人数:每组 5 人。

2. 游戏道具:气球若干。

3. 游戏流程:

(1)在平坦场地上间隔 20 米画两条线,作为起点和终点。

(2)参赛队员在起点听到口令后开始吹气球(每人 3 个),吹大气球并绑好气球后 1 个夹在大腿间,其余 2 个分别夹在腋下,跳到终点。

(3)将气球踩爆后跑回起点,最先完成比赛者获胜。

**(八)游戏名称:象步虎掌**

1. 参与人数:2 人以上。

2. 游戏流程:

(1)将戒毒人员分成人数相等的两队。

(2)在平坦的场地中间画两条相距 50 厘米的直线,两人一组分别站在线后。

(3)站定后,双脚不能移动,然后伸出双掌相抵。

(4)发令后,双方用巧力向前推出或向后缩让,使对方脚掌移离原位即可得分。

**(九)游戏名称:速传小球**

1. 参与人数:每组 10~15 人。

2. 游戏道具:若干小球,秒表。

3. 游戏流程:

(1)所有的人分成若干组,分别配有 1 个小球。

(2)将小球按顺序从发起者手里发出,最后按此顺序回到发起者手里。

(3)在传递过程中,每一人都必须触及到球,所需时间最少的组获胜。

(4)球掉在地上一次额外加 10 秒。

4. 游戏要求：

(1)游戏开始时，三组人一般会不约而同地围成三个圈，一个接一个地传递，计下三组的成绩。

(2)教师可以向所有小组提出挑战："有没有更快的方法?"以此来不断启发戒毒人员去思考新的方法。

**(十)游戏名称：心心相印**

1. 参与人数：12 人以上。

2. 游戏道具：圆球若干，秒表。

3. 游戏流程：

(1)平坦场地，间隔 20 米画两条线。

(2)每组 10 人，两人背夹一圆球，步调一致地向前走，绕过转折点回到起点，下一组接力开始前进。

(3)向前走时，双手不能碰到球，否则一次罚 2 秒；球掉地后回到起点重新开始游戏。最先完成者胜出，按时间记名次。

(4)进行接力时，接力方必须在规定区域内完成接力活动。比赛中应绝对服从裁判，以裁判员的判罚为最终判决。

# 第四章　戒毒人员身体康复训练过程研究

身体康复训练是一种以提高戒毒人员体能水平为目的的戒毒康复手段，其不仅能够帮助戒毒人员减轻吸毒行为对身体造成的损伤，促进身体功能障碍的恢复，培养绿色健康的生活方式，亦可以提高戒毒人员的身体素质，更高效地促进戒毒矫治工作的深入开展。

## 第一节　身体康复训练的阶段划分

戒毒人员身体康复训练的期限为两年。为保证戒毒人员体能与健康水平的合理发展，训练时既要保证训练阶段划分的科学性，同时也应结合戒毒人员不同时期的体能发展状况及客观生理需求。总体而言，可将戒毒人员的身体康复训练分为以下四个阶段。

### 一、初始调整阶段

戒毒人员由于长期受毒品侵袭，导致体能水平远低于正常人群。所以，在身体康复训练的初期，应先对其进行身体状态诊断，继而开展以调整状态为目的的适应性训练，为后续开展较高强度的恢复性训练打牢基础。

训练时，应以低强度（低于储备心率的一半）的有氧运动、健身操和自编康复操为主，以小强度的肌肉耐力训练和柔韧性训练为辅。在该阶段的身体康复训练总量中，有氧运动的训练量占 40%，健身操和自编康复操占 40%，肌肉耐力训练占 10%，柔韧性训练量占 10%。该阶段的持续时间为 2 个月，若戒毒人员的适应程度较好，可适当减短时间，反之应视情况增加时间。

## 二、恢复提高阶段

在戒毒人员度过初始调整阶段并适应了较低强度的训练后，应逐渐提高训练强度，增大训练量，并对体能指标弱项增加针对性训练，旨在提高戒毒人员各器官系统的机能，使其体能水平得到综合发展，逐步恢复甚至超过正常人群。

训练时，应遵循适宜负荷原则，并适度加入超量负荷刺激，以中高强度（储备心率的60%～80%）的有氧运动为主，附加健身操、自编康复操和中高强度的五项运动素质（力量、耐力、速度、柔韧、灵敏）训练。在该阶段身体康复训练的总量中，有氧运动的训练量占50%，健身操和自编康复操占20%，五项运动素质训练占30%。该阶段的持续时间为10个月。

## 三、维持阶段

该阶段旨在维持戒毒人员提高后的体能水平及健康状态，彻底摆脱因长期吸毒导致的病态体质。

训练时，以中等强度（储备心率的60%～70%）的有氧运动附加中等强度的五项运动素质训练为主。在该阶段身体康复训练的总量中，有氧运动的训练量占60%，五项运动素质训练占40%。该阶段的持续时间为6个月。

## 四、拓展阶段

在戒毒人员出所前期，着重开展以社会类拓展训练为主的身体康复训练，旨在改善戒毒人员的人际关系，增强其自信心，修炼其意志力，为其顺利回归家庭及社会奠定基础。

训练时，应结合中等强度（储备心率的60%～70%）的有氧运动和抗阻器械训练。在该阶段身体康复训练总量中，拓展训练的训练量占60%，有氧运动的训练量占20%，抗阻器械的训练量占20%。该阶段的持续时间为4～6个月。

## 第二节　起始训练状态的诊断

戒毒人员的起始训练状态代表着一个完整训练过程的起点，是训练阶段的划分、训练内容的确定、训练方法与手段的选择、恢复措施的选用及检查评定的设计等重要内容的基本依据。

戒毒人员处于一种什么状态，决定其体能状况的各个因素的发展水平如何，其身体疾病的状况如何，导致这一状态的成因又是什么，等等，这一系列问题都对身体康复训练过程有着重要的影响。对这些问题的中肯分析和准确判断，是有效组织身体康复训练过程的基本依据之一。整个身体康复训练都是以对戒毒人员现实状态的分析和判断为出发点而展开的，只有建立在科学诊断的基础上，才有可能作出准确的预测，才有可能设立恰当的训练指标，也才有可能制订出为实现指标所必需而又切实可行的训练计划。

### 一、调查问卷与谈话了解

首先，通过调查问卷，掌握戒毒人员的病史和生活习惯。需了解的病史主要包括心脑血管、肺部和代谢性疾病，如高血压、脑卒中、心脏病、冠心病、心肌梗死、高血脂、支气管炎、糖尿病、肺栓塞、肺气肿等；需了解的生活习惯主要包括饮食、睡眠、吸烟、饮酒以及一系列不良习惯等情况。

其次，通过谈话，了解戒毒人员在生活和工作中锻炼或从事体力活动的情况，为康复训练计划的制订提供参考信息。需了解的情况包括锻炼或从事体力活动的方式、频率、持续时间、运动中的主观感觉(RPE)、是否有运动损伤史、是否进行过体质测试及测试结果等。

### 二、医学手段筛查危险

#### (一)戒毒人员的群体划分

对新入所的戒毒人员进行全面的医学诊断，依据医学诊断结果，将戒毒人员划分为三个群体：一般群体(无慢性病和肌肉骨骼的伤病)、慢性病群体(患有高血压、冠心病、糖尿病、免疫异常等慢性疾病)和肌肉骨骼病损群体(患有颈椎病、肩周炎、骨质疏松、关节炎等疾病)。在对戒毒人员进行身体康复训练时,以此为标准,分别制订相应的康复处方。

**(二)戒毒人员的危险分层**

依据心血管疾病的危险因素对戒毒人员进行危险分层,如心血管、肺部疾病的主要症状、体征,以及已明确诊断的心血管类疾病,每个危险因素及诊断标准如表 4-1 所示。

危险分层的目的是识别戒毒人员是否存在参加身体康复训练的禁忌证,识别应在医务监督下参加身体康复训练的戒毒人员,识别戒毒人员在身体康复训练中可能增加疾病危险性的因素。

**表 4-1　　心血管疾病的危险因素①**

<table>
<tr><th colspan="2">影响因素</th><th>标准</th></tr>
<tr><td rowspan="8">负面影响</td><td>家族史</td><td>在一级亲属中(父母、兄弟姐妹及子女),男性亲属在 55 岁之前,女性亲属在 65 岁之前发生心血管事件</td></tr>
<tr><td>吸烟</td><td>现行吸烟者或戒烟 6 个月以内</td></tr>
<tr><td>高血压</td><td>SBP≥140 mmHg 和(或)DBP≥90 mmHg,至少在两个不同时间测量后确定</td></tr>
<tr><td>糖调节受损</td><td>空腹血糖不低于 6.1 mmol/L(110 mg/dL),或者餐后 2 小时血糖不低于 7.8 mmol/L(140 mg/dL),分别在两个不同时间测量后确定</td></tr>
<tr><td>脂代谢紊乱</td><td>LDL-C > 130 mg/dL(3.4 mmol/L)、HDL-C < 40 mg/dL(1.03 mmol/L)、TG>150 mg/dL(1.7 mmol/L)、TC>220 mg/dL(5.7 mmol/L),或服用调脂药物者,有上述情况之一者<br>TC>220 mg/dL(5.7 mmol/L)的影响大于 LDL-C>130 mg/dL(3.4 mmol/L)</td></tr>
<tr><td>肥胖</td><td>体重指数不小于 28 $kg/m^2$ 或者腰围:女性不小于 80 cm,男性不小于 85 cm</td></tr>
<tr><td>静坐少动的生活方式</td><td>每周参加(累计)中等强度体育活动时间少于 150 min,或者每周用于体育活动的能量消耗少于 4186 kJ</td></tr>
</table>

① 参见王安利主编:《运动医学》,人民体育出版社 2008 年版,第 429 页。

续表

| 影响因素 | | 标准 |
|---|---|---|
| 正面影响 | 高 HDL-C | 不低于 60 mg/dL(1.6 mmol/L) |
| | 健身活动 | 每天或每周大多数日子进行(累计)30 min 以上中等强度的体育活动 |

总的危险因素判定包括负面和正面因素,依据两者之和得出判定结果。如具备一个正面因素,可以从总的负面因素中减去一个危险因素,基本危险分层如表 4-2 所示。

**表 4-2　　基本危险分层**①

| | 危险分层 | |
|---|---|---|
| | 男性低于 45 岁<br>女性低于 55 岁 | 男性不低于 45 岁<br>女性不低于 55 岁 |
| 无症状,或 1 个危险因素 | 低危 | 中危 |
| 不少于 2 个危险因素 | 中危 | 中危 |
| 患有心、肺或代谢性疾病中的 1 种,或 1 种以上心、肺、代谢疾病症状或体征 | 高危 | 高危 |

在对戒毒人员危险分层的基础上,需进一步确定医学检查和身体康复训练中医务监督的必要性,标准如表 4-3 所示。

**表 4-3　　身体康复训练前或身体康复训练测试的医学检查(A)及身体康复训练测试中的医务监督(B)的必要性**②

| | | 低度危险 | 中度危险 | 高度危险 |
|---|---|---|---|---|
| A | 中等强度运动(40%～60%最大摄氧量) | 不必要 | 不必要 | 建议检查 |
| | 较大强度运动(超过 60%最大摄氧量) | 不必要 | 建议检查 | 建议检查 |

① 参见王安利主编:《运动医学》,人民体育出版社 2008 年版,第 429 页。

② 参见王安利主编:《运动医学》,人民体育出版社 2008 年版,第 430 页。

续表

| | | 低度危险 | 中度危险 | 高度危险 |
|---|---|---|---|---|
| B | 次最大强度测试 | 不必要 | 不必要 | 需要 |
| | 最大强度测试 | 不必要 | 需要 | 需要 |

## 三、制订运动处方前测试

制订运动处方前，应利用国民体质检测仪（包括身高体重测试仪、肺活量测试仪、台阶测试仪、握力测试仪、反应时测试仪、坐位体前屈测试仪、闭眼单脚站立测试仪、人体成分分析仪、纵跳测试仪、骨密度测试仪、俯卧撑测试仪等）、医疗设备和训练设备对戒毒人员进行全面测试。

### （一）身体形态

身体形态指标包括身高、体重、三围、体重指数等。对于体重指数大于 24 的戒毒人员，应判断其超重和肥胖程度，以及与相关疾病的关系。

### （二）医学指标

医学指标包括心率、血压、心电图以及血常规、血糖等血液指标。

### （三）心肺适能

心肺适能指标包括运动中的心率、血压、心电图、运动自觉量表、最大摄氧量等。

### （四）身体素质

1. 力量素质

力量素质可分为绝对力量、相对力量、最大力量、快速力量、力量耐力等多种类型，根据戒毒人员参加身体康复训练的需要，需测试戒毒人员的最大力量和力量耐力。

最大力量是指肌肉通过最大随意收缩克服阻力时所表现出来的最高力量值，测试时采用抗阻器械，戒毒人员单次练习所能完成的最大阻力（以千克为单位）即为最大力量。

力量耐力是指肌肉长时间克服阻力的能力，一般可用力量耐力指数来评定戒毒人员的力量耐力。力量耐力指数等于练习器械的阻力（以千克为单位）乘以动作的完成次数，即力量耐力指数＝练习阻力×重复次数。

2.柔韧素质

柔韧素质分为一般柔韧素质和专门柔韧素质。根据戒毒人员参加身体康复训练的需要，需测试戒毒人员的一般柔韧素质。

一般柔韧素质是指机体中最主要的那些关节活动的幅度，如肩、膝、髋等关节活动的幅度，这对任何运动项目都是必要的。

柔韧素质的测试指标是角度和距离，通常采用直尺、皮尺、量角器等工具直接测量关节活动的最大幅度，如测量肩关节活动幅度时，可手持木棒转肩测量，测出两大拇指的间距，间距越小，说明肩关节的活动幅度越大，柔韧性越好。

3.速度素质

速度素质包括反应速度、动作速度和移动速度。根据戒毒人员参加身体康复训练的需要，需测试戒毒人员的反应速度和移动速度。

反应速度是指人体对各种信号刺激（声、光、触等）快速应答的能力。测试时，可采用国民体质测试检测仪中的反应时测试仪。测试结果即可体现戒毒人员的反应速度，其数值越大，说明反应速度越慢；数值越小，说明反应速度越快。

移动速度是指人体在特定方向上位移的速度，以单位时间内机体移动的距离为评定指标。从运动学上讲，是距离与通过该距离所用的时间之比。一般可采用 60 米或 100 米计时跑来测试戒毒人员的移动速度，用时越短，说明移动速度越快；用时越长，说明移动速度越慢。

4.灵敏素质

灵敏素质可分为一般灵敏素质和专门灵敏素质。根据戒毒人员参加身体康复训练的需要，需测试戒毒人员的一般灵敏素质。

一般灵敏素质是指在完成各种复杂动作时所表现出来的适应变化着的外环境的能力。测试时，通常采用左右横跨或象限跳等项目。以左右横跨为例，其具体操作是：在平坦的地面上画 3 条平行直线，相互间隔 1 米，戒毒人员两脚分立于中线两侧，微屈膝，当听到“开始”信号后，计时员开始计时，戒毒人员向左或右跨步，使两脚分跨在端线两边，然后回到中线，再以同样的动作向另一端线跨步，再回到中线的起始位置为完成一次动作；戒毒人员连续做 10 次动作，第 10 次动作结束双脚回到中线时，计时员停表计时并记录成绩，成绩精确至百分之一秒。测试时，要求戒毒人员准确、协调地完成每个动作，脚不能踩线。测试成绩可直观地反映戒毒人员的灵敏素质，用时越短，说明灵敏素质越好；用时越长，说明灵敏素质越差。

5. 耐力素质

按人体的生理系统分类，耐力素质可分为肌肉耐力和心血管耐力。心血管耐力又分为有氧耐力和无氧耐力。根据戒毒人员参加身体康复训练的需要，需测量戒毒人员的有氧耐力。

有氧耐力是指机体在氧气供应比较充足的情况下，能坚持长时间工作的能力。有氧耐力训练的目的在于提高戒毒人员机体吸收、输送和利用氧气的能力，促进机体的新陈代谢。

评定有氧耐力的方法有很多，通常采用的方法是定距离的计时位移运动，如1500～10000米跑，用时越短说明有氧耐力素质越好。也可采用定时计距离的12分钟跑，该条件下，跑动的距离越长，有氧耐力素质越好。

6. 训练负荷

戒毒人员体能水平的变化主要是在训练负荷的影响下产生的。戒毒人员所取得的运动成绩及体能水平的变化都与其所承受的训练负荷的质与量有着密切的联系。

负荷的量度是由负荷的量和负荷的强度所组成的，分别反映负荷的数量和质量两方面的体征，而负荷量和负荷强度又可分别通过若干指标予以测量。

负荷的量可以通过练习次数（整个练习的次数或某个练习重复的次数）、训练时间或练习距离等特征表现出来。负荷的强度可以通过速度、难度、练习次数、单次负荷重量、练习密度等特征表现出来。

## 第三节　身体康复训练目标的设立

戒毒人员的目标状态标志着一个完整训练过程的终点，是训练阶段的划分、训练内容的确定、训练方法与手段的选择、恢复措施的选用及检查评定的设计等重要内容的基本依据。合理的目标设立可以有效地激发戒毒人员参加身体康复训练的责任感和进取精神，并激励其在训练中付出更多的努力去实现目标。

身体康复训练的终极目的是实现每一名戒毒人员的身体康复，因此在训练中应当经常把身体康复训练的效果与目标以及目标的阶段性要求进行比较，以便及时修正或优化训练计划。按照群体的不同，戒毒人员的身体康复训练目标分别以不同的指标为依据来设立。

## 一、身体康复训练目标的基本内容

### （一）国民体质测试评价指标

戒毒人员的训练成绩是其身体康复训练效果的直观体现，采用国民体质检测仪对各训练项目分别进行测试，可根据单项成绩（如俯卧撑、纵跳等）设立目标，也可根据综合评价（不合格、合格、良好、优秀）设立目标。

### （二）训练负荷指标

对应于训练成绩指标，训练负荷指标也是目标状态体系中一个不可或缺的重要组成部分。负荷指标的实现是戒毒人员实现其运动能力的提高，进而成为训练成绩指标的基本保证。从另一个意义上，可以说是把所建立的训练成绩指标进一步分解到各种具体手段的练习负荷中去，落实到一次次的练习之中。

## 二、一般群体的目标设立

对于戒毒人员中的一般群体，应重点针对其体能状况的弱项，依据国民体质测试评价指标或训练负荷指标设立目标，要分别设立短期目标与最终目标。对国民体质测试评价未达“优秀”的戒毒人员，应依据国民体质测试评价指标设立目标；对测试评价为“优秀”的戒毒人员，可依据训练负荷指标设立目标。

### （一）依据国民体质测试评价指标设立目标

短期目标是2个月（或其他期限）内将俯卧撑成绩由目前的25个提高至50个，将纵跳成绩由目前的40厘米提高至45厘米；最终目标是国民体质测试评价达到“优秀”。

### （二）依据训练负荷指标设立目标

短期目标是3个月（或其他期限）内将夹胸（抗阻器械）的最大负荷由

目前的20千克提高至35千克，将12分钟跑的距离由目前的2.3千米提高至2.5千米；最终目标是将夹胸（抗阻器械）的最大负荷提高至50千克，将12分钟跑的距离提高至3千米。

### 三、慢性病群体的目标设立

以医学诊断及病理特征为依据，设定医学领域的目标，如心血管疾病的危险因素、血压、血糖、骨钙的合成代谢水平（反映骨密度）等。

#### （一）冠心病患者的目标设立

运动康复是冠心病治疗方案中的重要组成部分。合适的运动康复训练不仅能改善患者的心血管功能，缓解心肌缺血症状，还能提高其社会适应性，改善其工作生活质量。

冠心病患者的训练以病变位置及程度、心功能水平和运动负荷试验为依据，设立短期目标和最终目标。短期目标主要有增加心内膜供血，提高心力储备，提高或维持心功能水平，改善运动耐力等；最终目标主要有延缓动脉粥样硬化的进程，降低急性缺血性冠状动脉事件的发生率，恢复日常生活所需的心功能水平，重返正常生活或回归工作等。

#### （二）高血压患者的目标设立

人体运动时，血压会较静息时短暂上升20～30 mmHg，但长期的有氧运动可降低原发性高血压患者的血压水平。运动康复训练可以降低交感神经的兴奋性，促进血液循环，促进机体释放扩张血管物质，降低血液运行的外周阻力，达到长期稳定的降压效果。需要注意的是，高血压患者不适合进行剧烈运动，以避免发生心室重塑；高血压急症患者（收缩压高于180 mmHg）需卧床，停止活动。

高血压患者的训练以年龄、血压水平和并发症情况为依据，设立短期目标和最终目标。短期目标主要有愉悦心情，降低交感神经的兴奋性，提高心肺功能，改善运动耐力等。最终目标主要有恢复动脉血管的弹性，降低血压，降低心、脑、肾等器官并发症的发生率。

#### （三）糖尿病患者的目标设立

运动康复训练是治疗糖尿病的重要方法。运动可促进骨骼肌对血液中葡萄糖的直接摄取和利用，提高机体组织对胰岛素的敏感性，改善糖代谢紊乱，降低血糖水平。要注意的是，运动后可增加发生低血糖事件的风险，需合理补充糖分。

糖尿病患者的训练以血糖水平和并发症情况为依据，设立短期目标和最终目标。短期目标主要有调整糖代谢，降低血糖水平，改善不良心理状态，提高生活质量。最终目标主要有恢复正常糖代谢，减少降糖药物的使用，降低心、脑、肾等器官并发症的发生率。

### （四）高血脂患者的目标设立

每周进行耗能5000千焦以上的运动可明显降低血脂水平。高血脂患者的训练以体重、血脂水平和并发症情况为依据，设立短期目标和最终目标。短期目标主要有改善脂类代谢，提高心肺功能，改善运动耐力等。最终目标主要有让血脂水平恢复正常，体重达标，优化体脂率水平，延缓动脉粥样硬化进程。

### （五）骨质疏松患者的目标设立

运动康复训练是治疗骨质疏松的重要方法。运动可促进骨质代谢，增加骨密度，强化肌肉，纠正骨骼畸形，增强本体感觉和协调性，防止跌倒，预防骨折。

骨质疏松患者的训练以骨密度和肌肉强度为依据，设立短期目标和最终目标。短期目标主要有增强下肢肌力，增加协调性和抗跌倒能力。最终目标主要有增强骨密度，改善肌肉群的稳定性，纠正骨骼畸形。

## 四、肌肉骨骼病损群体的目标设立

肌肉骨骼病损群体以病损的部位、类别以及严重程度为依据，设立短期目标和最终目标。短期目标主要有缓解疼痛，保持或提高柔韧性，恢复或增加肌力，恢复神经肌肉支配和维持心肺功能水平等。最终目标主要有恢复正常行走或正常的肢体功能，完全康复并重新参加一般群体的身体康复训练。

# 第四节　身体康复训练计划的制订与实施

训练计划的制订与实施是戒毒人员身体康复训练的重要组成部分，是戒毒人员科学训练的重要保障。一个完整的训练计划应包含训练项目、训练强度、训练持续时间、训练频率等内容。

## 一、身体康复训练计划的制订

### (一)训练项目

应按照相应身体康复训练阶段的要求,结合戒毒人员的个体需要,选择相应的训练项目。例如,某戒毒人员力量素质较弱,故应以相应的力量素质项目为主开展训练。

### (二)训练强度

在有氧训练中,运动强度取决于走或跑的速度、蹬车的功率及爬坡时的坡度等;在力量和柔韧性训练中,训练强度取决于给予助力或阻力的负荷质量;在灵敏性训练中,训练强度取决于动作的完成速度和次数;在速度训练中,训练强度取决于跑动时的发力程度及跑动距离。总之,应依据戒毒人员的体能水平和个体需要,针对不同的项目分别设定训练强度。

### (三)训练持续时间

耐力素质训练主要采用"持续训练法",应根据训练强度规定合理的持续时间;力量、柔韧性、灵敏性训练应规定每个动作的重复次数、每组练习时间、共完成几组和组间间隔时间等;速度素质训练应规定每次的跑动距离、完成时间、共完成几组和组间间隔时间等。

### (四)训练频率

训练频率是指每周的训练次数,应依据不同戒毒人员的个体需要确定训练频率。对于每名戒毒人员,其水平较低的项目训练频率应高于水平较高的项目。注意,每两次力量训练之间至少间隔 48 小时。

### (五)注意事项

为保证戒毒人员训练期间的安全,在训练前应对不同项目提出相关的注意事项,如有氧运动时心率不得超过靶心率,力量训练时必须安排专人辅助保护等。

## 二、身体康复训练计划的实施

### (一)充分的准备活动

在身体康复训练过程中,运动损伤对戒毒人员造成的影响是十分严重的，可使戒毒人员不能参加正常的戒毒康复训练，严重者还会导致戒毒人员残疾甚至死亡，继而给戒毒人员群体带来严重的生理和心理影响，妨碍身体康复训练的正常开展。

运动前的准备活动是预防运动损伤的必要环节，充分的准备活动可使人体参与运动的系统充分动员，如加速肌肉的血流，提高细胞代谢率，加大神经传导速率，放松心理，增加运动幅度等，从而最大限度地减少运动损伤的发生。

身体康复训练的准备活动一般包括慢跑、跳、拉伸等。一般首先进行 4～6 分钟的慢跑；慢跑结束后进行充分的拉伸，采用静态拉伸法，以增大关节和肌肉的柔韧性；最后进行 6～8 组短距离、低强度的小步跑、高抬腿跑、侧身跑、跳跃等练习。准备活动的时间应为 20～30 分钟，强度应低于康复处方的规定，目的是使心率逐渐提高并接近靶心率的低限，最大强度应不超过“有些出汗但不感觉疲劳”的主观测定指标。

**（二）身体康复训练中的医务监督**

1. 医务监督释义

医务监督是指在身体康复训练中，用医学、生理学和生物化学等方法，对戒毒人员的身体进行全面检查和观察，评价其训练水平和健康状况，为康复指导师提供科学训练的依据，保证戒毒人员合埋科学地进行身体康复训练，以达到保证健康、预防疾病、提高体能水平的目的。在身体康复训练前、训练中和训练后，应分别进行医务监督。

2. 训练前医务监督

训练前的医务监督主要针对特殊群体（如慢性病群体、肌肉骨骼病损群体）和一般群体中身体出现不适的戒毒人员。医务人员应在训练前对上述人员进行医学检查，记录相关指标，为训练后的医务监督提供依据，并通过检查结果决定其是否能参加训练。

3. 训练中医务监督

在身体康复训练期间，医务人员应对有医务监督需要的戒毒人员进行全面、实时的监督，随时掌握其身体状态变化，必要时停止训练并对其进行医学检查和治疗。

康复指导师在训练中应对全体戒毒人员负责，若发现戒毒人员出现身体不适，应及时移交医务人员处理。此外，康复指导师和医务人员还应做好训练期间意外损伤的急救工作，如运动中腹痛、肌肉痉挛、关节韧带扭伤等。

4. 训练后医务监督

训练结束后，医务人员应对特殊人群再次进行医学检查，观察和检测戒毒人员机体的变化情况，若发现异常性改变，应及时处理并分析原因，做好记录。

**（三）身体康复训练放松活动**

每次身体康复训练结束前，都应组织戒毒人员进行放松活动，以缓解戒毒人员的疲劳程度，加速体能的恢复。可采用自我按摩或互相按摩的方式，主要通过按、摩、揉、捏、推、压、拍等方式对肌肉或肌腱进行放松。也可采用拉伸训练、放松训练、气功等手段加速恢复，这类方法的共同特点是能增强抵抗能力，帮助消除紧张状态。

有条件的场所还可采用淋浴等手段加速恢复。淋浴时需用热水，热水不仅具有保暖的作用，还有水的机械作用，能扩张血管，促进血液循环与新陈代谢，放松肌肉，安抚神经。

## 第五节　身体康复训练过程的管理

身体康复训练是一项重要、复杂的工程，强制隔离戒毒所应建立科学系统的管理制度，分解落实工作责任，做到环环相扣，完善保障机制，确保人员到位、设施完备、资料齐全，确保身体康复训练工作精准实施、高效发展。

### 一、监督与考核

戒毒所要完善符合场所实际的监督与考核办法，突出考评督导，将身体康复训练成效与工作绩效有机挂钩。

康复训练中心要对各戒毒大队的身体康复训练工作进行实时监督，并对训练计划的实施情况和训练效果定期开展考核工作，每月进行综合考评，将结果予以公示，对绩效突出的戒毒大队及相关成员予以奖励；对绩效较差的戒毒大队要分析原因，提出综合性意见和建议，并做好跟进督导工作。

## 二、师资队伍建设

专业的师资队伍是提升身体康复训练成效的根本，也是做好各项工作的关键。在身体康复训练中，最重要、最基本的成员是康复指导师与戒毒人员，其他成员依身体康复训练工作的具体需要而设。康复指导师的角色定位和基本素质直接影响着身体康复训练工作开展的效率。

### （一）康复指导师的角色定位

康复指导师是身体康复训练管理工作的重要决策者，也是训练过程的主要设计者，还是训练活动的主要组织者。康复指导师对训练工作的发展方向、训练活动的内容、训练计划的组织实施都应提出方案，并与各位成员密切配合、通力合作，将身体康复训练工作管理好、完成好。

康复指导师也是身体康复训练戒毒人员人际关系的协调者。要想让戒毒人员完成训练工作任务，体能得到良好发展，关键在于调动戒毒人员训练的积极性。由于种种原因，戒毒人员之间会产生许多矛盾，在训练期间，各位成员之间也可能产生一些矛盾和摩擦。康复指导师应从维护正常训练工作的秩序出发，客观地对待问题，及时主动地化解矛盾，协调关系。

### （二）康复指导师的基本素质

康复指导师的素质水平是身体康复训练工作发展的重要影响因素。在身体康复训练工作中，戒毒人员体能水平和健康程度的发展都必须依靠各学科广泛的科学知识的介入和支持，才能将效果最大化。因此，强制隔离戒毒所要大力开展对康复指导师的教育培训工作，定期组织戒毒警察参加相关的专业知识和技能培训（如国家职业健身教练培训、社会体育指导员培训、体能训练师培训等），深入钻研医疗和康复等学科，打造雄厚的戒毒康复师资队伍，不断提升身体康复训练工作的专业化水平。

当前，我国戒毒工作形势严峻，身体康复训练工作任重而道远，康复指导师必须具备强烈的事业心，并全神贯注于单调的训练工作之中。同时还应具备奉献精神，献身于身体康复训练工作的探索中，随时准备为身体康复训练工作做出牺牲。

## 三、经费保障

身体康复训练工作是戒毒工作的重要组成部分，随着身体康复训练工作的深入开展与探索，未来必将加大对经费的需求。

为保障身体康复训练工作科学顺利地开展，强制隔离戒毒所要健全训练场地与设施建设，实时做好维护、保养和更新工作，并加大对戒毒康复专业化人才培养的投入，着力提升戒毒康复软实力。

## 四、激励机制

身体康复训练管理工作应围绕着充分调动和发挥康复指导师及戒毒人员开展训练的积极性来进行。戒毒人员长期坚持系统的身体康复训练，生理与心理长期承受较大的负荷，而且还会不断地受到环境等多种因素的干扰，包括伤病、体能水平发展的瓶颈期、不良的人际关系等。这些问题的出现都会影响戒毒人员的训练兴趣和自信心。因此，强制隔离戒毒所要建立科学的激励机制，从戒毒人员自身和外部不断激励其保持良好的训练兴趣和动机，始终对身体康复训练充满信心。

### （一）价值观培养

通过各种教育学和心理学手段，开展身体康复训练教育活动，培养戒毒人员正确的价值观，形成主动训练的态度和动机。

1.目的性教育

对戒毒人员开展身体康复训练目的性教育，重点引导戒毒人员正确认识体质健康和体能水平的提高对个人、家庭的重要性及其在戒毒领域巨大的价值。

2.身体康复理论教育

康复指导师应定期对戒毒人员开展身体康复理论教育，如运动训练学、运动康复学、运动生理学、运动心理学、运动医学等课程教育，使戒毒人员掌握基本的运动原理、身体构造、关节特性、伤病的预防及治疗等知识。

### （二）物质与精神保障

在身体康复训练中，物质与精神是戒毒人员高效参训的良好驱动力，要正确地处理好二者的关系，使之发挥出最大的效力。

1. 物质保障

要关心戒毒人员的生活，科学地安排饮食，可按照实际需要增加戒毒人员购物及加餐的种类，保障戒毒人员身体康复训练期间机体营养元素（如糖类、维生素、微量元素等）的供给。

在身体康复训练的过程中，可定期开展娱乐性或竞技性的比赛活动，对表现较好的戒毒人员予以适当的物质奖励（如学习用品、生活用品等）。

2. 精神保障

在身体康复训练期间，应对戒毒人员多灌输积极向上的思想，多采取鼓励措施，激发其渴望健康、渴望进步的动机。多设立简单易达的阶段性目标，使戒毒人员不断感受到达成阶段性成就的喜悦，始终对训练的前景充满信心。此外，还要及时对戒毒人员开展心理咨询和心理疏导，使其充分排解压力，放松心情，时刻保持良好的精神面貌参加戒毒康复训练。

**（三）兴趣的激发**

灵活运用符合不同年龄段戒毒人员心理特征的手段，并在课余时间多组织戒毒人员收看体育类节目，激发戒毒人员参加训练的兴趣。对于一些较为枯燥的训练项目，可适当调整训练方式或穿插娱乐性项目，保持戒毒人员参加训练的积极性。

**（四）戒毒人员在训练中的主体作用**

1. 了解与参与

应使戒毒人员充分了解身体康复训练的中心思想与内容，并使其在一定程度上参与训练内容的制订，以此促使戒毒人员变被动为主动地参加训练。

2. 独立思考与创新

在身体康复训练中，康复指导师要积极培养戒毒人员独立思考的能力，提高戒毒人员对各种环境的适应能力，以及在不同条件下训练时的自控能力和应变能力。此外，还要有意识地挖掘戒毒人员的创新能力，激发其开拓进取和自我实现的精神。

**（五）康复指导师的榜样作用**

康复指导师应注意在指导戒毒人员时的态度和方式，要善于利用榜样的力量，避免简单、粗暴的做法。对戒毒人员应一视同仁，以“德”“能”取得戒毒人员的信任，并以此激发戒毒人员训练的积极性。

（六）身体康复特色训练

康复指导师可增加、创办戒毒康复特色训练项目，如引进虚拟现实智慧体感运动系统，建立精美逼真的景色路线3D互动仿真平台，包含自行车模拟骑行、模拟攀岩等场景互动，游览配套（通过视频、文字、解说等方式详细介绍景色）设计，游览互动细节（如场景自然现象触发等）设计等，以此来丰富戒毒人员的训练模式及训练行为，将被动训练变为主动训练，并对戒毒人员的训练行为进行科学监控，实现戒毒人员身体机能的恢复与提高。

## 五、借好外力

强制隔离戒毒所要借助社会力量开展身体康复训练工作，坚持“走出去，引进来”，积极与专业科研院校以及全国戒毒康复先进单位沟通交流，多组织康复指导师外出交流学习；聘请相关领域的专家为身体康复训练工作顾问，加强对戒毒人员身体康复训练工作的专业化指导。

# 第五章　戒毒人员体质测定方法

体质理论科学反映了人体的综合素质。组织戒毒人员开展体质测定工作，在综合掌握戒毒人员的身体素质，科学制订运动处方，客观评价康复训练效果等方面具有十分重要的意义。本章主要介绍了体质理论的基本知识，列举了体质测定的主要内容及方法，并涉及了近年来比较新的运动评估技术。

## 第一节　体质概论

体质是指人体的质量，它是在遗传性和获得性基础上表现出来的人体形态结构、生理机能、身体素质和心理因素的综合的、相对稳定的特征。现代体质学认为，体质代表着人的全部身心状态，它通过体格发育、生理机能、身体素质和运动能力，以及心理、情绪、行为、适应能力等方面来体现，并且受到遗传和各种环境因素的制约。[①]

### 一、体质的范畴

体质的范畴包括人体形态结构、生理功能、身体素质、运动能力、心理因素等，这些方面综合反映出来的是一个人体质的强弱大小，它主要表现在以下五个方面：

(1)身体的形态发育水平，主要包括体格、体型、体姿、身体成分、营养状况等。

---

① 参见张艺宏等编著：《国民体质监测与评价》，科学出版社 2017 年版，第 1 页。

(2)身体的生理机能水平,主要包括机体的新陈代谢状况及各器官、各系统的功能效能等。

(3)身体的素质和运动能力水平,主要包括速度、力量、耐力、灵敏度、协调度、柔韧度,以及走、跑、跳、投、攀爬等身体的基本活动能力。

(4)身体的心理发育水平,主要包括智力、情感、行为、感知觉、个性、性格、意志等。

(5)身体的适应能力,主要包括对自然环境、社会环境、生活紧张事件的适应能力,以及对疾病和其他有碍健康的不良应激原的抵抗能力、抗病能力等。

评价一个人体质水平的强弱,可以根据以上五个方面综合进行评价。

## 二、理想体质

理想体质是指人体应具有良好的质量水平,在遗传潜力充分表达的基础上,经过后天的努力,达到人体形态、机能、身体素质、运动能力、心理和社会适应能力的全面发展,并处于相对良好的状态。

衡量体质是否理想,可参照以下几个方面:

(1)身体健康,主要脏器无疾病。

(2)身体形态发育良好,体格健壮,体型匀称。

(3)呼吸系统、心血管系统和运动系统具有良好的生理功能。

(4)有较强的运动能力和劳动工作能力。

(5)心理发育健全,情绪乐观,意志坚强,有较强的抗干扰、抗刺激能力。

(6)对自然和社会环境有较强的适应能力。

## 三、体质的影响因素

体质的形成和改变受遗传因素和各种环境因素两部分的共同影响。遗传作为先天条件,与体型、相貌、性格、机能、疾病、寿命等许多方面关系密切,是一个人体质强弱的重要影响因素。体质的强弱还依赖于后天的生活环境、人体所摄取的营养物质、参加的体育锻炼和医疗保健等。部分由遗传因素产生的不利影响可被后天的体育锻炼和医疗保健的积极作用抵消。体育锻炼作为一种增强体质的方法，是最积极、最直接、最有效的。

### 四、体质评价

体质评价是针对个体或群体的测试结果，按照体质测定标准，对其体质的现状以及发展进行全面客观的分析、描述、判断和总结的过程。它是一个判断和比较的过程，也是一个分析、描述和总结的过程。

## 第二节 体质测定

体质测定是根据一定的体质测试标准，运用科学的方法对个体的形态、机能、素质状况等进行测试与评定。其目的是指导科学健身，改善体质，提高生命质量，提升健康水平。

### 一、体质测定标准

最初在评价体质时，个体的运动成绩被更多地作为个人体质评价的标准。随着社会的发展，人们越来越认识到形态对人体健康也具有十分重要的作用。一定的形态结构必然表现为一定的生理功能，因此形态也应该作为体质评价的一个方面。另外，现代医学和运动生理学的研究结果表明，人体心血管系统及呼吸系统功能的强弱是反映一个人健康与否的重要标志，也是影响人们寿命的重要因素，应该把提高心血管系统及呼吸系统的功能贯穿于身体运动的始终，因此机能的评价也应作为体质测定标准的重要内容。

美国作为最早开展体质研究的国家之一，其学科发展较为完善，并在很早就提出由测试“运动技术指标”向测试“健康指标”过渡。目前，在美国使用比较普遍的健康体质测试可以归纳为四个方面：心肺功能、肌肉力量与耐力、身体柔韧性和身体成分。良好的心肺功能可以预防心血管疾病，特别是冠心病的发生；强健的肌肉是完成人体各种运动所必需的；柔韧性可以防止在活动中受损伤；适宜的身体成分组成可避免由肥胖导致的各种疾病。这四个方面状态的良好保证了人们将具备优良的体质水平，提供了人们可以安全地从事运动的能力。我国于20世纪80年代开展了针对中国国民的体质监测工作，1996年公布并实施了《中国成年人体质测定标准》。在此基础上，2003年国家体育总局制定了评价中国幼儿、成年人和老年人三类人群的《国民体质测定标准》，该标准从身体形态、身体机能和身体素质三个方面选取了25个具体测试指标进行全面综合的体质测定。

## 二、体质测定的意义

体质是健康的物质基础，是人体维持良好健康状态的前提，只有具备了良好的体质，人才能从容地应对生活、学习、工作、环境中的各种挑战，才能真正实现提高生活质量和生命质量的目标。积极参加体育健身活动是增强体质的重要手段，但针对不同的体质基础，应选择不同的锻炼方法，这样才能取得良好的锻炼效果。

体质测定是了解人体体质现状的一种方法。只有了解体质的薄弱环节才能“对症下药”，采取有针对性的措施来改善和提高体质。因此，体质测定是衡量人体体质水平的一把尺子，对科学指导健身活动，实现科学锻炼，发挥运动改善体质的积极作用具有重要意义。

## 三、戒毒人员体质测定

为系统掌握戒毒人员的体质状况，科学指导戒毒人员进行康复训练，我国司法行政强制隔离戒毒系统成立了康复训练中心，并参照《国民体质测定标准》制定了《戒毒人员体能测试标准》等文件，以此为依据建立了戒毒人员体质测试评价机制，在康复训练中心内定期对戒毒人员开展系统全面的体质测定，主要目的是收集、了解戒毒人员的体质数据，对数据进行分析、研究，从而估计戒毒人员的体质水平，为戒毒人员个体制订适宜的运动处方和康复训练计划，也为群体康复训练模式的制订提供依据。

根据体能康复训练的有关安排，在戒毒人员入所1个月以内(生理脱毒区)、入所1年后(康复巩固区)和解除隔离出所前(回归适应区)，康复训练中心组织戒毒人员进行3次体质测定，对其在2年强制隔离戒毒期内的体质状况进行全面量化和跟踪记录。

## 四、体质测定流程

### (一)问卷调查

问卷调查是戒毒人员在接受首次体质测定前的首项工作。问卷内容涵盖了个人基本情况、生活习惯、运动状况等信息。问卷调查的目的是结合客观的体质测定,考察个体和群体的意识、行为及其影响因素。问卷调查属于社会学调查,将体质测试与社会环境和个体的日常行为,尤其是将体育锻炼与吸毒行为联系起来,以便更全面、细致、深入地分析体质形成的影响因素。

### (二)监测指标的测试方法

全身骨骼和主要骨性标志可作为测量定点的参照。形态、机能、素质指标测试方法参见本章第三节。

### (三)检测流程

测试按"机能类指标(脉搏、血压和肺活量)→形态类指标→素质类指标→台阶试验"的顺序进行,即先静态后动态,先易后难。如果按照上述流程进行确有困难,则在确保先完成脉搏、血压测试的前提下,形态、机能和素质类测试可交叉进行,但台阶试验必须安排在最后进行。

# 第三节　体质测定内容

## 一、身体形态测试

身体形态测试是对人体外部形态,包括体格(体重、长度、宽度、厚度及围度)和身体成分(脂肪含量)的测量。体格测量和身体成分测量是研究人体外部形态结构、生长发育水平等必不可少的方法手段。身体形态测试的注意事项包括:

(1)人体形态测试要符合科学性的原则,严格遵循测量学的三属性,即可靠性、有效性和客观性。因此,测量者必须具有严肃的科学态度和严密的测量设计,尤其在对大群体进行测量时,需要随时抽样,重复验证测量的准确程度。

(2)测量仪器的型号规格,测量的方法、要求应当统一化和标准化,力求减少因为测量条件不同而造成的误差。

(3)测量之前应仔细校正仪器,每测100人左右重新校正一次。

(4)测量之前应向被测者说明测量的内容和意义,要求被测者男性只穿短裤,女性可穿背心和短裤。

**(一)身高**

身高指站立时头顶至地面的垂直距离,是反映人体骨骼发育和纵向生长水平的重要指标。通过身高与体重的比例关系,可反映人体发育的匀称度和体型特点。

身高受年龄、性别、种族、地区和体育锻炼等因素的影响。儿童少年时期,身高随年龄的增长而增长,青春期身高长得最快,以后逐渐减慢,成年后不再增长。身高在一天内会有1～3厘米的变化,清晨起床后的身高最高,傍晚时最低,这是因为经过一天的活动,在身体重力的影响下,脊柱生理弯曲加大,椎间软骨盘被压缩,足弓变浅。

1.身高测量仪器

测量身高常采用身高坐高计或电子身高计。

2.身高测量方法

被测者赤足,足跟并拢,足尖分开呈80度角,背向立柱站立在身高计的底板上。上肢自然下垂,躯干自然挺直,两腿伸直,足跟、骶尾部及两肩胛间与立柱相接触,成"三点一线"站立姿势。头部正直,两眼平视前方,耳屏上缘与眼眶下缘处于同一水平线。

测量者站在被测者侧方,用手将水平压板轻轻下滑,直至接触被测者头顶(或水平压板自动下移至被测者头顶)。测量人平视水平压板读数,记录以厘米(cm)为单位,精确到小数点后一位。

3.测量注意事项

(1)身高计应选择平坦地面,靠墙放置。

(2)使用身高计前,用钢尺校正测量刻度。检查身高计的立柱是否垂直,有无晃动,水平压板是否水平。

(3)严格执行"三点靠立柱,两点呈水平"的测量要求。

(4)水平压板与头部接触时,松紧要适度,头发松者要压实,妨碍测量的发辫、发结要放开,饰物要取下。

**（二）坐高**

坐高指人在坐位时，头顶至坐凳面的垂直距离。坐高反映了躯干长度，用于评价人体体型和营养状况。坐高和身高的比例关系可用来评价体型。

1. 坐高测量仪器

测量坐高常采用身高坐高计或坐高测试仪。

2. 坐高测量方法

被测者坐于坐高测试仪的座板上，使骶骨部、两肩胛间靠立柱，躯干自然挺直，头部正直，两眼平视前方，以保持耳屏的上缘与眼眶下缘呈水平位；上肢自然下垂，双手不得撑压座板；两腿并拢，双足平踏在地面上，大腿与地面平行，并与小腿呈直角。

测量者站在被测者右侧，将水平压板轻轻下压至被测者头顶，两眼与平板呈水平位进行读数，记录以厘米（cm）为单位，精确到小数点后一位。

3. 测量注意事项

（1）测量时，受试者应先弯腰，使骶骨部紧靠立柱后再坐下，以保证测试数据的准确性。

（2）其他注意事项同身高。

**（三）体重**

体重是指身体的净重，是反映人体发育程度和营养状况，身体横向和纵向发育水平的重要指标，不仅能反映人体骨骼、肌肉、皮下脂肪及内脏器官的发育状况和人体充实度，若结合皮褶厚度分析，还能反映肌肉的发育程度，反映人体营养和肌肉发达情况。同时，身高与体重平方的比也是衡量人的体形是否匀称的指标。

儿童少年时期体重随年龄而增加。相同年龄男性的平均体重高于女性。体重过重可出现不同程度的肥胖，而过度肥胖则是引发许多心血管疾病的重要原因；体重过轻则可作为营养不良和疾病的重要指征。因此，适宜的体重对于人的健康和体质有重要的意义。

1. 体重测量仪器

测量体重常用弹簧秤或电子体重计。

2. 体重测量方法

将体重计放置在平坦地面上，调整零点。被测者穿短衣裤、赤足，自然站立在体重计踏板的中央，保持身体平稳。等显示数值稳定后，记录数值，记录以千克(kg)为单位，精确到小数点后一位。

3. 测量注意事项

(1)测量时，体重计应放置在平坦地面上。

(2)受试者应尽量减少着装，站在体重计踏板中央。

(3)被测者上下体重计时，动作要轻缓。

**(四)胸围**

胸围是指胸的围度，反映胸廓大小和胸部肌肉发育的状况，还能间接地反应肺容量。胸围受后天因素影响比较明显，经常从事体育锻炼的人，胸围比一般人大5%以上。一般人的呼吸差只有6～8厘米，经常锻炼者可达8～10厘米，甚至超过12厘米。呼吸差即最大吸气和最大呼气时的胸围之差，在一定程度上可以反映出呼吸器官的发育情况、呼吸肌肌力、胸廓活动范围以及肺组织的弹性。

在平静时，测量在平静呼吸呼气末的胸围，计算呼吸差时测量深吸气末和深呼气末的差值，误差控制在1厘米之内。

1. 胸围测量仪器

测量胸围常采用尼龙带尺，使用前用标准钢尺校正，每米误差不超过0.2厘米。

2. 胸围测量方法

被测者须裸露上身，双脚分开(与肩同宽)自然站立，两臂自然下垂，保持平静。测量者需将带尺上缘经被测者背部肩胛下角下缘至其胸前围绕一周，带尺下缘在胸前乳头上缘(对于女性，带尺与第四胸肋关节水平)，带尺的松紧度应适宜，即以皮肤不产生明显凹陷为准。从带尺上“0”点相交的数值开始测量，所得数值为测量值。在被测者呼气末(平静呼吸)时读取数值，测量结果以厘米(cm)为单位，精确到小数点后一位。

3. 测量注意事项

(1)应及时提醒、告知和纠正被测者低头、耸肩、挺胸、驼背、抬臂等不正确姿势，保证测量数据的准确性。

(2)带尺的松紧度要适宜，避免皮肤出现凹陷。

(3)肩胛下角不明显者，可告知其进行扩胸运动，待找到肩胛下角的准确位置再恢复正确的测量姿势。

(4)若遇到两侧肩胛下角高度不一致的情况，以低侧肩胛下角的高度为准。

**(五)腰围**

腰围是指腰围度的大小,作为间接反映人体脂肪状态的简易指标,它反映了人体躯干的体型特点。男性腰围超过85厘米,女性腰围超过80厘米表明腰围较大,可能是向心性肥胖。腰围适当比例关系的保持不仅可以改变整个人的身体形态,对于人的体质、健康及其寿命也有着十分重要的意义。

1.腰围测量仪器

测量腰围常用尼龙带尺,使用前用标准钢尺校正,每米误差不超过0.2厘米。

2.腰围测量方法

被测者自然站立,双脚分开(与肩同宽),保持放松,双臂交叉抱于胸前。测量者将带尺经被测者脐上0.5~1厘米处水平环绕一周。需要注意的是,对于肥胖者来说,测量处应选取腰部最粗处。保持带尺围绕腰部的松紧度适宜(以皮肤不产生明显凹陷为准)。切勿将测量点放置太高,皮尺环绕一周拉得过紧。从带尺上与"0"点相交的数值开始测量,所得数值即为测量值,记录数字应以厘米(cm)为单位,精确到小数点后一位。

3.测量注意事项

(1)应严格控制带尺的松紧度,保持数据的真实性。

(2)测量时,应告知被测者不能有意识地挺腹或收腹,全身自然放松,被测部位要充分裸露,不予遮挡。

**(六)臀围**

臀围是指臀部的围度,反映了人体躯干下部体型的特点和肌肉发育程度。腰臀比即腰围和臀围之比,正常男性腰围与臀围之比应小于0.95,而女性腰围与臀围之比应小于0.85,如超过各自的限定数值则可判定为向心性肥胖。相较于离心性肥胖,向心性肥胖的危害更大,其生理机制原理是由于腹壁脂肪的堆积使腹压增高,膈肌(横膈)上抬,妨碍呼吸,使心脏处于横位,增大了心脏出现问题的风险。因此,保持适当的腰臀比对保护心脏、维持人体的正常生理机能有十分重要的意义。

1. 臀围测量仪器

测量臀围常用尼龙带尺，使用前用标准钢尺校正，每米误差不超过0.2厘米。

2. 臀部测量方法

被测者自然站立，双脚分开（与肩同宽），双臂交叉抱于胸前。测量者将带尺沿被测者臀大肌最突起处水平围绕一周进行测量。带尺围绕部的松紧度应适宜（使皮肤不产生明显凹陷）。带尺上与“0”点相交的数即为测量值，记录以厘米（cm）为单位，精确到小数点后一位。

3. 测量注意事项

（1）应严格控制带尺的松紧度，保持数据的真实性。

（2）测量前应告知被测者穿短裤、短袖衫等宽松、易于测量的服装。

（3）测量时，应告知被测者不能有意识地挺腹或收腹，全身自然放松，被测部位要充分裸露，不予遮挡。

**（七）皮褶厚度**

皮褶厚度指的是皮下脂肪的厚度。人体脂肪总量的一半储存在皮下，因此，皮褶厚度的测量结果可以用来评定身体成分，也是评定身体成分的一个重要因素。通过推算全身脂肪重和瘦体重，可以反映身体内脂肪的分布状况，对于人们保持体型和维持健康有着重要的形态学及医学意义。过于肥胖或过于瘦弱均会给人体的健康带来一定的影响，常见的如成年后的心血管疾病、肥胖症（过于肥胖）、营养不良（过于瘦弱）等疾病的发生，都与人体内脂肪含量的多少和脂肪的分布状态有十分密切的关系。

皮褶测量提供了相对稳定和较有意义的有关人体脂肪含量多少和脂肪具体分布状态的信息。皮褶分数可作为表示不同个体中与脂肪相关的指标，皮褶的数量和厚度可以反映健身前后身体脂肪的变化。皮褶厚度和皮褶分数的变化还可用来评价绝对值和百分比的变化。

皮褶厚度与年龄变化之间有一定的关系。年轻人约一半的脂肪位于皮下，其余分布在内脏和器官中。随着年龄的增加，内脏和器官脂肪的比例逐渐增加，所以，对年长者来说，同样的皮褶分数反映出的是较高的体脂百分比。由于这个原因，对老年人应使用年龄调节公式，从皮褶分数或围度去预测体脂百分比。

1. 皮褶测量仪器

测量皮褶厚度常用皮褶厚度计(或皮脂厚度计)。

2. 测试部位

测试部位为上臂部、肩胛部和腹部。其中,上臂部测量点为右上臂肩峰后面与尺骨鹰嘴连线中点处,测量时沿上肢长轴方向纵向捏提皮褶;肩胛部测量点为右肩胛骨下角下方1厘米处,测量时与脊柱成45度角方向捏提皮褶;腹部测量点为被测者脐水平线与右锁骨中线交界处,测量时沿躯干长轴方向纵向捏提皮褶。

3. 测试方法

被测者自然站立,双脚分开(与肩同宽),使被测部位充分裸露。测量者用左手拇指、食指和中指将被测部位的皮肤和皮下组织捏提起来。测量皮褶捏提点下方厚度约1厘米处,分为三次测量,测量结果取中间值或两次相同的值(数值达不到上位则就低位值,皮厚度测量精度为0.5毫米)。记录以毫米(mm)为单位,精确到小数点后一位。

4. 注意事项

(1)受试者自然站立,两脚分开(与肩同宽),使全身肌肉放松,体重平均落在两腿上。

(2)测试时,需注意只是把皮肤与皮下组织一起捏提起来,不要把肌肉捏提起来。

(3)注意在测试时,皮褶厚度计的钳口连线应与皮褶走向垂直。

(4)注意器材的使用状况,皮褶厚度计的刻度盘和钳口压力应经常校正。

## 二、身体机能测试

身体机能测试主要监测的是心血管循环机能和呼吸机能。

### (一)安静脉搏

安静脉搏(心率)是指正常人在安静状态下每分钟心跳的次数,可反映人体的健康状况。

1. 心率测试仪器

测定心率常用秒表、医用听诊器以及心率带(POLAR表)。

2. 心率测试方法

被测者自然坐，右前臂掌心向上平放于桌面上。测量者以食指、中指和无名指的指端触压被测者手腕部的桡动脉，测量脉搏次数。

测量脉搏前，应先确定被测者处于相对安静状态：以 10 秒为基础单位，连续测量三个 10 秒脉搏，若其中两次的测量值相同并与另一次的测量值相差不超过 1 次，即可认为被测者处于相对安静的状态；否则应适当休息，直至符合要求。安静状态下，测量 30 秒的所得数值乘以 2 即为测量值，记录以“次/分钟”为单位。

3. 注意事项

(1)告知受试者在测试前 1～2 小时内不要进行剧烈的身体活动，以保证数据的真实性。

(2)成年人和老年人测试前，需静坐 10 分钟以上再进行测试，或用听诊法测量心率。

**(二)血压**

血压指的是血管内血液对血管壁的侧压力。血液循环流动的前提是血压保持正常，在多种因素的调节下，只有血压保持正常，才能提供充足的血量给各组织器官，维持人体正常的生理机能及新陈代谢。

1. 血压测量仪器

测量血压常用电子血压计或水银柱血压计、医用听诊器等。

2. 血压测试方法

被测者取坐位，全身放松，右臂自然前伸放于水平桌面上，并保持掌心向上。需要注意的是，血压计与被测者心脏和右臂带应处于同一水平。测试者捆扎袖带时，应保持袖带平整，松紧适度，袖带下缘应距肘横纹 2 厘米左右，使被测者的肘窝部充分暴露。测试者将听诊器听诊头放置在被测者肘部肱动脉搏动处，不要用力紧压或直接塞在袖带下。打气入带，使水银柱上升，直到听不到肱动脉搏动声，再升高 20～30 mmHg。随后缓慢放气，当听到第一次脉跳声时，水银柱的高度值即为收缩压；继续放气，经过一系列变化，脉跳声消逝瞬间的水银柱高度值为舒张压。血压测量力求一次听准，否则应重新测量。分别记录收缩压和舒张压，以毫米汞柱(mmHg)为单位。

3.测试注意事项

(1)测试前1～2小时内告知被测者不要进行剧烈的身体活动。

(2)测试前,被测者静坐10分钟,待稳定情绪后接受测试。

(3)测试前应检查血压计水银柱是否在“0”位,若不在“0”位,应予以校正,并观察水银柱内有无气泡,如有气泡应予以排除。

(4)测试时,被测者上衣袖口不要紧压上臂。

(5)重新测量时,应等待血压计水银柱下降至“0”位后再进行。

(6)重新测量时,被测者必须休息5分钟后才能进行。对血压持续超出正常范围者,要及时请现场的医务人员观察其情况。

**(三)肺活量**

肺活量测试的是肺通气的功能,它反映了人体的肺功能情况,即肺的容积和扩张能力。

1.肺活量测量仪器

测量肺活量常用电子肺活量计。

2.肺活量测量方法

测量人员首先将口嘴装在文式管的进气口上,交给被测者。被测者手握文式管手柄,将导压软管保持在文式管上方,头部略向后仰,尽力深吸气直到不能再吸气。然后,将嘴对准嘴口缓慢地呼气,直到不能呼气为止。此时,显示屏上显示的数值即为肺活量值。测试两次,两次数据中记录最大值,以毫升(mL)为单位,不计小数。

3.测量注意事项

(1)每次测量都应使用一次性口嘴。如果需重复使用,须进行严格的消毒。

(2)测量前,测量人员应向被测者讲解测量要领,告知正确的动作,进行示范演示,在测量前被测者可试吹一次。

(3)测量时,被测者呼气不可过猛,应用嘴巴紧贴一次性口嘴,防止漏气,且必须保持导压软管在文式管上方。

(4)被测者在呼气过程中不要将呼出去的气断开,不能再进行吸气。

(5)应及时纠正被测者用鼻呼气的错误动作,如果无法纠正,可以让被测者带上鼻夹或者用手捏住鼻子,防止用鼻呼气。

(6)测量人员需要注意,在下一次测量开始前,须按“返回”键,将肺活量测试仪回归到“0”位。

(7)派生指标:肺活量指数=肺活量/体重,其中肺活量的单位为毫升(mL),体重的单位为千克(kg)。

**(四)台阶试验**

台阶试验反映的是人体心血管系统的机能水平。台阶试验是一项定量负荷机能实验,要求被测者以相同频率、相同时间上下台阶,测试运动后的恢复心率。

1.台阶试验的测试仪器

台阶试验的测试仪器为电子台阶试验仪、台阶若干(成年男子台阶高度为30厘米、成年女子台阶高度为25厘米)、秒表(备用)。

2.台阶试验测试方法

被测者自然站立在台阶前方,做好准备。测试人员按“启动”键,使台阶试验仪进入工作状态,3秒后台阶试验仪的蜂鸣器发出三次预备声,然后被测者按照蜂鸣器发出的提示音开始进行上下台阶的运动。当蜂鸣器发出第一声响时,一只脚踏上台阶;发出第二声响时,另一只脚踏上台阶,双腿伸直,呈站立姿势;发出第三声响时,先踏上台阶的脚下台阶;发出第四声响时,另一只脚下台阶。持续运动3分钟,当蜂鸣器发出一声长鸣后,上下台阶运动结束,被测者应立刻静坐,前臂前伸,掌心向上,手指自然分开,呈弯曲状。测试人员随后应立即将指脉夹夹在被测者中指或食指的远节指骨上,注意传感器需贴紧指腹。

随后,台阶试验仪开始测量运动后三次脉搏的次数,当仪器发出“结束”提示音后,测试结束。测试人员按“功能”键,依次将运动时间、运动后第1分钟末、第2分钟末、第3分钟末30秒的脉搏记录在记录书中。

在测试过程中,如果被测者不能坚持运动或连续三次不能按规定频率上下台阶,则测试人员应立即让被测者停止运动,同时按下相应的“功能”键,并为被测者夹上指脉夹,使试验仪进入脉搏测试程序。

3.测量注意事项

(1)需要注意,心脏功能不良或患有心脏疾病者不能进行此项测试(以医生建议为主)。

(2)被测者在测试前不得从事任何剧烈活动,以保持机体状态的稳定性。

(3)需告知被测者在每次登上台阶时,腿必须伸直,关节不得弯曲。

(4)须严格按照提示音的节奏完成上下台阶运动。

(5)测试人员在用仪器测量脉搏时,应经常用手指触压被测者桡动脉的搏动,与试验仪进行对比。如果10次脉搏相差超过2次,可视为仪器不准,应及时改用人工的方法测量脉搏。

(6)人工测试脉搏的方法:测试记录运动停止后1～1.5分钟、2～2.5分钟,3～3.5分钟的三次脉搏数。

## 三、身体素质测试

### (一)坐位体前屈

坐位体前屈测量的是在静止状态下躯干、腰、髋等关节可能达到的最大活动幅度,它可以反映这些部位的关节、韧带和肌肉的伸展性、弹性及身体柔韧素质的发展水平。

1. 坐位体前屈测试仪器

测试坐位体前屈常用坐位体前屈计。

2. 坐位体前屈测试方法

测试人员打开电源开关,将游标推到导轨近端。被测者面向仪器坐在垫子上,双腿向前伸直,脚跟并拢,蹬在测试仪的挡板上,脚尖自然分开。测试人员调整导轨高度,使被测者的脚尖平齐游标下缘。测试时,被测者双手并拢,掌心向下平伸,膝关节伸直,不得弯曲,上体前屈,用双手中指指尖推动游标平滑前进,直到不能推动。此时,显示屏上显示的数值即为测试值。测试两次后记录最大值,以厘米(cm)为单位,精确到小数点后一位。

3. 测试注意事项

(1)测试时,被测者双臂不能突然前振,必须用双手推,不可使用单手前推游标,一定要注意膝关节不能弯曲。

(2)每次测试开始前,测试人员都要将游标推到导轨近端位置。

### (二)握力

握力反映的是人体前臂和手部肌肉的力量。

1. 握力测试仪器

测试握力常用电子握力计。

2.握力测试方法

被测者用力将有力手握住握力计的内外握柄,另一只手转动握距调整轮距,调到适宜的用力握距,准备测试。测试时,被测者身体直立,两脚自然分开(与肩同宽),全身放松,两臂斜下垂,掌心向内,用最大力紧握内外握柄。测试两次,取记录的最大值,以千克(kg)为单位,精确到小数点后一位。

3.测试注意事项

(1)测试时,禁止将握力计接触身体或摆臂、下蹲借力,以保证数据的真实性。

(2)如果被测者不能确定自身的有力手,可以左、右手各测试两次,记录最大值。

(3)每次测试前,按键须清空回零。

**(三)背力**

背力反映的是人体腰背部的肌肉力量。

1.背力测试仪器

测试背力常用电子背力计。

2.背力测试方法

受试者两脚尖分开约15厘米,直立在背力计的底盘上,两臂和两手伸直,下垂于同侧大腿的前面。测试人员使背力计握柄与被测者两手指尖接触,背力计握柄至底盘传感器挂钩的距离即为背力计拉链的长度。测试时,被测者两臂伸直,掌心向内紧握握柄,两腿伸直,上体绷直抬头,尽全力做背伸动作。测试两次,取最大值并记录,以千克(kg)为单位,不计小数。

3.测试注意事项

(1)测试前,被测者应做好准备活动。

(2)测试时,被测者不能屈膝、弓背。

**(四)纵跳**

纵跳是反映人体腿部爆发力的指标。

1.纵跳测试仪器

测试纵跳常用电子纵跳计。

2.纵跳测试方法

被测者踏上纵跳板,双足自然分开(与肩同宽),全身放松,呈直立姿势，准备进行测试。当看到显示屏上显示出“0.0”时，开始测试。

被测者屈膝半蹲，双臂尽力后摆，然后向前上方快速摆臂，双腿同时发力，尽力垂直向上跳起。当被测者落回纵跳板后，显示屏显示出测试数值。测试两次，记录最大值，以厘米(cm)为单位，精确到小数点后一位。

3.测试注意事项

(1)起跳时，被测者双腿不能移动或有垫步动作。

(2)起跳后至落地前，被测者不能出现屈髋、屈膝等动作。

(3)被测者未落回到纵跳板上，则测试失败，需重新测试。

(4)注意，在每次测试前，需待仪器自动清空回零或按“按键”清空回零。

**(五)俯卧撑**

俯卧撑反映的是人体上肢、肩背部肌肉的力量及持续工作能力，只适用于男性。

1.俯卧撑测试仪器

测试俯卧撑常用电子俯卧撑测试仪。

2.俯卧撑测试方法

被测者双臂伸直，两手分开(与肩同宽)，手指向前，双手撑在测试板上，躯干相对伸直，两腿向后伸直。测试人员需要调节上下两对红外发射接收器和反射器的高度，使其在被测者身体处在撑起标准姿势时，能阻断上端的红外信号，且使被测者身体处在下降标准姿势时，能阻断下端的红外信号。此时，当测试人员按测试板上的“回0”键后，再按下红色按钮，被测者听到蜂鸣器“滴”的一声响后，屈臂使身体平直下降，注意被测者需要将肩与肘处在同一水平面上，将身体平直撑起，恢复到开始姿势，从屈臂使身体下降到身体平直撑起恢复开始姿势为完成一次俯卧撑动作。被测者须连续不断地重复此动作，当完成一次俯卧撑动作的时间超过5秒或在某一姿势上停留超过3秒时，测试仪将自动终止测试。测试人员直接记录显示屏上显示的数值，以“次”为单位。

3.测试注意事项

(1)在测试中，如果出现被测者身体未保持平直或身体未下降至与肩处在同一水平面的情况时，该次俯卧撑动作不计数。

(2)测试期间,被测者不可翘臂或塌腰。

**(六)1分钟仰卧起坐**

1分钟仰卧起坐反映的是人体腰部肌肉的力量及持续工作能力,多适用于女性。

1.仰卧起坐测试器材

测试仰卧起坐常用的仪器为电子仰卧起坐测试仪或海垫(厚度为2～5厘米),秒表。

2.仰卧起坐测试方法

(1)电子仪器测试:在测试前,被测者需要将两手手指交叉抱于脑后,两腿分开(与肩同宽),仰卧于测试板上。根据被测者躯干和下肢的长度调节托膝架和搁脚板位置,使被测者屈膝呈90°,并调节红外发射接收器和反射器的高度,使被测者在上体坐直时能阻断其红外信号以记录个数。测试人员将托膝架移开,按下测试板上的红色"开始"键。被测者听到蜂鸣器"嘀"的一声响后,双手抱头、收腹使躯干完成坐起动作,双肘关节触及或超过双膝后,还原至开始姿势为完成一次仰卧起坐。被测者须连续不断地重复此动作,持续运动时间为1分钟。当被测者听到结束的提示音后,测试结束。测试人员直接记录显示屏上显示的数值,以"次"为单位。

(2)人工测试:被测者仰卧于海绵垫上,由同伴压住小腿踝部,测试动作同上。测试人员用秒表进行计时,并记录被测者的完成次数。

3.测试注意事项

(1)测试时,如果被测者借用肘部撑起或臀部上挺后下压的力量完成起坐,或双手未抱头,或双肘未触及或未超过双膝,或还原仰卧姿势时背部未触及垫子,则该次仰卧起坐不计数。

(2)测试中,测试人员要随时观察被测者的完成次数以及动作完成是否标准。

**(七)闭眼单脚站立**

闭眼单脚站立反映的是人体的平衡能力。

1.闭眼单脚站立测试仪器

测试闭眼单脚站立常用电子闭眼单脚站立测试仪。

2.闭眼单脚站立测试方法

被测者双脚依次踏上测试板,将习惯支撑脚站在中间踏板上,另一只脚站在周边踏板上，显示屏上显示“0”，同时蜂鸣器发出声响。当被测者闭眼抬起周边踏板上的脚时，蜂鸣器停止发声，测试仪开始计时。当被测者的支撑脚移动或抬起脚着地时，蜂鸣器发出声响，表明测试结束，显示屏上显示测试值。测试两次，取最好的成绩并记录，以秒(s)为单位，不计小数。

3. 测试注意事项

(1)测试前，双脚需依次踏上测试台，站稳后方可进行测试。

(2)在测试过程中，被测者需要闭上眼睛。

(3)测试过程中，测试人员要注意保护被测者。

**(八)选择反应时**

选择反应时反映的是人体神经与肌肉系统的协调性和快速反应能力。

1. 选择反应时测试仪器

测试选择反应时常用电子选择反应时测试仪。

2. 选择反应时测试方法

开始测试时，被测者五指并拢伸直，用中指远节按住“启动”键，当任意一个信号键发出信号时(声、光同时发出)，用同一只手以最快的速度按向该信号键，然后再次按住“启动”键，等待下一个信号的发出。每次测试须完成 5 个信号的应答，当所有信号键都同时发出声、光信号时，表示测试结束，显示屏上显示测试值。测试两次，取最小值并记录，以秒(s)为单位，保留小数点后两位。

3. 测试注意事项

(1)测试时，被测者不要用力拍击信号键。

(2)测试前，被测者需按住“启动”键，一直等到信号键发出信号后才能松手，否则测试无法正常进行。

(3)每次测试前都要按“启动”键才可开始下一次测试。

## 第四节　近红外光谱技术运动评估

近红外光是指波长在 780～2526 nm 范围内的电磁波，是人们认识最早的非可见光区域。习惯上，又将近红外光划分为近红外短波(780～

1100 nm)和近红外长波(1100～2526 nm)两个区间。近红外光谱技术是一种通过检测组织光学参数来反映血液中氧合血红蛋白和还原血红蛋白浓度变化的技术。与目前已有的计算机断层扫描(CT)、功能磁共振(fMRI)、正电子发射断层成像(PET)、脑电图(EEG)和脑磁图(MEG)等技术手段相比,近红外光谱技术不但具有很高的时间分辨率,而且是一种非侵入式检测技术,更为安全和可靠,使用成本更低,更方便灵活,基本不影响被测者的运动表现。研究发现,在激活大脑皮质特定的功能区域时,会引起血氧供应的变化,造成血氧浓度的改变,而且还原血红蛋白对 760 nm 波长的近红外光有强吸收作用,氧合血红蛋白对 850 nm 波长的近红外光有强吸收作用。由此,利用近红外光谱设备采集脑血氧波动信号,通过脑血氧浓度的变化来评估该脑区脑功能活动的强度已成为一种有效的研究方法。

按照大脑结构和功能的划分,将前额叶皮质区、运动皮质区和枕叶皮质区作为研究脑区。前额叶皮质区(prefrontal cortex,PFC)是大脑的认知功能区,与认知、记忆、平衡等高级神经信息处理有强关联;运动皮质区(motor cortex,MC)与人体运动密切相关,是支配对侧躯体随意运动的中枢,主要接受来自对侧运动系统的本体感觉冲动,以感受身体的位置、姿势和运动感觉;枕叶皮质区(occipital cortex,OC)与视觉信息的处理有关。

研究人员可利用近红外光谱法采集不同类型运动训练对强制戒毒人员的脑血氧信号(见图 5-1),利用小波相干分析方法,在特征频率段内评估脑功能的连接差异性,通过不同类型的运动训练对脑功能连接差异性的对比,来找出最适合戒毒人员脑功能恢复的运动模式。

近红外光谱技术的创新点是:可以探测穿过组织后的近红外光的吸收谱,利用朗伯-比尔定律就可以解算出该区域组织内的氧合血红蛋白和还原血红蛋白的相对浓度。该技术具有非侵入性、成本低、操作方便的特点,其仪器有较好的便携性,对被测者的约束少;具有适中的时间分辨率和空间分辨率,适合大规模多样本的数据采集。

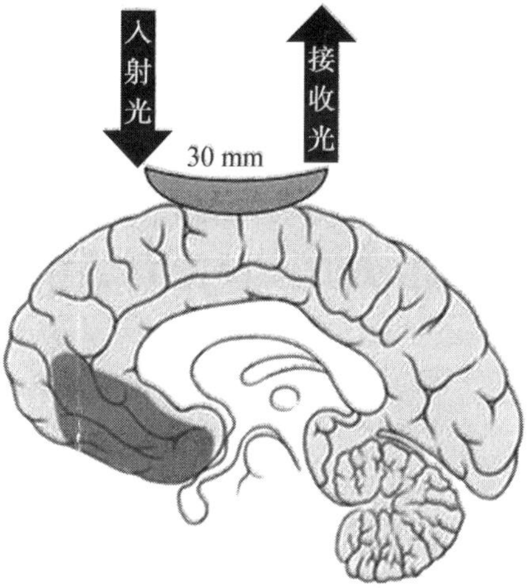


图 5-1　近红外光谱技术原理示意图

此外，脑神经的活跃程度与脑血氧的含量变化程度有极强的相关性。脑功能连接具有频率特异性，正是因为这种相关性的存在，使我们可以通过测量局部脑血氧的变化情况来推断脑神经的活动情况，进而分析人脑在执行任务时各个脑区之间的协同作用。

# 第六章　戒毒人员运动处方库的构建

由于戒毒人员吸食毒品的种类、吸食毒品的时间长短、自身遗传疾病等因素存在一定的差异性，吸毒造成的身体伤害也有一定的差异性。因此，在对戒毒人员开展康复训练时不能一成不变、千篇一律，必须经过严格的身体机能、身体素质等多项测试进行分层，根据测试结果出具更有针对性的训练方案，进行“因材施教”，也就是针对个人开具“因人而异”的运动处方。建立戒毒人员运动处方库，能够对戒毒人员的训练方案进行有效分类，根据戒毒人员的实际情况来开展康复训练，这对于戒毒工作的实施具有十分重大且深远的意义。

## 第一节　运动处方概述

“运动处方”这一术语自 20 世纪 50 年代被提出，于 20 世纪 60 年代末被世界卫生组织采用，并已得到广泛的认可。一般来讲，以增进健康、增强体质为目的而制订的一系列与个人身体状况相适应的，行之有效的科学运动方法均称为“运动处方”。[①]

### 一、运动处方的概念

根据医疗机构的检查资料(包括运动试验及体力测验)，按其心血管功能状况以及健康、体力，结合生活环境条件和运动爱好等个体特点，对从事运动锻炼者或患者用处方的形式规定适当的运动种类、运动时间及

① 参见杨静宜、徐峻华编著:《运动处方》，高等教育出版社 2005 年版，第 12 页。

运动频率，并指出在运动中需要注意的事项，以便有计划地进行经常性运动，达到健身或治病的目的，即为运动处方。

随着运动处方的概念不断被修改和充实，根据运动处方在国内外发展的情况，进入21世纪初后，将运动处方的概念定义为：由康复治疗师、康复医生以及社会体育健身指导员、私人健身教练等根据患者或运动健身者的年龄、性别、康复医学检查、一般医学检查、运动试验、身体素质/体适能测试等结果，按其年龄、性别、身体素质、健康状况以及心血管、运动器官的功能状况，结合主、客观条件，用处方的形式制订对患者或运动健身者适合的运动内容、运动强度、运动时间及频率的运动健身方法，并指出在整个运动中应该注意的事项，以达到科学地、有计划地进行康复治疗或健身的目的。

这一概念明确了运动处方的制订者、运动处方的对象、运动处方制订的依据、运动处方的内容以及运动处方的目的等，强调了应以处方的对象（患者或运动健身者）为中心，制订一个具有个性化的运动处方，类似于临床医生为患者开的处方。

## 二、运动处方库的作用与意义

与普通运动锻炼和一般的医学治疗方法不同的是，运动处方是一种具有明确目的性和强烈针对性，有选择、有控制的运动疗法。

### （一）运动处方对人体的作用

（1）运动处方对人体运动系统的作用：实施运动处方是“因材施教”，可使患者的骨骼、关节、韧带和肌肉的形态与生理机能都发生相对适应性的改善，使运动器官承受运动负荷的能力增强，肌肉的氧运输能力增强，机体各种能源物质的含量增加，酶活性提高，在运动时肌肉利用能源物质的能力得到明显改善，有氧和无氧供能能力提高。[①] 具体可表现为：肌肉力量和耐力增强，肌肉协调性增加，关节的活动幅度增大，骨骼生长加快，以及通过刺激本体感受器，保存运动条件反射，使运动系统的血液和淋巴循环得到明显促进，消除肿胀和疼痛等。

（2）运动处方对消化系统的作用：实施运动处方还能提高消化系统

---

① 参见杨静宜、徐峻华编著：《运动处方》，高等教育出版社2005年版，第6页。

的机能，加强营养素的吸收和利用，增加食欲，促进胆汁的合成和排出，减少胆石症的发生，促进胃肠蠕动，防治便秘等疾病。

(3)运动处方对呼吸系统的作用：实施运动处方可增强呼吸肌的能力，使肺容量和肺泡表面积增大，从而促进肺活量、最大肺通气量和最大摄氧量的增加。

(4)运动处方对心血管系统的作用：在正常情况下，有氧运动对增强心血管系统的运氧能力，代谢产物的清除，调节做功肌肉的摄氧能力，组织利用氧的能力等均有明显的促进作用。[①] 依照运动处方进行锻炼，可使机体安静时的心率减慢，血压降低或平稳，心输出量增加，进行定量负荷运动时的心输出量下降，身体机能出现节省化，极限负荷时的心肺机能增加，心血管系统的代偿能力增强等。

(5)运动处方对神经系统的作用：实施运动处方能提高中枢神经系统的兴奋或抑制能力，改善大脑皮质和神经体液的调节功能，提高神经系统的灵活性和均衡性。实施运动处方后，中枢神经系统对所有器官系统活动的调节和自我调节的能力都将有所改善，自主神经系统对内脏的调节速度加快，调节机能更加经济化。

(6)运动处方对身体成分的作用：在较长时间、中低强度的有氧运动中，机体主要以脂肪代谢的方式供给能量，所以通过长期的有氧运动可以有效地减少身体内的脂肪含量，改变身体成分，改善身体形态，从而达到塑形、健美和预防疾病的目的。

(7)运动处方对心理的作用：运动能有效释放被压抑的情感，促进多巴胺的分泌，与此同时还可以增强心理承受能力，保持心理的平衡。在疾病的治疗和康复过程中，实施运动处方能增强患者治疗和康复的信心，保持良好的情绪，这些都有助于疾病的康复。[②]

**(二)戒毒人员开展处方式训练的意义**

对戒毒人员来说，通过有选择、有控制的运动手段开展具有较强针对性和康复目的性的处方式训练，可以强健戒毒人员的体魄，消除负面

---

① 参见陈琦、麦全安主编：《体质健康评价与运动处方》，高等教育出版社 2015 年版，第 34 页。

② 参见杨静宜、徐峻华编著：《运动处方》，高等教育出版社 2005 年版，第 43 页。

情绪，改善其心理健康。

(1)运动处方训练具有科学性。运动处方训练模式的程序是“戒毒人员→康复训练→戒毒人员”，其工作方法流程是“入所医学检查→体质测定与诊断→制订康复运动处方→实施康复训练→进行体质评定”。从“戒毒人员”阶段出发经过“康复训练”阶段，再回到“戒毒人员”阶段，充分体现了“以人为本”的戒治思想。运动种类的选择、运动强度的控制、运动时间的长短及运动频率的设置都要服从康复的规律和需要。运动处方模式从训练流程、运动负荷及强度控制两个方面保证了体能康复训练的科学性。

(2)运动处方训练具有针对性。运动处方训练模式体现了综合矫治全面性的内容，同时极强的针对性也充分体现了“因材施教”的康复宗旨。它面向全体戒毒人员，根据每位戒毒人员不同的身体状况，制订相应的康复运动处方，这不仅有利于唤醒戒毒人员的主体意识，激发其训练的积极性和兴趣，还能使戒毒人员真正参与到康复训练中来。戒毒人员可以根据自己的身心特点，用运动处方的形式规定最适合自己的运动种类、时间及频率，然后主动地进行自我锻炼和自我评价，在兴趣和爱好的基础上，真正掌握科学训练的方法和技能，从不断的运动中体验、收获成功的喜悦，从而为培养戒毒人员终身体育的锻炼习惯打下坚实的基础。

(3)运动处方训练具有实效性。传统的体能康复是把增强体质、修复受损的身体机能列为训练的首要目标，但其内容体系泛泛且空洞。以康复训练为中心，采用运动处方安排训练内容这一形式的体能康复体系真正实现了训练目的、内容、形式和结果的统一，使增强体质这一目标落到了实处，确保了每位戒毒人员都能达到祛病安神、强身健体的效果。

## 三、运动处方的内容

一个完整的运动处方应包括锻炼目标、锻炼内容、运动量和注意事项等内容。

### (一)锻炼目标

制订运动处方之前，首先应当明确锻炼的目标，或称“近期目标”，如耐力处方的锻炼目标可能是提高心肺功能，减肥，降血脂或防治冠心病、高血压、糖尿病等疾病[①]；力量和柔韧性处方的目标应当具体到将要进行锻炼的部位，如加大某关节的活动幅度，增强某肌群的力量等。力量处方中还需要确定增强的力量类型，如动力性力量还是静力性力量，以便采用不同的练习方法。在康复锻炼运动处方中，首先需要考虑康复锻炼的最终目标，或称"远期目标"，如恢复正常步态，恢复正常生活能力和劳动能力，恢复参加运动训练等。在近期目标中，应规定当前康复锻炼的具体目标，如提高某个或某些关节的活动幅度，增强某块肌肉或某组肌群的力量，需要增强何种肌肉力量等。

**（二）锻炼内容**

锻炼内容即戒毒人员锻炼时应采用的手段和方法。如为提高全身耐力，多选择有氧训练；肢体功能的锻炼可采用力量练习、柔韧性练习、健身体操和功能练习等。[②]

**（三）运动量**

运动量的大小取决于多种因素。以持续运动为主的耐力处方与力量处方、柔韧性处方的运动负荷是不同的。运动负荷大小的决定因素综合起来有以下几个方面：

（1）运动强度：在有氧运动中，运动强度取决于走或跑的速度、蹬车的功率等。在力量和柔韧性练习中，运动强度取决于给予助力或阻力的负荷重量。运动强度制订得是否恰当，关系到锻炼的效果及戒毒人员的安全。应按照个人特点，规定锻炼时应达到的有效强度和安全界限。

（2）持续时间：在耐力处方中，主要采取"持续训练法"规定有氧运动持续的时间。在力量处方和柔韧性处方中，则需要规定完成每个动作所需要的时间。

（3）重复次数、完成组数及间隔时间：在力量处方和柔韧性处方中，应规定每个练习需重复的次数（次/组），共完成几组以及次与次、组与组之间间隔的时间。不同的锻炼方案将收到不同的锻炼效果。

（4）运动频率：指每日及每周锻炼的次数。一般每日只需锻炼 1 次，每周锻炼 3～4 次，即隔日锻炼 1 次。有足够的休息时间可使机体得到

① 参见田麦久主编：《运动训练学》，北京体育大学出版社 2000 年版，第 53 页。
② 参见田麦久主编：《运动训练学》，北京体育大学出版社 2000 年版，第 66 页。

“超量恢复”，收到更好的锻炼效果。[①]

## 第二节　运动处方的制订

制订戒毒人员的运动处方时，首先应按照一定的程序对戒毒人员进行系统的检查，获得制订运动处方所必需的全面资料，这样所制订的运动处方才能排除一切不必要的因素，切实符合个人的身体条件。

### 一、运动处方制订的基本原则

#### （一）全面性原则

在制订运动处方前，应充分了解处方对象的体质和具体健康状况。在运动处方的制订和实施过程中，应注意维持人体生理和心理的平衡，以达到“实现全面身心健康”的目的。

#### （二）因人而异的原则

运动处方必须因人而异，切忌千篇一律。要根据每一名戒毒人员的具体情况制订出符合个人身体客观条件及要求的运动处方。在对戒毒人员的初步筛查中，应该及时对不同的疾病类型进行分层，不同疾病患者的运动处方不同；而同一疾病患者在不同的病期，运动处方也不尽相同；同一个人在不同的功能状态下，运动处方也应有所不同。

#### （三）有效性原则

运动处方的制订和实施应使参加锻炼的戒毒人员功能状态有所改善。在制订运动处方时，要科学、合理地安排各项内容；在运动处方的实施过程中，要按质、按量地认真完成训练。

#### （四）安全性原则

按运动处方运动，应保证在安全的范围内进行，若超出安全的界限，则可能发生危险。尤其是对于戒毒人员这一特殊群体来说，在制订和实施运动处方时，应严格遵循各项规定和要求，以确保安全。

---

① 参见田麦久主编：《运动训练学》，北京体育大学出版社 2000 年版，第 105 页。

## 二、运动处方制订的依据

运动处方是以现代生理学、病理生理学知识协助康复训练而广泛开展的一种方式，特别是对因吸毒造成身体机能损伤的戒毒人员而言，是否能够放心地参加体育运动，取决于康复训练是否科学，从而达到健身与修复身体机能的目的，以及在运动的同时减少不适当运动引起的身体伤害。合理的运动处方制订的依据主要来自有关的运动试验、机能检查、自觉症状、运动条件及运动目的等。[①]

健康体适能的测定结果是制订运动处方锻炼目标的主要依据，同时也是对康复训练参加者进行健康教育，追踪观察锻炼效果的重要依据。健康体适能包括心肺耐力素质、肌肉力量和耐力素质、柔韧性素质、身体成分这几个方面。

### （一）心肺耐力

心肺耐力是健康体适能中最重要的因素。它代表了人体心血管系统和呼吸系统摄入、运送、吸收利用氧气，进行新陈代谢，产生能量的能力。良好心肺耐力的适应能力应能以充足的精力和能力从事日常活动，同时也是防治某些慢性疾病，促进身心健康的基础。[②]

### （二）肌肉力量和耐力

对一般人群（其中也包括戒毒人员这一特殊群体）来讲，身体各肌群的力量应当得到适度的、均衡的发展，同时还需要有能够重复多次或持续一定时间的耐力，使肌肉得到伸展，这样才能满足日常生活、工作和应付突发事件的需要。

### （三）柔韧性

柔韧性是指关节在最大范围内活动的能力，或者说身体各个关节的活动幅度以及跨过关节的韧带、肌腱、肌肉、皮肤的其他组织的弹性伸展能力。良好的柔韧性素质可以保证肢体有较大的活动范围，从而自如地完成各种动作，这不但可以提高应付突发事件的能力，还可在意外的情况下预防肌肉拉伤、关节韧带扭伤的发生或减轻损伤的程度。

---

① 参见杨静宜、徐峻华编著:《运动处方》,高等教育出版社 2005 年版,第 87 页。

② 参见田麦久主编:《运动训练学》,北京体育大学出版社 2000 年版,第 58 页。

### (四)身体成分

身体成分是指人体总体重中的脂肪组织和去脂组织(瘦体重)重量的百分比。身体成分中脂肪的成分增加,肌肉成分必然下降。身体中没有收缩功能的脂肪组织较多,就会造成各种活动能力下降,基础代谢水平降低,以及肥胖症、冠心病、高血压、糖尿病、高血脂、脑卒中等慢性疾病发病率的增加。所以,身体成分也是健康体适能的重要内容之一。[①]

如果健康体适能中的每一种素质都保持着良好的状态,那么疾病或功能性障碍的发病危险性就会大大降低。因此,通过规律性的运动及良好的生活行为习惯来提高、保持良好的健康体适能,对于个人整体健康的维护和健康促进有着重要的意义。良好的健康体适能可以使人体有充足的体力来适应日常的工作、生活及学习等活动,有精力享受休闲娱乐生活,又有应付突发紧急情况的能力;有助于人们保持旺盛的精力和良好的精神状态,并获得身心的全面发展;有利于人们预防疾病,提高生活质量;还可以帮助人们养成良好的、健康的生活方式和习惯。

## 三、戒毒人员运动处方制订的流程

### (一)运动处方制订的步骤

第一步,一般检查:收集病史、运动史等信息,询问戒毒人员的病史,如既往史、家族史等;了解其运动史,如运动爱好、目前的运动情况等。

第二步,临床检查(包括人体测量及体质测定):这里所指的"临床检查"主要通过入所体检来完成。检查目的:一是对现在的健康状况进行评价;二是判明能否进行运动和运动负荷试验;三是确定是否有潜在性疾病或危险因素。医学检查的基本目的在于掌握戒毒人员个人的状况,为制订量身定做的运动处方提供必要的信息。

第三步,运动试验及体力测验:运动试验是制订运动处方的基本依据之一。运动负荷试验的方法有很多,应根据检查的目的和戒毒人员的特点来选择适合的方法。目前普遍采用的方法是"递增负荷运动试验",这是利用运动平板或功率自行车等进行测试,在试验过程中逐渐增加运

---

① 参见陈琦、麦全安主编:《体质健康评价与运动处方》,高等教育出版社 2015 年版,第 65 页。

动负荷强度，同时测定某些生理指标，直至被测者达到一定的用力程度的方法。体力测验是运动负荷试验，无异常的人才能接受，即进行肌力、爆发力、柔韧性等运动能力和全身耐力的测验。一般认为，12 分钟跑测验与最大摄氧量的相关系数最高。[①] 所以，有氧代谢运动的体力测验包括走、跑、游泳三种方式，可以任选其中之一，用来检查和衡量心血管系统的功能。测验运动强度较平常锻炼更高，并要求被测者尽力而为，这就对被测者提出了一定的要求，且必须符合下列三个条件之一：35 岁以下，身体健康；有半年以上的运动经历；按锻炼计划至少运动 6 周。很明显，这项运动负荷试验不适用于戒毒人员，可用台阶测试试验进行替代。

第四步，制订运动处方，安排锻炼计划：通常，根据以上检查的结果，便可基本掌握戒毒人员的健康状况、体力水平及运动能力，可按其情况制订运动处方。处方中主要是规定运动强度的安全界限和有效界限、一次必要的运动量（运动时间）、一周的运动频度等。一般按照初定的运动处方试行锻炼，根据具体实施情况，对不适宜的地方进行微调，待调整后再坚持锻炼 3～6 个月，做体力测验，重新制订长期的运动处方，形成一个动态调整的状态，从而不断提高训练效果。

### 四、运动处方的基本格式

目前，运动处方的格式没有统一的规定，但主要采用两种格式：一种为叙述式，另一种为表格式。表格式因为简单明了，所以戒毒人员的运动处方多采用表格式，如表 6-1 所示。

**表 6-1　　戒毒人员×××的运动处方**

| 姓名： | 性别： | 年龄： | 吸毒类型： | 日期： |
|---|---|---|---|---|
| 运动爱好： | | | | |
| 健康检查： | | | | |
| 机能检查： | | | | |
| 运动试验结果： | | | | |

① 参见杨静宜、徐峻华编著：《运动处方》，高等教育出版社 2005 年版，第 91 页。

续表

| 姓名： | 性别： | 年龄： | 吸毒类型： | 日期： |
| --- | --- | --- | --- | --- |
| 体能测试结果： | | | | |
| 运动目的： | | | | |
| 训练项目： | | | | |
| 运动强度： | | | | |
| 运动时间： | | | | |
| 运动频率： | | | | |
| 训练方法： | | | | |
| 注意事项： | | | | |

处方者签名

## 第三节　运动处方的实施

戒毒人员每个人的身体条件千差万别，在实施运动处方时要因人而异。制订运动处方时，体力的差别比性别和年龄的差别更为重要。想要提高戒毒人员全身的耐力水平，就必须达到可以改善其心血管和呼吸功能的有效强度。因此，根据目的而选择合适的运动种类十分关键。同时，在运动处方的实施过程中，根据戒毒人员的身体情况，对处方进行适当的调整也是十分有必要的。

### 一、戒毒人员运动处方实施中的要点把握

#### （一）运动处方的个性化

制订运动处方时要因人而异，除了考虑功能的评定结果外，还要考虑处方对象的性别、年龄、健康状况、锻炼基础和女性的生理周期等客观因素，安排适当的锻炼内容和锻炼时间。每个人的身体条件千差万别，个体的身体或客观条件也在经常变化，患不同疾病的人，运动处方不同；同一疾病在不同病期的人，运动处方也不同；同一人在不同的功能状态下，运动处方也应有所不同。因此，必须根据每个人的具体情况因人而

异、个别对待地制订运动处方。

(二)以有氧耐力运动为基础

耐力是指人体长时间进行肌肉工作的能力,而有氧耐力是人体长时间进行有氧工作的能力。有氧耐力水平主要与呼吸系统摄入氧气、心血管系统运输氧气和肌肉组织利用氧气的能力有关。有氧耐力与人体的健康关系最为密切,如果有氧耐力低下,发生心血管疾病的危险性就会显著增加,而提高有氧耐力则可提高人们的生活质量,提高从事体力活动的能力,降低由于静坐少动的生活方式所造成的患心血管疾病和代谢性疾病的概率。[①] 制订运动处方时,明确运动者体力的差别最为重要,即使不根据性别、年龄的差异,而只以体力(全身耐力)情况作为基础来制订运动处方也是适宜的。提高有氧耐力的有效途径是有氧运动。有氧运动是全身大肌肉群参加的周期性、中低强度、持续时间较长的运动,如步行、慢跑、骑功率车、上下台阶等,还包括我国传统的体育项目,如太极拳、五禽戏、八段锦等。

(三)保持安全和有效界限

为了提高全身耐力水平,运动必须达到改善心血管和呼吸功能的有效强度,此范围也称作"靶心率范围"。如果运动超过这个上限,就可能出现危险性,这个运动强度或运动量就被称为"安全界限";而达到这个最低效果的下限,被称为"有效界限"。运动处方安全而有效的范围是处于安全界限和有效界限之间。身体条件差的戒毒人员(年老、体弱、患病者)的运动条件受限制较多,制订运动处方时必须严格规定运动内容。例如,高龄戒毒人员可以采取散步、步行这样的运动,而强健的壮年戒毒人员的运动处方内应包含从跑步到所有的运动。运动强度、时间和频率的设置与锻炼效果有着密切的联系,要注意运动量最高和最低限度。具体地说,危险性少而效果高的适宜强度是60%～85%最大心率,相当于57%～78%靶心率值。

(四)运动效果的特异性

锻炼前体质较差的戒毒人员从事强度小的运动也能收到显著效果,而锻炼前体质较强的戒毒人员则要更高运动强度的刺激才能见效。根

① 参见杨静宜、徐峻华编著:《运动处方》,高等教育出版社2005年版,第121页。

据运动类型或方法的不同，运动时身体可产生相应的生理适应，这一现象称为"运动效果的特异性"。一般认为，运动效果是有特异性的，因此根据目的选择合适的运动种类很重要。例如，动感单车训练程序的效果只在进行动感单车运动时才有特异性的发挥。明确自己锻炼的目的、意义和方法，是坚持长期锻炼并收到良好效果的重要环节。

## 二、运动处方的调整

运动处方应用于多数戒毒人员时，适应方式因人而异。即使根据检查结果制订的处方，也不一定就是最合适的处方。因此，对于初定的处方，在实行过程中根据具体实施情况，要进行一次到多次的调整，使之成为符合戒毒人员自身条件的运动处方。按照运动处方进行锻炼，一般在6～8周后可以取得明显效果，这时需要再次进行功能评定，检查运动锻炼的负荷，调整运动处方的内容，进一步提高锻炼的效果。有时需要根据锻炼者的身体情况，对处方进行适当的调整。

## 三、运动处方实施过程中的自我监督

自我监督是在康复训练期间，要求戒毒人员经常对健康状况和生理机能变化进行自我观察的一种方法。通过这种方法，可以实时评定运动量的大小，早期发现过度疲劳，预防运动性伤病。自我监督可以从以下几点着手：

(1)一般感觉：经常运动的人总是体力充沛、精神愉快，但在过度训练后就会感到软弱无力，精神萎靡不振，易疲劳，易激动。因此，可根据自己的情况，将记录分为良好、一般、不好三种状态。

(2)运动心情：经常运动的人一般愿意参加运动，但如果训练方法不当或过度疲劳，则会对运动不感兴趣或产生厌烦的感觉，可将情况记录为很想锻炼、愿意锻炼、不想锻炼、厌烦锻炼四种状态。[①]

(3)食欲情况：由于参加运动时消耗了大量的能量，身体里的营养物质亟须进行补充，所以经常运动的人食欲较好，饭量较大；而在过度训练时食欲则会减退，饭量减少。需要注意的是，要与刚运动后不想马上吃

---

① 参见杨静宜、徐峻华编著：《运动处方》，高等教育出版社2005年版，第117页。

饭区分开。可将情况记录为食欲良好、食欲一般、食欲减退、厌食四种状态。

(4)睡眠情况:经常运动的人神经系统的功能比较稳定,一般睡眠良好,躺下后很快入睡,且睡得熟,不易醒,早晨精神振奋,全身有力。如果晚上出现失眠、屡醒、多梦,早晨起来头晕、没精神,则说明训练方法不当或运动量过大。

(5)不良感觉:在参加剧烈运动后,由于身体过度疲劳,往往会出现四肢无力,肌肉酸痛,不愿活动的情况,这是正常的生理现象,休息几天就会好转。如果在运动后还有头晕、恶心、心慌、气短的情况,则表示运动方法不妥或运动量过大,记录时应遵循实事求是的原则,详细记录运动过程中的感受。

(6)出汗情况:运动时出汗的多少与气候、运动程度、衣着、饮水量、训练水平及身体素质有密切的关系,如果突然发现大量出汗,可能是进行了过度训练,应及时调整运动量。可将情况记录为出汗正常、出汗减少、出汗增多、大量出汗四种状态。

(7)脉搏:脉搏次数和训练水平有密切的关系。在其他因素相同的情况下,脉搏次数少,说明训练水平提高了。常用早晨脉搏来评定训练水平和身体的机能情况,若早晨脉搏逐渐下降或不变,说明身体反应良好,训练有潜力;若每分钟增加 10 次以上,说明身体反应不良,要找出原因并及时处理。可记录每分钟的脉搏数,每天记一次。[①]

(8)体重:参加康复训练后,体重可能有三种变化:第一种是刚参加训练的人身体里水分和脂肪大量消耗,体重下降;第二种是经过一段时间的锻炼后体重比较稳定,运动后减轻的体重能自动逐渐恢复;第三种是长期坚持锻炼的人肌肉逐渐发达起来,体重有所增加,而且在一定水平上保持不变。进行自我监督时,最好每周早晨测量体重一次,填上千克数。也可在运动前后分别测量体重,以体重的差数观察对运动量掌握的情况。

(9)肺活量:运动能使呼吸功能显著增强,肺活量的大小在一定程度

① 参见陈琦、麦全安主编:《体质健康评价与运动处方》,高等教育出版社 2015 年版,第 89 页。

上往往呈现出的是呼吸功能的好坏。经常参加体育锻炼能使肺活量增加，但是在过度疲劳时，肺活量会相应减少。

(10)运动成绩：坚持合理的运动锻炼，运动成绩会逐步提高，也可保持在很高的水平上。如果运动水平没有提高甚至下降，动作的协调性逐渐变差，这可能是过度训练的早期状态，应引起注意，适当休息或调整运动量。除此之外，女性戒毒人员要及时记录月经的情况，如运动后月经量的多少、经期长短、有无痛经等。

## 第四节　戒毒人员运动处方案例分析

戒毒人员由于长期吸食毒品，生活极不规律，故患心脑血管疾病、神经系统疾病的人数较多。毒品会对戒毒人员的身体机能造成极大的损伤，有些损伤甚至不可逆转。本节针对戒毒人员常见的疾病情况，列举了几个康复运动处方，供读者参考。

### 一、高血压戒毒人员的康复运动处方

高血压被定义为“动脉收缩压或(和)舒张压分别达到或超过140 mmHg及90 mmHg，以及需要服用降压药或被医生至少两次告知血压升高”的情况，按其发病原因分为继发性高血压和原发性高血压。高血压病也被称为“安静杀手”，因为在高血压病早期，患者往往没有明显症状，待发现后往往为时已晚，不仅致残、致死率高，而且会严重消耗医疗资源和社会资源，给家庭和国家造成沉重的负担。国内外的实践研究证明：高血压是一种可以预防和控制的疾病，降低高血压戒毒人员的血压水平，可明显减少心脑血管疾病的发生率，显著改善戒毒人员的生活质量，有效降低疾病负担。

#### (一)运动目的

运动可调节大脑皮质和皮质下血管的运动中枢，调节植物性神经的功能，降低交感神经的兴奋性，提高迷走神经的兴奋性，缓解小静脉痉挛，降低血压；还可降低毛细血管、微动脉及小动脉的张力，调节血液循环及血液中升压激素和降压激素的含量，使升压激素含量减少，降压激素

含量升高，从而有效减少血容量，降低血液的黏滞度，提高血液的流变性。对于患高血压的戒毒人员来说，参加运动锻炼是对身体伤害最小且为之有效的方法，通过运动可减轻患者的应激反应，抑制身心紧张，消除焦虑状态。

运动的具体作用可表现在以下三个方面。

(1)降压作用：通过运动疗法将戒毒人员的血压降到“正常”或者“理想”的水平，从而降低发生心血管疾病的风险。

(2)控制高血压相关病症(如肥胖、糖尿病、高脂血症等)的危险因素。运动疗法能延缓和改善高血压导致的重要靶器官发生的病变，如冠心病和脑卒中带来的不可逆伤害等。

(3)预防戒毒人员高血压病患者出现心肌肥大等症状。

**(二)运动项目**

1.有氧运动

运动类型的选择应以降低外周血管阻力的有氧运动为主，如步行、慢跑、骑车等。新入所高血压戒毒人员可选择练习太极拳、气功、降压操等有氧运动，也可根据自己的兴趣爱好，结合自身高血压的具体情况来选择运动项目，应选择那些容易令自己放松、有节奏、便于监控的全身性运动项目。

2.力量练习

渐进性抗阻训练可有效降低安静状态下的收缩压和舒张压，是有效的非药物干预方法。因此，建议轻度高血压和健康状况良好的戒毒人员选择循环抗阻训练，练习时可采取中、小强度的康复操，或用弹力带练习躯干和四肢肌力。练习时应避免体位变动较大的运动项目，且练习过程中不要屏气。①

**(三)运动强度**

中低强度的有氧运动容易被坚持和接受，且不容易引起肌肉、骨骼损伤和出现心血管意外，因此建议高血压戒毒人员的运动强度应小于70％最大摄氧量强度，普遍认为较为合适的有氧运动强度为50％～60％最大摄氧量或65％～75％最高心率。用运动强度与运动自觉量表来掌

① 参见田麦久主编：《运动训练学》，北京体育大学出版社2000年版，第213页。

握运动强度，相当于量表中的9～13级，即感觉有点累或者稍累。循环阻力训练应选择低阻力、重复次数多的、大肌肉群参与的抗阻运动。以重复最大运动的30％～50％的负荷为宜，每次至少有1组，每组重复10～15次，组间休息10秒左右，慢至中等速度进行运动。

**（四）运动时间**

运动持续时间与运动强度成反比，运动强度在最大心率的60％～70％时，每次运动时间为20～30分钟，也可间歇进行；运动强度低于上述强度时，每天运动20～60分钟，可分几次完成。肌力训练每次练习1～2个循环，可与有氧训练相结合。

高血压戒毒人员的锻炼时间应该避开清晨和晚间，因为研究表明，20时到次日6时人体的血液流变学指标，尤其是血液黏度呈不同程度的升高，以0时到6时最为明显。

**（五）运动频率**

高血压戒毒人员有氧训练的频率以每周3～5次为宜，若运动强度较小，则可增加运动频率，以每周运动5天以上较为适宜。肌力训练可每周训练2～3次。

**（六）注意事项**

(1)运动评估：在进行处方训练前，需要确定如下事项：高血压患者的血压水平（分为轻、中、重度）；动脉粥样化的危险因素；靶器官的受损程度，诊断有无并存病变；对戒毒人员的体能（包括心肺和运动器官的功能）进行运动试验和功能评定；欲进行循环抗阻训练的轻度高血压戒毒人员应进行肌肉等长收缩试验，以测定进行循环抗阻训练的安全运动强度。

(2)分组：根据评估结果，分为高危、中危、低危三组，以及有单纯收缩期高血压的戒毒人员。

高危组处于中度高血压水平，有3种或3种以上的危险因素，兼有糖尿病或心、脑、肾等重要器官损害，可请医生予以帮助。

中危组处于轻到中度高血压水平，同时有1～2个危险因素。在收缩压不低于140 mmHg或舒张压不低于90 mmHg时，可以进行运动治疗，但是需要严密监控，若安静时收缩压超过200 mmHg，舒张压超过110 mmHg，则不能进行运动，要谨慎地将运动中的血压维持在收缩压不超过220 mmHg，舒张压不超过105 mmHg这一范围内。

男性年龄低于55岁，女性年龄低于60岁，无其他危险因素者属于低危组。低危组为高血压运动方案的最佳参与人群，运动疗法不仅能降压，而且可以维持理想的血压水平，还可以防止和延缓高血压引起的重要器官损害。

(3)考虑降压药物对运动的影响，在制订处方时，应了解高血压戒毒人员服用的降压药物种类及药物可能引起的生理反应。具体应注意以下方面：

利尿降压药在正常情况下不影响安静心率、最大心率及运动能力，可采用标准方法计算靶心率，但大剂量的利尿药可引起低血钾，导致在运动中发生严重的心律失常。有血管扩张作用的降压药不改变因运动负荷增加而发生的心率反应，运动后充分的整理活动可防止发生低血压。血管紧张素转换酶抑制剂和中枢性降压药不影响运动中产生的血流动力学反应，可按照标准方法制订运动处方。使用受体阻滞剂降压时，运动产生的心率变化比实际情况低5～10次/分钟，若用心率计算运动强度，应减去5～10次/分钟。

高血压戒毒人员参加运动后，可根据自身血压情况及时调整降压药物，但不能随意停用降压药。一般运动2周后可出现降压效果，此时应该坚持运动，并持之以恒。

(4)运动监测：高血压戒毒人员参加运动或运动强度增加时，应在运动前后监测血压。合并冠心病时，则按冠心病运动方案标准进行监测或非监测运动，并检测运动中的血压和心电图。[①②]

(5)运动处方实施：运动前一定要进行热身，在运动中要防止出现外伤，运动后进行放松；出汗过多时，要注意补充水分及无机盐；运动中要避免低头弯腰的动作和大幅度的快速动作，保持精神放松，情绪愉快，自然呼吸，不要屏气。

(6)合理安排生活，控制体重。生活要有规律，保证足够的睡眠时间，劳逸结合，避免摄入高盐、高脂、高糖饮食。

---

① 参见陈琦、麦全安主编：《体质健康评价与运动处方》，高等教育出版社2015年版，第134页。

② 参见杨静宜、徐峻华编著：《运动处方》，高等教育出版社2005年版，第165页。

## 二、冠心病戒毒人员的康复运动处方

冠心病是“冠状动脉粥样硬化性心脏病”的简称，是由于心脏的供给血管冠状动脉发生粥样硬化病变，导致管腔狭窄、阻塞，造成心肌缺血、缺氧，从而产生胸闷、气短、心绞痛、心肌梗死甚至猝死等症状的心脏病，也称为“缺血性心脏病”。冠心病被称为人类健康的“头号杀手”，是影响人类寿命最主要的慢性疾病之一，也是戒毒人员最常见的一种心血管疾病。

### （一）运动目的

通过运动可改善患者体内的脂质代谢情况，防止和缓解粥样斑块在血管壁上的沉积；促进侧支循环，改善缺血区的血液灌流量，增加心肌供血和供氧，提高心脏的工作效率；减轻心脏负荷，降低冠心病危险因素的威胁；恢复体力，降低各种危险因素的作用，防止冠心病的复发。此外，运动还可改善患者的生活质量，提高其生活自理能力，最大限度地发挥心脏潜能；转移患者对疾病的注意力，调动患者内在的康复积极性，克服害怕活动的心理，使患者能主动掌握动和静的规律，从而有助于减少或减轻心绞痛的发作。

### （二）运动项目

1. 有氧运动

为了提高心血管功能，慢性冠心病戒毒人员最基本的康复项目是以大肌群活动为主，如有节律的有氧运动。有氧运动常采用的运动项目有快走、慢跑、骑自行车等。

2. 力量练习

以往人们担心，力量训练会引起冠心病患者血压升高，提高心肌耗氧量，因而不予推荐。经研究证实，肌力练习对于左心室功能良好的患者来说，应用的危险性很低，但对于左心室功能已受损的戒毒人员来说，可能导致心功能代偿，所以对于未控制心律失常和不稳定心绞痛的戒毒人员不宜选择，但由于其对处于冠心病慢性期，以及需要进一步恢复体力，增强心血管功能和改善肌力、肌耐力的患者都非常重要，因此应该鼓励大部分冠心病戒毒人员参与抗阻训练。冠心病戒毒人员可以在掌握适当技巧的情况下开展肌力练习，练习时应注意动作缓慢、充分伸展，避免紧张、屏气。戒毒人员应保持规律的呼吸方式，同时注意医务监督。

冠心病戒毒人员力量练习的主要方式是等长运动和循环力量训练。等长运动以不引起明显的关节运动,即静力性练习为主,操作时应注意正常呼吸,可进行踝关节静力性背伸、静力性直腿抬高,并逐渐发展为站桩、蹲马步等项目。循环力量训练可利用弹力带、较轻的腕部重物或者低负荷的器械等。

4.综合练习

综合练习是指进行放松性运动、有氧健身操和柔韧性练习等。

**(三)运动强度**

运动强度是在制订冠心病戒毒人员的运动处方中最重要和最困难的部分,其对运动的效果和安全性有直接的影响。一般来说,身体状况比较好、病情较为稳定的戒毒人员,理想的有氧运动强度为40%～80%最大摄氧量,或者70%～85%最高心率,主观疲劳感觉应在11～16之间。运动初期和机能状态稍差的戒毒人员应适当降低运动强度。

判断运动强度是否适宜的最简单方式是:运动时是否稍出汗,呼吸是否轻度加快但不影响对话,全天是否感觉舒适,无持续的疲劳感,原有疾病症状是否无加重,或饮食、睡眠情况是否良好。

**(四)运动时间**

一般来说,运动时间与运动强度呈负相关,低强度的运动需要较长的运动时间来达到增强心脏功能的目的。低强度运动可降低并发症的发生概率和减少运动风险,达到靶心率强度并维持10～20分钟较为适宜;若强度低,则时间可适当延长。运动前应该进行5～10分钟的准备活动(如伸展活动、关节活动等),运动结束时还应进行5～10分钟的整理活动。每次运动总时间宜掌握在1小时以内,具体运动时间应根据戒毒人员的耐受能力灵活调整。

**(五)运动频率**

通常要取得运动效果并维持和积累,每周运动次数应不少于3次,国际上普遍推荐的运动频率为每周3～5次。

**(六)注意事项**

(1)康复训练的安全性。注意冠心病戒毒人员的三大运动风险,即年龄、病情和运动强度。因此,在制订运动处方时必须遵循全面性原则,最好让戒毒人员经过医院的检查和评估,确定冠心病的类型,并确保能够进行锻炼再进行。

(2)遵循个体化、循序渐进的原则。应评定戒毒人员的个人能力,根据个体情况循序渐进地完成运动;从低强度开始,切忌在初次活动时就进行中高强度或大运动量的练习;同时也应该避免突然增加运动量和过度训练等。[①]

(3)在运动过程中,要对戒毒人员进行实时监测与监督,并给予必要的指导。运动时或运动后若出现以下情况,应暂时停止练习:运动时自觉胸痛、呼吸困难、眩晕或诱发心绞痛;运动时心率超出70%～85%最高心率,心率波动范围超过20次/分钟或超过以前心率40次/分钟;运动时收缩压上升大于30 mmHg或下降大于15 mmHg,舒张压上升大于120 mmHg;运动时或运动后出现严重的心律失常。

(4)做好充分的准备活动和整理运动。准备活动也称"热身运动",通过准备活动可使心率逐渐增加,避免运动时因心率骤然升高而增加心脏负担。运动后进行整理运动,运动强度逐渐降低可防止突然停止运动而引起的晕厥。

(5)调整运动处方。运动处方在实施过程中应定期调整,如健康情况发生变化、心血管药物变更或发生意外事件时都应做相应的调整。

(6)运动前2小时内避免饱食,运动后避免即刻进行热水浴,以免发生血压下降及心律失常。

## 三、神经衰弱戒毒人员的康复运动处方

神经衰弱是大脑皮质中枢神经的兴奋和抑制功能失调而引发的一种疾病,一般表现为精神容易兴奋,脑力容易疲劳,并伴有睡眠障碍和各种躯体不适感等症状,如失眠、多梦、精神不振、情绪不稳、头晕、记忆力减退等。神经衰弱是由于长期情绪紧张和精神压力大,使大脑精神活动能力减弱,时轻时重所致。

### (一)运动目的

(1)调节大脑皮质的兴奋和抑制过程,使皮质活动功能逐步恢复正常。体育锻炼能治疗神经衰弱,研究表明:运动能促进人体释放一种名

---

① 参见刘福林等编:《体育游戏》,北京体育大学出版社2005年版,第76页。

为“β-内啡肽”的化学物质，它能改善中枢神经系统的调节能力，还能提高机体对有害刺激的耐受力，缓解精神紧张。[①]

（2）通过运动增强体质，提高健康水平。经常锻炼的人会感到精力充沛，食欲好，睡眠质量高，疲劳感消除快，工作效率也会随之提高。

**（二）运动项目**

治疗神经衰弱的运动项目非常多，可以选择中低强度的竞技运动、娱乐运动及一些放松性运动，如棋球类运动、放松术、气功和康复体操等。一般采取有氧运动、无氧运动、集体运动和个人运动相结合的方式进行。容易情绪激动的戒毒人员可选择散步、太极拳、八段锦、易筋经等运动项目；精神不振、孤僻、不爱活动的戒毒人员可选择篮球、乒乓球、羽毛球等具有游戏性和竞赛性的球类运动项目；体力尚好的年轻戒毒人员可选择跑步、动感单车等运动项目。

**（三）运动强度**

一般认为，中等强度的运动对神经衰弱戒毒人员的恢复效果较好，中等强度运动的摄氧量相当于最大摄氧量的50%～60%，心率相当于最高心率的65%～75%。

**（四）运动时间**

为保证运动效果，每次运动的时间一般维持在20～30分钟。

**（五）运动频率**

每周坚持运动3～5次锻炼效果最佳。每周运动不得少于2次，若时间充裕，可以坚持每天运动，但应注意控制运动量。

**（六）注意事项**

（1）按戒毒人员的体力情况安排合适的运动项目，运动量不宜过大，不应引起疲劳或过度紧张，活动中应穿插呼吸运动和间歇休息。对以兴奋症状为主的戒毒人员，应采用平稳、缓慢、柔和的运动，这样不会引起强烈的兴奋；对以衰弱症状为主的戒毒人员，则应采用情绪性较高、节律较快、活动性较大的运动，并逐步加大运动量。

（2）注意劳逸结合，每天合理安排体育锻炼、休息和睡眠时间。体力一般的戒毒人员每天可锻炼0.5～1小时，体力较强者可增至1.5～2小时，体

① 参见杨静宜、徐峻华编著：《运动处方》，高等教育出版社2005年版，第127页。

力较弱者只适宜进行短时间的散步和轻微活动。

(3)进行多种形式的康复训练活动，通过运动不但能够强身健体，还能进行积极性休息，实现治疗神经衰弱的目的。

(4)睡前不进行剧烈运动。睡前可以通过阅读自己不是很感兴趣的书籍或听舒缓的音乐使大脑逐渐进入抑制状态，同时做好睡前准备，如用热水烫脚等。

(5)注意营养，多吃水果和蔬菜，水果和蔬菜中含有大量维生素 B，能帮助促进脑神经细胞的代谢。

(6)在锻炼过程中要密切注意戒毒人员的反应，如锻炼后出现大量出汗、兴奋、过分激动、失眠、运动后心率加快且长期不恢复等现象，表明运动量过大，要及时调整。[①]

### 四、肥胖戒毒人员的康复运动处方

正常男性成人脂肪组织重量占体重的 15%～18%，女性占体重的 20%～25%。肥胖是指当人体摄入食物过多，消耗能量的体力活动减少时，摄入的热量超过了机体所消耗的热量，过多的热量转变为脂肪大量蓄积起来，使脂肪组织异常地增加，体重超过正常值的 20%以上，有损于健康的一种超重状态。

#### (一)运动目的

运动能大大增加能量的消耗，加快利用机体多余的脂肪，减少异生脂肪的聚集，减轻体重；运动还可改善神经内分泌系统对新陈代谢的调节功能，刺激脂肪代谢，从而减少脂肪组织的存积；运动还能提高脂蛋白酶的活性，有利于脂肪组织中脂肪的动员，并降低三酰甘油和低密度脂蛋白胆固醇，增加高密度脂蛋白胆固醇。此外，运动还能增强患者的身体素质，预防和对抗并发症的发生。

#### (二)运动项目

运动项目一是锻炼全身体力和耐力的有氧运动项目，如长距离步行、慢跑、骑自行车等；二是以锻炼肌力、肌肉耐力为目标的拉力器等静态运动；三是准备活动和整理活动的伸展体操。尤其应注意不断更换运

① 参见田麦久主编：《运动训练学》，北京体育大学出版社 2000 年版，第 243 页。

动内容，以免厌烦。但有高血压和冠心病时，不要做等长（静力）运动，以免引起心率过快和血压升高。运动方式应以全身参与、长时间的有氧运动为主，要根据个人的身体健康情况，选择个人喜欢、有兴趣的运动项目，而且最好是能够终生都可以坚持下去的运动项目。

**（三）运动强度**

肥胖戒毒人员康复的运动强度应以中小强度为主，这类运动消耗的能量物质主要是脂肪，尤其是到了运动的中后阶段，若用心率来控制，心率应控制在本人最大心率的60%～70%，相当于心率为120～130次/分钟。[①]

**（四）运动时间**

一般每次运动的持续时间为30～60分钟。

**（五）运动频率**

一般每周运动5～7次，也可以根据自己的身体状况和运动量具体安排。例如，可以每天运动一次，但运动强度和运动量要适当减少。

**（六）注意事项**

（1）肥胖戒毒人员的康复运动不急于追求体重下降，要先增强心血管的功能和机体功能。

（2）严格按运动处方进行运动，运动时应遵循锻炼的基本原则，如循序渐进、长期坚持、注意安全等。

（3）运动要配合饮食控制。运动后食欲会增加，需要保持合理的饮食，控制糖类以及蛋白质、脂肪这些食物的摄入量，保证膳食的合理搭配，避免饮食的不平衡带来营养不良、代谢紊乱等一系列并发症的发生。

（4）以锻炼后第二天不感到疲劳为宜，每周适当增加运动量。

（5）对于患有心血管系统疾病的戒毒人员，进行力量练习时，应降低其运动强度，增加呼吸运动的比例，避免屏气，防止过度运动。

（6）严寒、酷暑或者感到身体不适时，应该停止锻炼。

---

① 参见陈琦、麦全安主编：《体质健康评价与运动处方》，高等教育出版社2015年版，第147页。

# 第五节 感染 HIV 戒毒人员运动处方

艾滋病是一种由人类免疫缺陷病毒（HIV）引起的传染病，目前尚无有效的治愈方法。因吸毒人员存在吸毒后滥交和共用注射器吸毒两大高危行为，导致吸毒人员群体艾滋病发病率较高。戒毒人员中，艾滋病患者的体质状况与普通戒毒人员存在较大差异，引导其进行身体康复训练时，需根据其个体差异制订更有针对性、计划性、科学性的运动处方。山东省戒毒系统探索出了根据感染 HIV 戒毒人员 $CD4^+$ 细胞数量，开展分期、分阶段训练的康复模式。

## 一、恢复提升阶段

恢复提升阶段运动的目的是逐步提高免疫力，避免损伤感染，加强心肺功能，改善睡眠，适合 $CD4^+$ 细胞水平低于 200 个/μL 的感染 HIV 戒毒人员。

这一时期，由于 $CD4^+$ 细胞水平较低，感染 HIV 戒毒人员身体的各项机能比较弱，故制订运动处方时不宜选择机体抗阻训练，应以医疗介入服用抗病毒药物，同时进行一些静力性平衡练习（如平衡直线走、闭目原地踏步等）、肌肉的小幅度拉伸练习（如弓步压腿、扩胸运动、颈部运动、伸展运动等）、适量的有氧运动（如中速走、简式太极拳等），来锻炼骨骼肌的正常收缩功能，逐渐提高心肺功能。

运动强度为中轻强度，训练初期每次持续时间不超过 15 分钟，一天不超过 3 次，这与普通康复训练中渐进性的原则相一致。针对健康状况较差的群体，经实践总结，运动最适心率（次/分）控制在（200－年龄）×（60%～80%）较合理。其中，60%～70%主要用于减脂，70%～80%主要用于提高心肺功能。

## 二、稳步提高阶段

稳步提高阶段的运动处方以有氧运动为主，适当增加力量训练，其目的是恢复心肺耐力，提高机体免疫力，适合 $CD4^+$ 细胞水平介于 200～

500个/μL的感染HIV戒毒人员。

这一时期，$CD4^+$细胞水平趋于稳定。由于戒毒人员长期吸食毒品，其心血管系统、呼吸系统、神经系统等均有不同程度的损害，身体较虚弱，心肺功能较差，所以制订运动处方时以心肺耐力训练为主，协调性训练、柔韧性训练为辅。有氧运动是提高心肺耐力最常用、最易上手、效果最显著的运动方式，是动员全身大肌肉群参与且强度低、速度慢、时间长的周期运动。

运动强度为中等强度。针对健康状况一般的群体，经实践总结，运动最适心率（次/分）控制在（220－年龄）×（60%～80%）较合理。心率百分数控制在不同的范围代表不同的运动强度，可根据自身运动的目的选择运动强度，其中最大心率的70%～80%对于提高心肺功能作用较明显。

### 三、维持适应阶段

维持适应阶段运动处方以有氧与力量训练为主，其目的是改善身体素质，提高机体免疫力，适合$CD4^+$细胞水平高于500个/μL的感染HIV戒毒人员。

这一时期，$CD4^+$细胞接近正常水平，需制订运动处方全面提升感染HIV戒毒人员的力量、耐力及速度，改善其身体状况。可制订合理的抗阻训练计划，提高戒毒人员的肌力与肌耐力；开展适当的耐力训练，提高戒毒人员的心肺耐力。运动计划的实施是以循序渐进、增加运动量为原则的，从而确保制订的运动计划能够安全有效地进行。身体适应能力随着渐进的负荷而增加，肌肉力量、耐力也随之增加。同时需注意，感染HIV戒毒人员群体具有特殊性，如认知偏差、自卑、心理脆弱、悲观等，所以需要在正常体能康复的基础上做一些针对性的拓展训练，如不过分依赖器械，简单易行且有充分安全保障的项目，如信任背摔、双杠人字支撑走等，其目的是提高团队观念，增强自信心与被认可感，最终引导感染HIV戒毒人员在运动实践中分享感受，明确自身价值，提高自信心。

运动强度为中高强度，根据卡福能公式，针对身体素质较好的群体，目标心率（次/分）为（220－年龄－静止心率）×（65%～85%）＋静止心率，其中65%～75%主要是用于减脂，75%～85%主要是用于提高心肺功能。

# 第七章 戒毒人员身体康复训练风险防控

运动是一把双刃剑，在起到促进生理和心理机能改善作用的同时，也存在损伤、疾病及甚至导致死亡的风险。康复训练风险的发生具有偶然性、不确定性以及伤害性，一般出现在集体康复训练和戒毒人员的自主训练过程中，往往无法预测。我们应对戒毒人员康复训练的风险防控进行分析研究，了解康复训练风险发生的原因，找到相应的解决方案，进而使警察和戒毒人员更多地了解康复训练风险的基本知识以及防控技能，以便在今后的康复训练过程中有效预防、管控和避免风险，从而真正达到增强戒毒人员的体质，增进健康的目的。

## 第一节 身体康复训练风险概述

人们在从事某种活动时，总是预期一定的结果。如果对于预期的结果没有十分的把握，人们往往就会认为该项活动有风险。只要对未来事件存有期望，就有无法取得期望结果的可能性，这就是所说的“风险”。

### 一、风险的定义

风险可以定义为“可能发生的危险”。目前学术界对风险的认识也是各种各样，不尽相同，归纳起来主要有三类观点：一是“危险损失”，即风险是可能发生的未来危险和损失；二是“结果差异”，即风险是实际结果与预计结果之间的差异；三是“不确定性”，即风险是事件的未来不确定性。

## 二、风险的特征

风险有以下四个主要特征：

（一）客观性

规律是客观事物内部的本质联系和发展的必然趋势，是不以人的意志为转移的。不管人们是否意识到了风险，只要决定风险的各种因素出现了，风险就会到来。因此，要减少和避免风险，就必须及时发现可能导致风险的因素，并予以消除。[①] 但是，由于产生风险的因素是多种多样的，加之很多因素本来就是不确定的，因此要完全避免风险是不可能的。

（二）突发性

偶然中隐藏、体现着必然，量变积累到一定程度便会产生质变。风险的产生往往给人一种突发的感觉。风险的这种突发性从表面上看是具有极大的随机性，发生的时间是偶然的，但实际上却隐含着一定的必然性。当决定产生风险的各种因素达到一定量的积累，且这些因素达到某一临界值时，只要有某些诱发性因素的产生，一场风险就会不可避免地产生。因此，我们应加强对风险的预警和防范研究，建立风险预警系统，完善风险防范机制。

（三）多变性

风险的多变性是指风险会受到各种因素的影响，在风险性质、破坏程度等方面呈现动态变化的特征，难以有稳定的形态。因此，我们在制订风险应对方案时，对具体事物要具体对待，应该准备多种方案与计划，以便一旦发生风险时能选择相应的方案，以处理不同类型的风险事件。

（四）无形性

事物具有普遍性和特殊性。风险不像一般的物质实体，能够非常确切地描绘和刻画出来。风险的无形性增加了人们认识和把握风险的难度，但只要认真查清了产生风险的内外因素，恰当地应用定量方法和手段，识别和测定风险仍然是可能的。

---

① 参见薛明扬、翁铁慧主编：《学生校园体育运动伤害事故的社会治理：基于上海的研究》，华东师范大学出版社 2017 年版，第 32 页。

## 三、身体康复训练风险概述

运动是伴随着人类增强体质、促进健康的初衷而出现的，长期以来受到了大家广泛的关注。研究结果表明，在生理上，运动有利于人体骨骼、肌肉的生长，能增强心肺功能，改善血液循环系统、呼吸系统、消化系统的机能状况，有利于人体的生长发育，提高机体抗病能力，增强机体的适应能力，是增强体质的最简单有效的手段之一。在心理上，运动可以调节紧张情绪，改善心理状态，愉悦身心，陶冶情操，让人保持健康的心态，充分发挥个体的积极性、创造性和主动性，提高自信心，从而获得身心的和谐发展。

马克思辩证唯物主义认为，任何事物都是绝对性与相对性的统一体。在关注及宣传运动给人类带来诸多益处的同时，运动对人类的危害也逐步得到了关注。运动既能增强体质，改善健康状况，也能对健康产生不利的影响，造成健康隐患。[①] 由于运动在本源上与人类的体质、健康密切关联，同时，人又是运动的主体，是运动形式的承载者，因此，“运动风险”的消极一面强调的这种伤害或损失首先应该是身体性的，其次才是精神性或物质性的，即“运动风险”首先是与人类的健康相关联的。

## 四、戒毒人员身体康复训练风险的基本特征

戒毒人员开展体能康复训练能有效提高其身体素质，增进身体机能，改善心理健康，具有其他手段无法替代的积极作用。但运动康复是一把双刃剑，既能起到促进生理和心理机能改善的作用，同时也存在导致损伤、疾病及死亡的风险。戒毒人员康复训练风险的发生具有偶然性、不确定性以及伤害性，一般出现在集体康复训练过程中和戒毒人员的自主训练中。

戒毒人员康复训练风险是戒毒人员在所期间参加康复训练活动面临的不同程度身体损伤的风险，康复训练风险伴随着康复训练活动而产生，在每项训练活动的每个环节中，都可能蕴藏着发生危险的潜在因素。戒毒人员康复训练活动伤害事故的风险正是因为这种不确定因素以及

---

① 参见石岩等:《中小学体育活动风险管理》,北京体育大学出版社 2012 年版,第 43 页。

不利事件具有多变性，因此产生的损失不可估计，戒毒人员的人身安全也可能因此受到威胁。各种不确定风险存在于康复训练活动的任意阶段，产生的时间以及概率是难以测算的，所造成的影响也需要根据实际情况进行衡量。

## 第二节　身体康复训练风险评估

康复训练活动中多变的风险因素会导致康复训练伤害事故的发生，威胁戒毒人员的生命健康安全。风险因素有很多，因此需要辨别主次因素，从而更好地降低风险。康复训练活动中的每一项风险因素都有可能对戒毒人员的身体造成一定的伤害，因此，对戒毒人员康复训练活动的风险进行评估发挥着重要的作用。

### 一、身体康复训练风险评估的意义

康复训练风险评估以风险识别为基础，通过大量的数据和资料进行全面的分析与估测，对一项活动的风险进行等级判断。戒毒人员根据风险等级可以了解进行一项活动的危险程度，从而对风险事故发生的可能性有了一定的认知，可以预先做好准备工作，从而减少损失。

### 二、戒毒人员身体康复训练风险发生的因素

进行戒毒人员康复训练活动的风险识别，首先要找到相关的风险源。将康复训练活动的风险由粗到细、由大到小分层排列，得到如图 7-1 所示的“戒毒人员康复训练活动风险源”。

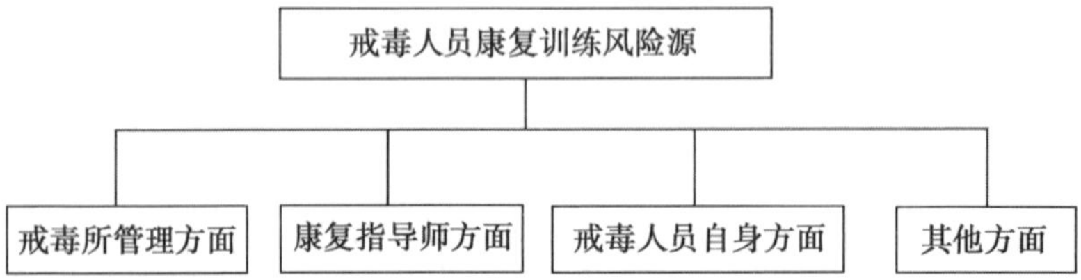


图 7-1　戒毒人员康复训练风险源

(一)戒毒所方面

此类风险的发生是由于戒毒所管理者的原因造成的,可分为以下两方面:

一是戒毒所和康复指导师在日常工作中对康复训练工作的安检和排查工作力度不够,对个别体质差的戒毒人员的疾病状况不了解,让身体有疾病的戒毒人员盲目参与锻炼和比赛,从而导致了伤害事故的发生。

二是运动场地设施不符合规范要求,设备陈旧造成的伤害事故。一些训练器材长期置于室外而自然磨损,戒毒所没有进行及时保养和更换,导致戒毒人员在活动时器材断裂,从而发生伤害事故。

(二)康复指导师方面

此类风险的发生是由于康复指导师的原因造成的,可分为以下四个方面:

一是训练时没有明确的训练任务,让戒毒人员自由活动,现场警察又没有严加管理或对某些情况没有及时制止,导致了伤害事故的发生。这是由于康复指导师的不作为引发的。

二是康复指导师的教学训练手段不科学、组织不严密而造成的伤害。个别指导师违反训练规律,随心所欲地给戒毒人员安排负荷和强度,不能正确估计戒毒人员的身心承受能力,这些都会促成伤害事故的发生。

三是康复指导师训练计划的制订超出训练大纲,对戒毒人员提出了过高的要求。

四是康复指导师对技术动作的讲解示范不到位。

(三)戒毒人员自身方面

此类风险的发生是由于戒毒人员自身的原因造成的,可分为以下七个方面:

一是戒毒人员没有掌握正确的锻炼方法和动作要领,对自己的体能不能正确地估计,在没有保护帮助的情况下进行一些力所不能及的高难危险动作,导致伤害的发生。例如,技巧练习中的鱼跃前滚翻,看似简单,但对初学者来说,需要循序渐进和其他人的保护,不能直接进行大幅度的鱼跃,反之便可能造成颈部和头部的损伤,严重的甚至会导致瘫痪和死亡。

二是戒毒人员的纪律松散，擅自进行与康复训练无关的活动。此种情况指戒毒人员脱离了康复指导师的视线，康复指导师无法对其进行管护，从而有可能造成潜在的危害。

三是戒毒人员自身有特异体质或特定疾病而不告知。

四是其他戒毒人员的过错或过失。

五是部分戒毒人员对运动保健知识了解少，缺乏自我保护和调节的意识及能力。

六是戒毒人员主观上不遵守纪律，不按规范动作要求学、练。

七是戒毒人员因睡眠欠佳而引起精神状态不好，间接导致了伤害的发生。

**（四）其他方面**

此类风险的发生是由于戒毒所管理者、康复指导师、戒毒人员自身以外的原因造成的，可分为以下三个方面：

一是意外伤害。意外伤害在戒毒所进行的集体活动中多有发生，如在篮球赛、竞技游戏等中。

二是康复训练活动本身存在一定的危险性，戒毒人员在活动中可能发生纯粹的意外事故，这在球类活动中多有发生。

三是来自自然界的不可抗力因素。

## 第三节　身体康复训练风险防控

康复训练风险作为一种可以预见的风险类型，其防控机制的构建首先应从源头抓起，从源头上进行防控，尽可能使其发生的概率降低。在康复训练风险发生的过程中，要对可能产生风险的各种因素进行严格的控制；康复训练风险的客观存在性导致其发生总是不可避免的，当运动伤害事件发生后，应该及时应对，及时补防，杜绝可能会对既定事实产生干扰甚至加重的情况发生，防止二次伤害。

## 一、戒毒人员康复训练风险防控机制的构建

### (一)从风险诱发源头上预防

戒毒人员康复训练风险具有可预测性,虽然个别运动风险事故的发生是偶然的、没有规律可循的,但是大部分的运动损伤原因都是带有一定规律性的,如戒毒所场地设施条件不好,康复指导师管理松懈,戒毒人员热身不充分等,这些因素均有可能导致康复训练风险的发生。

戒毒所要加强对场地器材的维修、保养以及管理,建立完善的维修保养及管理制度,定期对训练场地的设施器材进行检查维修及更换。场地器材的管理者要及时对可能威胁戒毒人员安全和健康的危害作出提前判断,在可能产生运动风险的场地器材旁边给予相应的提示,而且应对戒毒人员进行相应的监管以及必要的安全指导。同时,要加强宣传,提高戒毒人员的安全意识。在康复训练活动中,康复指导师应该在训练开展前对戒毒人员进行专门的安全教育,对在训练活动过程中可能存在的风险予以告知,并对应对方法给予说明。同时,戒毒所还应定期开展康复训练风险防范意识的专题讲座,使戒毒人员树立良好的风险防范意识;平时要加强对戒毒人员身体素质的训练,如果戒毒人员身体素质较差,不能适应较大运动量的教学和训练,则会使他们在教学训练中可能面临超过自身承受能力和体力的情况,而且戒毒人员一般都争强好胜,当面临这样的情况时勉强自己,很容易就会出现伤害事故。

### (二)风险产生过程中的控防

康复训练风险发生的过程即戒毒人员参加康复训练活动的过程,包括康复指导师组织的训练活动、业余自主训练、戒毒所组织的各类比赛和运动会等。康复指导师在教学和训练中往往起着主导性的作用,因此当戒毒人员发生运动损伤时,康复指导师经常也负有一定的责任。同时,康复指导师的教学态度与训练管理、示范与讲解、对康复训练风险的预见和自身安全防范意识的强弱等,都对运动伤害事故的发生具有积极的抑制或者消极的诱发作用。因此,康复指导师必须严格控制在康复训练教学或者训练中可能出现的诱发训练风险事故的各种因素。就康复指导师的教学态度以及训练管理而言,康复指导师首先应该具有高度的责任心以及良好的事业心,应认真备课,备课时不仅要备教材,还要备戒

毒人员(包括戒毒人员的特点、性格、生理心理状态等),同时还要备场地器材。其次,康复指导师要认真上课,使用合理有效的教学方法和训练手段,注重训练细节。最后,康复指导师应认真对康复训练现场进行管理,不仅要对自身讲课的过程进行管理,还要对戒毒人员自身的练习进行管理;就训练动作的讲解与示范而言,康复指导师首先要有过硬的教学基本功,只有如此才能清晰准确地向戒毒人员传达自己教授的内容,如果康复指导师本身对动作或者技术的掌握不到位,也不能用语言向戒毒人员准确地传达技术动作,那么戒毒人员势必会对动作的结构等产生模糊的认识,进而导致盲目地进行练习,这样就很容易造成运动损伤的出现;就风险的预见以及防范而言,康复指导师在课堂教学或者训练过程中应进行全程的严密监控和预防,对出现的影响训练教学秩序的行为绝不能容忍,如戒毒人员不认真练习甚至追逐打闹等,一定要及时制止,否则的话训练秩序只会越来越乱,直到失去控制,而一堂失去控制的训练课上,运动风险的发生概率是极大的。

在戒毒所组织的各类型比赛以及运动会中,组织者一定要科学合理地安排活动时间,避免戒毒人员过于疲劳以至出现运动风险。因此,组织者一定要对比赛场地进行合理规划,避免场地相互间以及场地与公共活动场地出现交叉,导致运动风险的出现;同时,组织者还要对赛事秩序严格管理维护,避免由于观赛者的干扰发生损伤事故;对场地设施的巡查和检测一定要认真仔细,对发现的安全隐患要及时排除,严格控制风险事故的发生。

戒毒人员作为参加康复训练的主体,在参加训练时一定要集中注意力,避免因不注意听康复指导师讲解动作要领和安全注意事项,或者由于对动作概念模糊且粗心、盲目地练习动作而造成运动伤害。[1] 戒毒人员一定要增强自我保护的意识,在参加一些对抗激烈的项目时穿戴好护具,在身体疲劳或者有不适感时及时停止,因为人在疲劳时由于肌肉力量下降,对自身的保护力也会下降,此时最容易发生损伤。而当身体不适时说明身体机能已经给予自己警告,此时如果不及时停止,很可能使

---

① 参见田麦久主编:《运动员基础训练过程及训练计划的制订》,北京体育大学出版社2006年版,第76页。

不适加剧，进而导致损伤出现。当身体出现轻微运动损伤时，应该及时进行处理，不要继续参加运动，避免因小失大，最后出现更大的运动损伤。当戒毒人员在自主参加业余自主运动的时候，因为没有专业的指导与监督，故发生运动损伤的风险相应地会增大，所以这些防控措施需要加强力度，着重强化。

### （三）风险产生后补防

康复训练风险的客观存在性导致并不能完全避免其发生，训练风险可能随时发生。虽然戒毒所及康复指导师都极力地想通过各种预防手段避免这类事件的发生，但是很遗憾的是，由于运动风险的特性，这样的事件还是会时不时地发生，这样的风险我们很难消除。当这样的运动风险产生之后，我们就应在最快的时间内采取合理而有效的措施处置伤情，避免由于处置不及时或不合理而导致戒毒人员伤情加重，甚至受到二次伤害。

戒毒所首先要制订及时有效的预案，康复训练作为自带风险的活动，其发生意外伤害的情况不可避免，这就要求戒毒所要在开展康复训练活动的时候提前做好充分的应急预案，以便能够在戒毒人员发生意外情况后得到及时有效的治疗。[①] 例如，建立畅通的风险应急通道，使发生损伤的人员可以得到及时救治；加强戒毒所医务室的建设，保证拥有处置戒毒人员骨折、跌打损伤等各种情况的能力等。同时，在平时的教学过程中，应该加入有关运动损伤急救等的相关健康课程，或者召开相关的专题讲座，使戒毒人员在突发康复训练事故时能第一时间做出科学合理的处置。

## 二、戒毒人员康复训练活动风险防范措施

### （一）戒毒所要强化安全管理

要强化戒毒所的安全管理，实行严格的岗位责任制。要强化戒毒所领导和康复指导师的安全责任制，建立戒毒所安全管理工作的责任追究制度，对由于责任制不落实、工作失职造成严重后果的，要严厉查处。

---

① 参见赵辉：《运动作为戒毒治疗手段的进展研究》，“思沃杯”2012 年全国戒毒工作论坛论文集。

**（二）要强化对康复训练环节的管理，建立教学和业余活动中的安全防护制度，强化常规管理**

要进一步加强戒毒所的卫生安全工作，建立严格的卫生保健制度，加强医务监督。要坚决消除训练教学设施中的安全隐患。戒毒所要进一步加强对康复训练活动场地和训练设施的排查，发现不安全因素时要及时采取措施，消除隐患。此外，戒毒所应有计划地投入专项资金到戒毒人员的康复训练中，不断完善戒毒所的教学训练场地，更新训练器械和运动设施，确保提高器械使用的安全系数，为教学训练和戒毒人员的业余训练活动营造一个安全、舒适的环境。

**（三）戒毒所加强安全教育**

戒毒所警察缺乏康复训练安全知识和安全教育工作不到位；康复指导师责任心和安全意识不强，不具备应对紧急情况的能力；戒毒人员不明白行为规范的要求，不懂得安全知识；等等，是戒毒人员在康复训练运动中发生意外事故的重要原因。因此，要加强对上述人员的安全教育工作。

**（四）康复指导师要树立正确的风险认知观**

风险认知是指个体对存在于外界环境中的各种客观风险的感受和认识，它强调个体由直观判断和主观感受获得的经验对个体认知的影响。大部分人认为安全问题仅仅是生命与财产的问题，对心理问题避而不谈，导致对康复训练活动中的风险表现形态认识不足。

康复指导师的风险认知是康复指导师对风险问题的认识、关注与反应。不同个体因其差异性而对康复训练活动的风险表现出不同的认知。风险关注度越高，风险认知程度越好。由于大多数康复指导师亲身经历的活动中意外和伤害毕竟是少数，大部分都是道听途说或来自新闻媒体，所以康复指导师对康复训练活动容易发生安全问题的环节存在一定程度上的认识误区。康复指导师增强安全意识和正确认识戒毒人员康复训练活动中的风险因素是避免造成伤害事故的前提条件。

**（五）康复指导师要加强责任心，提高业务水平**

在康复训练过程中，康复指导师既要对戒毒人员进行身体教育，同时也要兼顾情意性等非智力因素的发展，因此其承担着传递社会文化价值与标准的重任，这是其他教育所无法比拟的。[①] 戒毒人员情意性的发展依赖良好的戒治环境。情感只有在和谐的环境中才能得到良好的发展，康复指导师的职业特征将人格魅力、个人修养、价值观念淋漓尽致地展现在了戒毒人员的面前，使戒毒人员在与警察频繁的人际交往中情感得到升华，个性和人格得到发展。因此，在康复训练活动过程中，康复指导师的责任心就显得尤为重要。责任心差是思想觉悟不高、思想认识不充分的体现，是发生康复训练意外伤害事故的主要原因。

除了责任心，康复指导师还要有丰富、全面的专业知识和高超的安全保护技能。康复指导师在教学训练中要具备以下几方面的安全保护技能：

(1)对场地器材进行安全布置的技能。

(2)对运动器材进行检查和保养的技能。

(3)对戒毒人员的身体和技能状况进行准确判断的技能。

(4)把握训练项目的难易度与进行安全化处理的技能。

(5)对各种危险进行准确预测的技能。

(6)对各种动作练习进行安全保护的技能。

(7)利用戒毒人员群体进行相互安全保护的技能。

(8)对紧急伤害事故进行正确的初步处置的技能。

---

① 参见薛明扬、翁铁慧主编:《学生校园体育运动伤害事故的社会治理:基于上海的研究》,华东师范大学出版社 2017 年版,第 137 页。

# 第八章　女性戒毒人员身体康复训练方法

近年来，在各种不同亚文化潮流的冲击下，我国的吸毒人数呈上升趋势。《中华人民共和国禁毒法》自 2008 年 6 月 1 日实施以来，据统计，全国强制隔离戒毒人员已累计收治 130 余万，目前在所近 24 万人，其中女性占了近 20%。女性吸毒对于个人身心、健康、家庭幸福、社会稳定的危害尤为严重，特定的心理素质决定了女性吸毒易成瘾、难戒除，特殊的生理结构决定了女性更易罹患疾病，尤其是传染性疾病。在进行医疗救治、心理干预的同时，科学、规范地实施体能康复训练，是恢复健康、提升体质的重要手段，也是强制隔离戒毒场所进行规范管理、教育矫治的前提和基础。

## 第一节　“能量塔级”身体康复训练模式的概念

山东省女子强制隔离戒毒所(下文简称为“山东女所”)调查在所女性戒毒人员的健康状况发现，患有各种疾病的人员占 70%，患病率明显高于社会平均水平，所患疾病集中在性传播疾病、丙肝、乙肝、肺结核等传染性疾病以及高血压、心脏病、心理障碍、药物所致的精神病等，患者体质差、患病率高，严重影响了戒治生活的教育和管理。规范、科学的康复训练活动不仅能够提高戒毒人员的机体免疫力，改善心肺功能，同时还能加速戒毒人员的脑细胞代谢，适当修复毒品对脑功能的损害。训练活动更是一种运动性休息，能消除疲劳，减轻压力，缓解女性戒毒人员的焦虑、抑郁等负面情绪，促进其心理健康。长期坚持康复训练还有利于保持女性戒毒人员的体态健美，改变她们“吸毒减肥”的错误认知。体能康复训练在女性戒毒人员的戒治生活中占有重要的位置，能恢复、提升她们的机能和体能，是顺利完成戒治的基础，是重新融入家庭、社会的前提，是实现、提升自我的先决条件。

## 一、背景和意义

女性戒毒人员的康复训练以恢复和提升女性戒毒人员的身体机能，提高其健康体适能为目的，通过体育锻炼和康复训练相结合，辅以医疗、食疗、心疗等手段，全面增强其身体素质，提高其预防疾病的能力，促进其心理健康，为戒除毒瘾打下坚实的根基。

当前，女性戒毒人员康复训练的方法手段比较单调，多采取集体训练的方式，以保证一定的运动时间和运动频率，但可选择的运动项目有限，自主选择性较低，运动强度不能充分保证，难以充分调动女性戒毒人员参与康复训练的积极性。大多数女性戒毒人员是由于管理规定被迫进行康复训练的，而不是出于本心，导致康复训练的效果事倍功半。因此，对“能量塔级”康复训练模式的探索能够改善当前女性戒毒人员康复训练的缺陷，具有重要的研究和实践意义。

## 二、“能量塔级”身体康复训练模式

### （一）“能量塔级”身体康复训练模式的构思

“能量塔级”康复训练模式的构思来源于中国台湾成功大学运动专家曹建民提出的关于运动类别分析的运动金字塔（见图 8-1）。

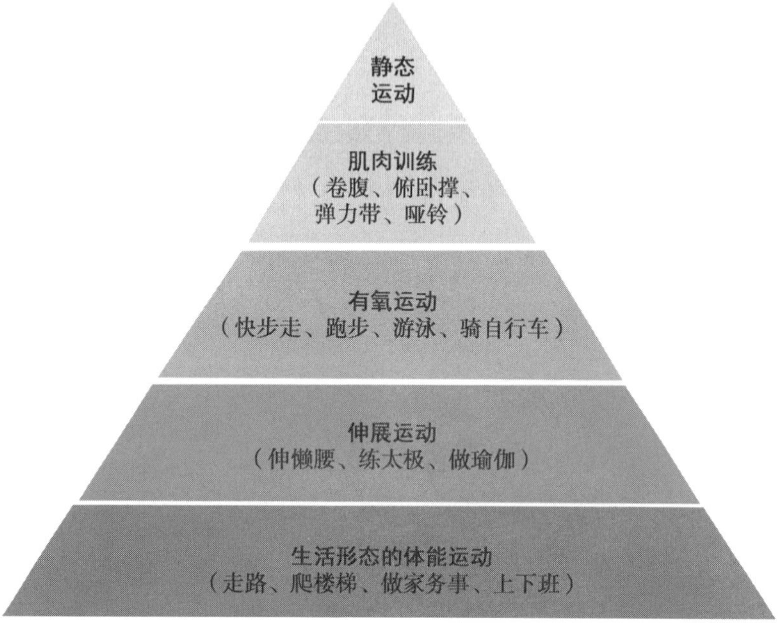


图 8-1　运动金字塔

运动金字塔是按照运动的能量大小对运动形式进行层次的划分（即生活形态的体能活动、伸展运动、有氧运动和休闲运动、肌肉适能运动、静态活动）。基于运动金字塔，我们将女性戒毒人员的需求高低和参与人数的多少，构建了一个能够激发女性戒毒人员康复训练积极性，提高其康复训练成效，集体与社团训练相结合的康复训练模式。

**（二）"能量塔级"康复训练的概念**

"能量塔级"康复训练模式是基于女性戒毒人员的身体形态、机能、素质和健康状况，以日常康复训练为基础，以国民体质测试数据为指导依据，将健康化需求与差异化需求相结合，构建的一个完整、系统、层层推进的康复训练模式。"能量塔级"康复训练模式按照训练强度、训练目的、训练时间的不同，从基础层到顶层，从塔基到塔尖，分别为身体机能恢复层、身体素质提高层、自我需求拓展层三个层级（见图 8-2）。

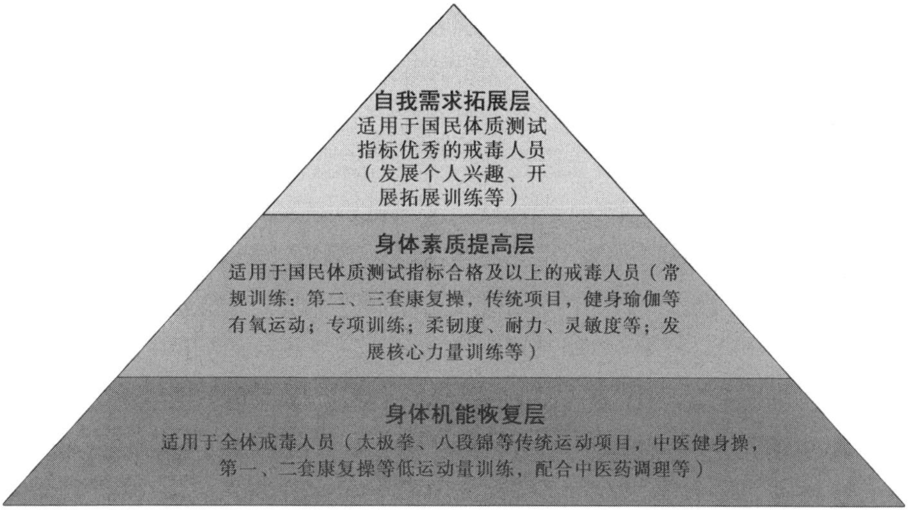


图 8-2 “能量塔级”分层

## 三、“能量塔级”康复训练的塔层构建

### （一）身体机能恢复层

排在第一位的是身体机能恢复层。身体机能恢复层的适用对象为全体女性戒毒人员，重点是生理机能指标不合格人员。衡量生理机能常用血压、体温、脉搏、肺活量等指标，生理机能指标不合格的女性戒毒人员不适宜进行高强度、长时间的体能康复训练，应从低强度开始，循序渐进。

身体机能恢复层以固本培元和促进生理机能恢复为主要目标，以掌握康复训练的原则和方法、运动损伤的预防及处理等理论知识内容为基础。康复训练应注意进行训练前的准备活动（见表 8-1），以摆脱身体的生理惰性，一般以 10 分钟为宜。

**表 8-1　　准备活动分类**

| 准备活动 | |
|---|---|
| 一般准备活动 | 专项准备活动 |
| 全身性身体练习，如慢跑、压腿、扩胸等（见图 8-3 和图 8-4） | 根据康复训练内容来确定相应的运动练习，如踢足球前可先颠球 |

图 8-3　全身性身体练习 1

图 8-4　全身性身体练习 2

掌握最大心率和靶心率(见表 8-2)的概念,应用靶心率和最大心率来调控运动强度,评估运动风险。① 运动后进行放松活动,使参与运动的器官逐渐放松和恢复,由运动状态逐渐转入安静状态,加速消除血乳酸,一般为 15～30 分钟。放松运动主要有慢跑、有氧体操及肌肉放松练习、拉伸练习等(见图 8-5)。

**表 8-2　　最大心率和靶心率**

| | |
|---|---|
| 最大心率 | 220－年龄＝最大心率(次/min) |
| 靶心率 | 最大心率×(60％～80％) |

图 8-5　放松运动

① 参见杨静宜等:《运动处方》,高等教育出版社 2005 年版,第 56 页。

每天进行至少 0.5 小时以上的中低强度(中强度为最大心率的 60%～80%,低强度为最大心率的 60%以下)有氧运动(见图 8-6),重点开展动作简单、活动强度低、具有保健作用的太极拳、八段锦等中国传统项目训练,辅以啦啦操、生理脱毒期康复操等渐强性练习;结合中医药调理,全面调理身体各脏腑的机能。太极拳讲求心静、无杂念、以意致动、协调统一、上下相随,长期习练有利于戒毒人员强身健体、修炼心性、以练促戒,因而成了戒毒人员首选的健身方法。八段锦要求动作与呼吸配合,一动一静,一紧一松,一收一发,柔和连绵,滑利流畅,能够刺激身体某一部位,从而改善神经体液的调节功能,促进血液循环,达到行气血、通经脉、调脏腑的目的,适合各个期段的女性戒毒人员练习。这两项运动强度较低,长期练习可使女性戒毒人员,尤其是身体机能较差者的身体素质有显著的提升,从而能够逐渐从事其他康复训练。而渐强性的生理脱毒期康复操、具有女性特色的啦啦操等能够充分调动女性戒毒人员参与康复训练的积极性,同时,逐步提升的运动强度可使其康复训练迈上更高的台阶。

(a)

(b)

(c)

图 8-6　中低强度有氧运动

**(二)身体素质提高层**

排在第二位的是身体素质提高层。身体素质提高层的适用对象为国民体质测试指标合格及以上的女性戒毒人员，经测试合格，方可进行身体素质提高层的练习；当该层的女性戒毒人员因运动损伤或身体机能下降导致测试不合格时，应转入机能恢复层的训练。

身体素质提高层以发展机体综合素质为主要目的，每天进行 0.5 小时以上的中高强度(中强度为最大心率的 60%～80%，高强度为最大心率的 80%以上)有氧运动，分别进行上下肢肌肉、腹肌、臀部肌肉等专项练习和躯干、髋、踝等核心力量训练，以提高女性戒毒人员机体的协调性和灵活性。所谓“核心”是指人体的中间环节，就是肩关节以下、髋关节以上包括骨盆在内的区域，是由腰、骨盆、髋关节形成的一个整体，包含29块肌肉。[1] 核心肌肉群因其连接上下肢，故对整个身体的稳定性至关重要。同时，因其为枢纽位置影响着整个身体的发力，所以可采取平板支撑、俯卧两头起、俄罗斯转体、侧撑挺身等进行练习（见表8-3）。

**表8-3　肌群的分类和练习方法**

| 肌群 | 分类 | 练习方法 |
|---|---|---|
| 上肢肌群 | 包括上肢带肌、臂肌、前臂肌、肩部肌和手肌 | 俯卧弯举、托板弯起、卧推、正反握腕弯举等 |
| 下肢肌群 | 包括髋部肌群、膝部肌群、踝部肌群和足肌 | 深蹲、腿屈伸、站立起踵、连续跳跃等 |
| 腹部肌群 | 包括上腹部肌肉和下腹部肌肉 | 仰卧起坐、左右转体、仰卧举腿等 |
| 背部肌群 | 包括浅层的斜方肌、背阔肌和深层的骶棘肌 | 重垂下拉、坐姿划船、直臂下拉等 |
| 臀部肌群 | 包括臀大肌、臀中肌、臀小肌 | 俯卧直腿上摆、坐姿髋外展、跪撑举臂抬腿等 |

此类女性戒毒人员应每周至少进行2小时的力量、柔韧、耐力、平衡协调等专项素质训练。力量训练主要可以分为三类，如表8-4所示。

**表8-4　力量训练的分类标准和内容**

| 分类标准 | 内容 |
|---|---|
| 按照锻炼时肌肉收缩的类型 | 静力性的等长练习，动力性的等张练习、等速练习 |
| 按照肌肉的用力程度 | 阻力运动、被动运动、主动运动和助力运动 |
| 按照是否使用器械 | 器械练习和徒手练习 |

通过规定持续时间、重复次数、完成组数、组间隔、运动频率、负荷强度等来逐步加大康复训练力度。柔韧性是指关节在最大范围内活动的能力。常见的柔韧性练习项目有瑜伽、太极拳、有氧体操、舞蹈、普拉提

---

① 参见杜思聪：《核心力量训练对高校篮球运动员专项体能的影响》，西安体育学院硕士学位论文，2017年。

等,也可采取冲击性和静力性牵张练习、本体感受神经肌肉牵张练习等。按照部位可分为颈部、肩、上臂、背部、胸部、腹部、髋外侧、体侧、股四头肌、胭绳肌、腹股沟部、小腿牵张练习和加大膝关节活动幅度练习。颈部牵张练习可采取颈屈伸、颈回旋、颈左右旋转、颈侧倾等运动;肩、上臂牵张练习可采取肩前屈、肩后伸、转肩、肩内旋、肩外旋等练习;背部牵张练习可采取后滚翻的准备姿势练习等;胸、腹部牵张练习可采取瑜伽的眼镜蛇式、站位体前屈练习等;髋外侧、体测牵张练习可采取身体侧倾练习等;股四头肌牵张练习可采取弓步压腿、同侧手握同侧脚等练习;胭绳肌牵张练习可采取站立位体前屈、跨栏坐压腿等练习;腹股沟牵张练习可采取盘腿坐双脚相对压腿、跨栏坐上体前倾等练习;小腿牵张练习可采取前脚掌踩在选定的物体上,足跟向下等练习;加大膝关节活动幅度的练习可采取跪立位身体重点向下压等练习。耐力训练是指在一定强度下,在相当时间内(不少于15～20 分钟)重复同一运动周期的运动,是一种增强呼吸、心血管功能和改善新陈代谢的锻炼方法。[①] 耐力康复训练主要是针对心肺耐力,即人体长时间进行有氧运动的能力。耐力康复训练主要采取有氧运动、非竞赛的球类游戏、我国传统体育运动项目、小负荷力量练习等。典型的有氧运动包括走、慢跑、跑、上下台阶等,我国传统体育运动项目有气功、太极拳、舒心平血功等。[②] 小负荷力量练习是一系列小强度、中间几乎没有间歇的抗组练习训练方法。根据山东省戒毒局 2014 年编印的《康复训练指导手册》中的相关内容,平衡训练是在运动或受到外力作用时自动调整并维持姿势的一种能力,协调是指人体产生平滑、准确、有控制的运动的能力。常见的平衡协调训练方法包括单个动作系列重复练习法、动作组合式练习法、条件刺激练习法、持器械式练习法、游戏练习法等。单个动作系列重复练习法包括肩绕环、纵跳、前后跳、方形跳、转向跳、侧向交叉步、手脚反向动作等;动作组合式练习法包括立卧撑跳起转体 360°、全身波浪起、金鸡独立、燕式平衡、身体不协调动作组合练习、瑜珈(见图 8-7)等;条件刺激练习法包括变方向跑练习、移动中的躲

---

① 参见姚勤春:《对中长跑运动员耐力训练方法的探讨》,载《成功(教育)》2013 年第2 期。

② 参见陈岩:《12 周坐势健身术练习对中年下肢残障男性心肺功能的影响》,北京体育大学硕士学位论文,2013 年。

闪练习、快速转体练习等；持器械式练习法有跳绳（见图 8-8）、躲球、快速接球练习等；游戏练习法有追逐练习、推拉练习、贴膏药、拉网捕鱼等。

图 8-7　瑜珈练习

图 8-8　跳绳

针对此层级大部分女性戒毒人员体重突增的现象，要着重开展体重管理，每周测量体重，绘制体重指数曲线，结合有氧运动、肌力训练塑造健美的形体，形成肌肉的线条美。同时，从营养配餐上制订低热量、高蛋白的菜谱，控制整体摄入热量小于运动消耗热量，使女性戒毒人员掌握基本的运动常识，树立健康的生活理念。

（三）自我需求拓展层

排第三位的是提升自我需求拓展层。自我需求拓展层的适用对象为国民体质测试指标优秀的女性戒毒人员。经测试合格，方可进行提升自我需求拓展层的练习。当该层的女性戒毒人员因运动损伤或身体机能下降导致测试不合格时，应转入身体素质提高层训练。

为有效激发女性戒毒人员的锻炼动机，使其运动能力适合练习的难度，应采取多样化的训练方法和手段，根据其特点分派训练任务，使戒毒人员在训练中拥有更多的自主权。以兴趣爱好为内在驱动力，以培养健康的运动习惯为目标，按照女性戒毒人员喜爱的运动项目形成兴趣小组，分组开展社团活动，以集体成员的资格作为一种奖励。同时，通过集体的行为规范、集体的目标、集体的荣誉感来激发她们的成就需要。通过游戏竞赛和趣味运动会（见图 8-9）等竞技性活动，充分发挥同伴作用，为戒毒人员提供平台，满足其展示自我的需要，激发女性戒毒人员的自信心，在培养积极阳光心态的同时培养戒治热情，增强戒治动机。素质拓展训练具有启发性、趣味性和教育性，是一种由内至外的自我教育。常见的素质拓展训练有信任背摔、盲人指路、不倒森林、十人九足等。组织女性戒毒人员参加素质拓展训练有利于调动她们的戒治积极性，巩固戒治效果，这对促进女性戒毒人员的身心健康和人际关系和谐具有重要作用。

图 8-9　戒毒人员的游戏竞赛和趣味运动会

## 四、建立“能量塔级”康复训练模式教学专业队伍

按照“能量塔级”康复训练模式的训练要求，山东女所从充实康复训练人才库的角度出发，成立了从外聘专家、所内康复指导师到骨干助理师的三级师资力量，推行了“三级五师”的指导训练模式。

一是成立由社会人士组成的专家队伍，开设“专家讲堂”，邀请山东中医药大学、山东省中医院和山东体育学院的知名专家教授，针对女性戒毒人员中医体质辨识结果和日常训练中出现的常见问题，进行专业性强、可操作性强、容易理解的专业层面授课，以讲座的形式进行养生食疗工作指导和身体康复训练工作指导，在全体警察和女性戒毒人员中树立起了健康生活的理念，培养了健康的生活方式。

二是成立了由康复师和教师组成的康复指导教师队伍，开设了康复理论课程和实操课程的专业化培训，安排具有授课任务的教师担任康复训练师，外出参加集体训练。按照“一米阳光”健身俱乐部指导教练的要求，将所内康复训练指导师按健身俱乐部教练的标准进行专业细化，每一类指导教练按照不同的专业给女性戒毒人员开展理论授课和实操授课，每季度进行一次教学观摩活动，旨在通过“教”与“学”的相互关系，共同提高对康复训练工作的技术支持。

三是成立由女性戒毒人员组成的“悦动”康复微课堂。在各大队女性戒毒人员中培养身体综合素质良好，具有一定组织能力和文体特长的女性戒毒人员作为骨干助理师，发挥同伴教育的优势，在警察的指导下，每天开展辅助指导和分类别训练，在发挥女性戒毒人员特长的基础上提高戒治的积极性。

三个级别的专业教师队伍按照分工的不同，分别进行普遍性的活动指导、分层次的理论授课和高精尖的拔尖教学，对每个层面的女性戒毒人员进行器械、柔韧、形体、力量等方面的指导训练，搭建了康复训练立体化、网格化的工作模式。

### 五、“能量塔级”康复训练模式的管理

马斯洛的需求层次理论指出：好的激励手段能够最大限度地激发女性戒毒人员的运动训练积极性和主动性。“能量塔级”康复训练模式是从运动健身的角度进行分析的，生理健康需求表现在个体希望维持健康的身体状态上；社会交往需求表现在希望通过运动健身结交朋友上；成就需求表现在运动健身中达到某个目标，得到他人的认可上。通过发掘自身潜能，实现自我，超越自我，体现了自我实现的需求。“能量塔级”训练模式每层级的训练目标一一对应了需求层次从低级到高级的发展，是科学有效的，具体来说有以下方面：

一是动态管理激励。在训练过程中，由康复指导师根据女性戒毒人

员训练效果的时效性进行考核，依据测试结果随时调换层级，做到了动态管理。女性戒毒人员的康复训练效果从所处层级中一目了然，在相互对比的过程中增强了康复训练的参与率和训练效果的良好率，戒毒人员的训练积极性不断高涨。

二是奖分激励。通过定期阶段评估，将女性戒毒人员的测试结果与初始值之间的进步程度列入考核范围，在月考核中进行酌情奖分。

三是同伴激励。从女性戒毒人员中挑选身体综合素质良好，具有一定组织能力和相关特长的人员作为骨干助理师，在康复指导师的指导下每天开展辅助指导和分类别训练，令女性戒毒人员之间互帮、互导、互助，发挥同伴教育的激励优势。

四是成果展示激励。每一阶段都会组织女性戒毒人员根据所学进行自主编排，进行不同项目的训练成果展示，培养女性戒毒人员的自信心，提升其自我成就感。

## 第二节　“能量塔级”身体康复训练模式的特色

体重管理、创意操、中医戒毒是女性戒毒人员“能量塔级”身体康复训练模式的重要内容，通过科学控制体重、创意操训练、中医戒毒治疗，能够提升戒毒人员康复训练的积极性，提高减重效率，为体能康复打下坚实的基础。

### 一、体重管理

在山东女所戒毒人员中调查发现，戒断反应后的 3 个月至 1 年，是女性戒毒人员体重骤增的集中时段，人群超重率达 35%，肥胖率达 24%左右，明显高于社会平均水平，严重影响了女性戒毒人员的身心健康。

当消耗的能量大于摄入的能量时，体重就会减轻。研究显示，结合运动和饮食控制是减重最有效的方法，采取有氧运动和肌力训练相结合的方式时，减重的效果会更快速。

自 2018 年 12 月开始，山东女所在戒毒人员中实施了健康体重管理，开展了“科学减重　健康戒治”系列活动，经过半年多的实践检验，女性戒毒人员的健康水平明显改善，成效显著，具体表现为：

一是强化认知，加强督导。通过健康教育课堂、板报等形式，宣传超重与肥胖对机体损害的影响，让女性戒毒人员正确计算体重指数，认识科学减重的意义，遵循规律，循序渐进。

二是定期体检，医疗保障。进行入所及定期体检，区分继发性肥胖和单纯性肥胖，单纯性肥胖以控制饮食和增加运动为减重方式；继发性肥胖需要医疗干预，根据体检情况制订减重方案，并进行实时医疗监测。

三是对症施策，科学干预。以运动减重为切入点，制订个性化运动减重处方，成立"塑形健身运动"组合，定时练习，定期总结，并结合饮食调理、心理干预等方式，培养戒毒人员健康的生活习惯。

四是定期监测，验证效果。为各大队配置体重秤，每周一测，画出"我的体重指数曲线表"，观察体重与正常值的差距，监测有无危害更大的向心性肥胖。

**(一)体重指数曲线**

让戒毒人员正确计算体重指数，了解自己的体重状况及超重原因，认识科学减重的意义，全员筛查，早期发现。筛查项目为身高、体重(计算体重指数)，腰围、臀围(计算腰臀围比)，进行数据跟踪，科学分析，对症施策，科学干预。体重指数和腰臀围比的对应结果如表8-5所示。

**表8-5　体重指数和腰臀围比的对应结果**

| 项目 | | 对应结果 |
|---|---|---|
| 体重指数($kg/m^2$) | 18.5～23.9 | 正常 |
| | 24～27.9 | 超重 |
| | ≥28 | 肥胖 |
| 腰臀围比 | 女性≥0.85 | 异常 |
| | 男性≥0.90 | 异常 |

以某女性戒毒人员为例，绘制其体重指数曲线，其入所时该指数为19.8，属于正常值范围。其在入所后体重突增，该指数增至24.4，属于超重。经过科学的减重，其体重指数逐渐恢复正常，最低至22.1，如图8-10所示。

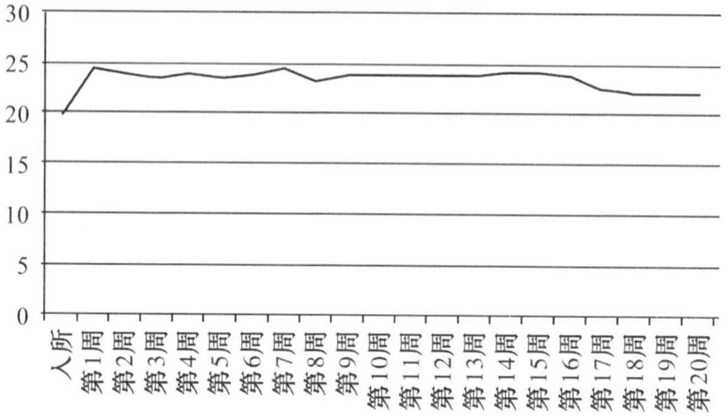


图 8-10　某女性戒毒人员的体重指数曲线

**（二）有氧运动和肌力训练**

有氧运动是指机体在氧气供应充足的情况下进行运动。[①] 因此，有氧运动的强度相对于无氧运动较低。研究表明，脂肪在运动达 30 分钟左右时输出功率达最大。肌力训练是一块肌肉或一组肌群以一定的重复次数做随意收缩、放松或用力控制负荷的训练，可逐步增强肌肉力量和肌肉耐力。

运动时间为每天 1 小时以上，增加晚收工后时段 30 分钟以上的健身，运动项目选择徒手健身操、搏击操、甩油操、减肥操等有氧运动，结合上下肢肌肉、腹肌、臀部肌肉等肌力练习。运动强度在中等强度以上（最大心率值的 60％～80％，最大心率＝220－年龄）。肌力训练采取等张运动、等长运动、等速运动和特定运动的负荷训练，根据个人情况循序渐进，增加负荷。

**（三）膳食营养搭配**

山东女所向女性戒毒人员普及了中国居民膳食宝塔、膳食指南、女性饮食注意事项等常识。从食堂加餐、超市进货、个人需求三方面入手，制订营养计划，减少加餐及零食中高能、高热、高糖食品的摄入，增加奶制品、水果的摄入，同时加大监管力度，严防自行饥饿减重，保证营养供给。

① 参见卢澎涛：《增氧健身运动与构建身心健康生活方式的探究》，载《河南科技学院学报》（自然科学版）2008 年第 4 期。

### (四)体重管理成效

一是戒毒人员的身体素质得到了提升,女性戒毒人员的患病率,尤其是季节更替时的患病率比往年明显下降,抵抗力明显增强。体重管理活动开展后,有超过60%的超重及肥胖人员出现了体重逐渐下降,走向正常的趋势。

二是女性戒毒人员自控力明显提升。戒断反应后女性戒毒人员的体重明显增加,主要原因为暴饮暴食造成的单纯性肥胖。自控力的提升有效减少了此类情况,女性戒毒人员根据自己的接受程度及指导意见合理调整摄入量,形成了健康的饮食习惯,体重测试超重率比2017年同期降低了12个百分点,肥胖率降低了8个百分点,体能测试成绩也有了提高。

三是女性戒毒人员的自信心明显提升。女性戒毒人员的吸毒原因中,有近30%是减肥,有50%的人有减肥史,错误的认知导致了错误的选择,科学的减重指导及实践效果提升了女性戒毒人员的戒治信念,对降低复吸率具有重要意义。

四是场所的安全稳定得到了提升。体重管理活动的开展对培养女性戒毒人员的健康行为习惯、强化戒治信念具有重要的推动作用,能使她们稳定情绪、安心戒治、减少病患,确保了场所的安全稳定。

## 二、女性戒毒人员创意操

为科学有效地提升康复训练效果,重塑戒毒人员的身心健康,达到塑形健美、增强自信的康复效果,根据女性戒毒人员的生理特点,山东女所创新编排了“熙和”康复操,共六套,分别是第一套“鸾歌凤舞”——热身操(灵敏度训练),第二套“酣歌恒舞”——哑铃操(耐力训练),第三套“喜跃抃舞”——绳操(速度训练),第四套“美奂美仑”——立体瑜伽(柔韧训练),第五套“抃风舞润”——平衡瑜伽(平衡训练),第六套“蹈厉之志”——搏击操(力量训练)。六套创意操配合动感、欢快、优美的音乐,分别针对灵敏度、耐力、速度、柔韧度、平衡度、力量来开展康复训练,以激发戒毒人员的兴趣,促进日常训练。

### (一)第一套“鸾歌凤舞”——热身操(灵敏度训练)

通过本套灵敏度操的练习,让女性戒毒人员的四肢各个部位得到较好的锻炼，能使周身肌肉、肌腱、骨骼强壮。在肢体的动作变换中，增强了关节的灵活性，使戒毒人员在锻炼过程中逐步恢复大脑和肢体的灵敏度（见图 8-11）。

图 8-11　第一套“鸾歌凤舞”——热身操（灵敏度训练）

动作分解：共六节。

准备动作：右臂上举从头顶经体前滑下，后 4 拍与前 4 拍动作相同，方向相反。右手手指在头右侧晃动 4 拍（1 个半八拍）。

1. 第一节（6 个八拍）

（1）左臂向后伸，左腿跳跃开步，反方向双手举过头顶（1 个八拍）。

（2）左右手握拳，交换做体侧的蜷臂摆动 4 次，左右脚交换做横向的跨步跳 4 次，最后 1 拍右手上举挥动 1 次（1 个八拍）。

（3）与动作（2）相同，但方向相反（最后 1 拍左手向上举并挥动 2 次，1 个八拍）。

（4）手臂自头顶从左向右各挥 1 次，滑落到胸前挥动 1 次，体侧挥动 1 次，重复 1 遍（2 个八拍）。

（5）双手胸前做倒心状，从左向右划圈 1 圈，同时右腿向左后方点地，反方向同之，重复 1 遍（1 个八拍）。

2. 第二节（8 个八拍）

（1）右臂弯曲至胸前，呈波浪状向左移动 2 次；左臂垂直贴于左腿侧，同时脚步做双并步，反方向同之（1个八拍）。

（2）左右臂提至胸前交叉转动2圈，双腿依次并步向左跳跃，反方向同之，重复1遍（1个八拍）。

（3）向左跳跃并在胸前拍掌，反方向同之，重复4次（2个八拍）。

（4）双臂打开与肩平行，左臂弯曲至胸前并向下甩手，右脚向左后方向点地，反方向同之，重复1遍（1个八拍）。

（5）双手掐腰左右跳跃（1个八拍）。

（6）左手掐腰，右手高举过头顶转动手腕，再下落向前伸出转动手腕，双腿同时抖动（2个八拍）。

3.第三节（4个八拍）

双臂架起，将手放在两腰侧，上下甩手，左右摆头上下跳，双腿与肩同宽，右手在前左手在后，左右扭胯，重复4次（4个八拍）。

4.第四节（6个八拍）

（1）左右手握拳，交换做体侧的蜷臂摆动4次，左右脚交换做横向的跨步跳4次，最后1拍右手上举挥动1次（1个八拍）。

（2）动作和（1）相同，方向和（1）相反（最后1拍左手上举挥动2次，1个八拍）。

（3）手臂自头顶从左向右各挥动1次，滑落到胸前挥动1次，体侧挥动1次，重复1遍（2个八拍）。

（4）右手背在腰后，左手在身侧划圈，右脚向左后方点地，反方向同之，重复1遍（1个八拍）。

（5）向左转体，双手在胸前划圈，接着做1个扩胸动作，反方向同之（1个八拍）。

5.第五节（8个八拍）

同第二节。

6.第六节（4个八拍）

（1）向左转体，左手掐腰，右脚落在左脚前方，右手做“1”手势向下指，向前转体，快速重复2次（1个八拍）。

（2）左手掐腰，右手在胸前伸直并做抓手动作，右腿打开跳跃，反方向同之，重复1遍（1个八拍）。

（3）和动作（1）相同（1个八拍）。

（4）和动作（2）相同（1个八拍），结束后放下双臂立正站好。

**（二）第二套“酣歌恒舞”——哑铃操（耐力训练）**

通过本套哑铃操的练习，可使女性戒毒人员的肌肉得到充分锻炼和牵拉，从而实现了耐力的逐步提升，有助于让戒毒人员疏通经络，改善身体状况，从而达到增强体质的目的（见图8-12）。

图8-12　第二套“酣歌恒舞”——哑铃操（耐力训练）

动作分解：共十节。

1.第一节（8个八拍）

（1）双手握哑铃相对，双臂与肩平行，同时左脚侧点地，反方向同之，重复4次（2个八拍）。

（2）半边左转体，双手握哑铃，手臂提到胸前，左脚跟向斜前方点地，反方向同之，重复4次（2个八拍）。

（3）双手握哑铃，手臂提到胸前，左手举过头顶，同时双腿半蹲，反方向同之，继续重复左方向运动，左手举过头顶2次，同时双腿半蹲2次，反方向同之，重复2次（4个八拍）。

2.第二节（4个八拍）

（1）立正站好，双手握哑铃，双臂伸于胸前，打开与肩平行，重复4次（2个八拍）。

（2）双手握哑铃，左臂垂于身侧，右臂自头顶向体侧划圈，反方向同之，重复 1 遍(2 个八拍)。

3. 第三节(4 个八拍)

(1)双腿分开，双手哑铃放于大腿处，身体微向前倾，左腿侧弓步，身体向左倾斜，反方向同之，重复 4 遍(2 个八拍)。

(2)左弓步，左手哑铃放于大腿处，右手哑铃向前向后摆动各 2 次，身体转正，反方向同之(2 个八拍)。

4. 第四节(4 个八拍)

(1)双脚开立，与肩同宽，左右扭胯，小臂抬起—放下—抬起—放下，重复 2 次(2 个八拍)。

(2)双手持哑铃置于头顶上方，手臂向后弯曲至后脑勺处，恢复原姿势，重复 4 次(2 个八拍)。

5. 第五节(4 个八拍)

双腿分开，双手握哑铃置于两腿内侧，并双腿弯曲—提置腰际—上举过头顶—放下，重复 4 次(4 个八拍)。

6. 第六节(4 个八拍)

(1)左手握哑铃放于腰际，并向左微转腰部；右手握哑铃往左上方举过头顶，同时右腿打开脚尖侧点地，反方向同之，继续做右侧动作并加快速度进行 2 遍(1 个八拍)。

(2)与第五节动作相同，方向相反(1 个八拍)。

(3)动作方向与第五节相同(1 个八拍)。

(4)动作和方向与动作(1)相同(1 个八拍)。

7. 第七节(4 个八拍)

(1)左腿前迈一步，双手握哑铃置胸前，同时双腿弯曲，起身双手举过头顶，重复 1 遍(1 个八拍)。

(2)左腿向前迈出一步，双手握哑铃合十举置头顶，同时双腿弯曲，双手打开与肩平行，重复 6 次(3 个八拍)。

8. 第八节(4 个八拍)

马步，身体微向前倾，双手握哑铃置于胸前，起身向左微转腰部，右手往左上方举过头顶，恢复马步，反方向同之，重复 4 次(4 个八拍)。

9. 第九节(4 个八拍)

右转体，双手握哑铃相对提至与肩平行，同时右脚尖侧点地，反方向同之,并右臂向右上方挥动 2 次,同时右脚侧点地 2 次,重复 4 次(4 个八拍)。

10.第十节(4 个八拍)

与第八节相同。

**(三)"喜跃抃舞"——绳操(速度训练)**

本套绳操通过对跳绳的各种变换,以调节戒毒人员改变身体姿势、动作频率、动作速度和节奏的能力,是一套动作简单易学、普及性强的绳操。女性戒毒人员可在本套绳操的锻炼中获得速度和运动频率的提升(见图 8-13)。

图 8-13 "喜跃抃舞"——绳操(速度训练)

动作分解:共十节。首先将跳绳折成 4 段,准备跳操。

1.第一节(4 个八拍)

(1)手抓跳绳由下向上举,左脚在前,右脚在后(2 个八拍)。

(2)手抓跳绳往左举 1 下,左脚在前,右脚在后(1 个八拍)。

(3)同动作(2)反方向(1 个八拍)。

2.第二节(4 个八拍)

(1)原地半蹲 4 次,手臂自左向右,甩绳 4 次。向前高抬腿走 4 下,双手抓绳自下向上抬起(1 个八拍)。

(2)左脚向左迈开,手握绳左右扭胯,双手打开,左手在上,右手在下,晃动跳绳。左脚收回,再向左跳出,重复前面的动作(1 个八拍)。

(3)并步,左甩绳一下,反方向同之。双腿颤膝,在头顶上晃绳(1 个八拍)。

(4)原地转1圈,脚原地踏步。绳自头顶滑下(1个八拍)。

3.第三节(4个八拍)

(1)双手握绳平行放于胸前晃动,向斜左方迈步点地和向斜右方迈步点地,返回原位置。重复1遍(2个八拍)。

(2)左脚在前右脚在后,双膝弯曲,双手握绳,从右腰际往左划至头顶,顺势划下(1个八拍)。

(3)双臂持平,手握绳,同时高抬腿原地踏步转1圈(1个八拍)。

4.第四节(4个八拍)

(1)双手握绳举过头顶,双脚原地跳跃,双手左右摆动。手持跳绳放于身前,踏步转体90°(1个八拍)。

(2)身侧面朝右方,左脚尖前后点地,双手反方向大幅度摆动4次,同时高抬腿原地踏步转半圈(1个八拍)。

(3)重复前两步的动作。

5.第五节(4个八拍)

与第一节相同。

6.第六节(4个八拍)

左脚跟斜前方点地,双手由头顶向左斜前方推绳,反方向同之。重复3遍(4个八拍)。

7.第七节(4个八拍)

与第三节相同,重复1遍。

8.第八节(4个八拍)

与第一节相同。

9.第九节(4个八拍)

(1)与第四节动作(1)和动作(2)相同。

(2)与第二节动作(2)和动作(3)相同。

10.第十节(7个八拍)

(1)双手握绳举过头顶,左右摆动,双膝并拢上下做蹲起(1个八拍),双手握绳上下摆动(2个八拍)。

(2)与第一节相同。

**(四)"美奂美仑"——立体瑜伽(柔韧训练)**

本套"美奂美仑"—立体瑜伽为康复巩固期的第四套操,其将塑形与拉伸完美融合在一起，让戒毒人员在优美的音乐中放松身体与心灵，展现女性独有的柔美身姿（见图 8-14）。

图 8-14 “美奂美仑”——立体瑜伽（柔韧训练）

动作分解：共六节。

第一节（4 个八拍）

（1）面朝后方，双手背在腰后，左脚点地，身体微向右倾，弯腰的同时右手缓慢上举，左手打开。左手背在腰后，右手打开划圈，同时转体面朝前方（2 个八拍）。

（2）左脚尖点地，身体微向左倾，右手背在腰后，左手从腋下打开，在身前划圈，身体后仰下腰转 8 圈（2 个八拍）。

2. 第二节（4 个八拍）

（1）面朝左方，右脚尖点地，双手合十举过头顶，左腿弯曲呈弓步，双手合十至腹前，起身上举，再弓步，再上举（2 个八拍）。

（2）身体转正面朝前方，双手合十划圈，左脚尖点地，身体向左下腰，双手举过头顶（2 个八拍）。

3. 第三节（4 个八拍）

（1）左脚向前迈 1 步，右脚点地，双手打开，左手高举，右手与肩平行（1 个八拍）。

（2）向右撤步，左脚点地，身体微向左倾，右手高举，手腕下压，左手反掌置于胸前(1 个八拍)。

(3)向左转体,两脚开立与肩同宽,双手于腰后合十,身体后仰下腰,起身转体(2 个八拍)。

4.第四节(7 个八拍)

(1)两脚开立成“大”字形,右手在上,左手在下,从身后拉手再打开(2 个八拍)。

(2)反方向进行以上动作(2 个八拍)。

(3)双手逐次抡圆,身体后仰下腰,起身,双手举过头顶(1 个八拍)。

(4)双手交叉举过头顶,踮脚尖,随之落脚弯腰,双手交叉置于地面上。弯腰,双手从背后交叉上举,起身(2 个八拍)。

5.第五节(5 个八拍)

(1)左腿微曲,右腿伸直,左手叉胯,右手打开向左下腰,起身恢复“大”字形,反方向进行以上动作(2 个八拍)。

(2)双脚开立,与肩同宽,左手上举,右手向下,动作相同,反方向进行一次(1 个八拍)。

(3)左脚前迈,脚跟部点地,身体向前倾,右手上举,掌心向外,左手触摸左脚尖(1 个八拍)。

(4)反方向进行以上动作(1 个八拍)。

6.第六节(10 个八拍)

(1)左脚单立,右脚置于左膝处,双手从头顶合十于胸前,落脚,双手合十高举(2 个八拍)。

(2)两腿开立,左脚尖点地,右手从前往后划 2 圈至胸前,呈右弓步蹲下,双手呈波浪状起身,并高举过头顶(2 个八拍)。

(3)身体微向左倾,右脚尖点地,双臂打开,翻掌。左腿单立,右腿向后踢,左臂平行于肩,右臂后甩,重复 3 次(4 个八拍)。

(4)右脚单立,右手高举,左腿抬起,左手拉左脚腕,转身下叉,右手撑地,左手高举,上身微向后仰(2 个八拍)。

**(五)“抃风舞润”——立体瑜伽(平衡训练)**

通过本套立体瑜伽的练习,利用调身的体位法、调息的呼吸法、调心的冥想法等,使女性戒毒人员在生理、心理、情感和精神等方面的能力得到良好改善,达到身心和谐统一(见图 8-15)。

图 8-15 “抃风舞润”——立体瑜伽(平衡训练)

动作分解:共六节。

1.第一节(4 个八拍)

(1)双腿并拢,重心向下,双臂从两侧划到胸前合十(1 个八拍)。

(2)合十的手掌往上走,渐渐开掌,手腕相对成花苞状,两手慢慢放下,双手指尖相对,掌心向上(1 个八拍)。

(3)手臂从身体两侧缓缓向上,同时踮起脚尖,眼随手动,双臂到最高处,手臂缓慢放下,同时落下脚跟,重复 1 遍(2 个八拍)。

2.第二节(4 个八拍)

(1)右手从身侧缓慢抬起,出左腿,重心放在右腿,左脚脚尖点地,右手打至最高处,左臂自然下垂,放于大腿处,压左侧腰上身缓慢恢复正直,右手从身侧缓慢放下,收左腿(2 个八拍)。

(2)反方向进行以上动作(2 个八拍)。

3.第三节(4 个八拍)

(1)双臂从身体两侧缓慢抬起,与肩同平,同时踮起双脚脚尖,上身向右后方缓慢转动,右臂架于胸前,左臂至腰后,双膝微曲,上身向右后方转体(1 个八拍)。

(2)反方向进行以上动作(1 个八拍)。

(3)左脚单立,右脚脚心放于左腿小腿处,上身正直,双手合十高举过头顶(2 个八拍)。

4.第四节(6 个八拍)

(1)右弓步站立,双手合十举过头顶,起身收左腿,左脚尖点地,上身微向后仰(1 个八拍)。

(2)右腿单立,双手合十高举,左腿缓慢向后抬起,同时上身前倾呈“一”字状,双手打开呈飞燕状(2 个八拍)。

(3)右腿单立,左腿高抬,上身右倾,右手撑地,左手抬起,起身恢复右弓步,双手合十于胸前(2 个八拍)。

(4)进行与步骤(1)相反的动作(1 个八拍)。

5.第五节(6 个八拍)

(1)进行与第四节步骤(2)相反的动作(共 2 个八拍)。

(2)进行与第四节步骤(3)相反的动作(共 1 个八拍)。

(3)左转体,右脚尖点地,上身向前转,左手高举,右臂向右方打平(1 个八拍)。

(4)左腿虚步脚尖点地,向前弯腰,双臂向后打直,起身,双手合十举过头顶(2 个八拍)。

6.第六节(7 个八拍)

(1)双脚开立,与肩同宽,重心移至左腿,右脚虚步点地,右臂自然下垂,左手缓慢打开,上身微向左倾,起身,同时放左手,反方向进行以上步骤(2 个八拍)。

(2)脚尖点地,双臂向上打开,原地踮脚旋转 1 圈(1 个八拍)。

(3)右腿弯曲,左脚尖点地,右臂高举,手腕下压,左臂顺势向下打开,上身向右后方微倾(1 个八拍)。

(4)收左腿,脚尖点地,双臂依次抡圆 1 圈,右臂高举,手腕下压,左臂顺势打开(1 个八拍)。

(5)左脚向前迈 1 步,双臂打开,旋转 1 圈,左跨 1 步,右脚尖点地,左臂高举,手腕下压;右臂打开,手腕下压(2 个八拍)。

**(六)“踔厉之志”——搏击操(力量训练)**

通过本套搏击操的练习,可使女性戒毒人员的肌肉力量得到极大的锻炼。本套康复操的动作能够给肌肉加压,加快血液循环,增加血氧供应,帮助女性戒毒人员实现力量训练的目的(见图 8-16)。

图 8-16 “蹈厉之志”——搏击操(力量训练)

动作分解:共十节。

预备式:两脚开立,与肩同宽,紧腰收腹,双手握拳至胸前。脚尖着地,脚掌和脚后跟略微抬起,双膝微屈,上下颤动做踮步(所有动作都从小腹部发力,再到拳上)。

1.第一节(4 个八拍)

(1)右直拳—左直拳—右摆拳—左摆拳—右勾拳—左勾拳—右摆拳—左摆拳(2 个八拍)。

(2)重复动作(1)(2 个八拍)。

2.第二节(4 个八拍)

(1)右直拳—左直拳—右直拳—左直拳—右摆拳—左摆拳—右摆拳—左摆拳—右勾拳—左勾拳—右勾拳—左勾拳—右摆拳—左摆拳—右摆拳—左摆拳(4 个八拍)。

3.第三节(4 个八拍)

(1)脚尖着地,脚掌和脚后跟略微抬起,双膝微屈,上下颤动做垫步。

(2)从左往右垫步,击掌 1 下,转动腰部,面朝左方出左拳 2 下。

(3)从右往左垫步,击掌 1 下,转动腰部,面朝右方出右拳 2 下。

以上动作重复 1 遍。

4. 第四节(4 个八拍)

两脚前后跳跃,双臂在腰际自然摆动;原地踏步,双臂前后自然摆动(重复 3 遍)。

5. 第五节(4 个八拍)

(1)弓步向前跳跃,同时左直拳 3 下,右直拳 1 下,提肘握拳至于胸前,后退 4 步,重复 1 次(2 个八拍)。

(2)反方向同之,重复 1 次(2 个八拍)。

6. 第六节(4 个八拍)

(1)右脚单立,左腿提起,双手握拳提起手臂,放左腿,重复 3 次(2 个八拍)。

(2)和动作(1)反方向进行(2 个八拍)。

7. 第七节(4 个八拍)

左脚向右前,右腿抬起,与胯同高,双手握拳提于胸前,左腿退后,双腿开立并弯曲,重复 1 次,反方向进行以上动作(4 个八拍)。

8. 第八节(4 个八拍)

右直拳—左直拳—右直拳—左直拳—右摆拳—左摆拳—右摆拳—左摆拳—右勾拳—左勾拳—右勾拳—左勾拳—右摆拳—左摆拳—右摆拳—左摆拳(4 个八拍)。

9. 第九节(4 个八拍)

两脚前后跳跃,双臂在腰际自然摆动;原地踏步,双臂前后自然摆动,重复 1 遍(4 个八拍)。

10. 第十节(8 个八拍)

(1)动作同第五节

(2)动作同第七节。

## 四、"能量塔级"康复训练模式成效

"能量塔级"康复训练模式经过近 1 年的试行和推行,在女性戒毒人员中取得了阶段性的成果,总的来看有以下几点:

一是通过"能量塔级"训练模式,将科学高效的训练指导引入戒毒康复工作中,打破了女性戒毒人员长期以来固有的、无体系的训练模式,将原有的“碎片式”康复训练项目整合为有序、渐进式的系统训练，做到了资源效果最大化，实现了康复训练工作的规范、科学发展。

二是实现了康复训练师队伍全部做到持证上岗，由兼职教师转型为专职教练，队伍专业水平得到了提升，为山东女所康复训练工作的台阶式发展夯实了人才基础。

三是形成了具有各能量层级特色的成果展示项目，每个层级都有多重康复训练项目的成果展示，多次在全所大型活动中进行展演，得到了上级领导的一致好评。

四是改善了女性戒毒人员的体重指数，各类体测数据也有了明显好转，呈良好发展态势。

五是激发了女性戒毒人员参与康复训练的热情，营造了高效、有序、提质的戒毒治疗氛围，培养了女性戒毒人员“享受运动、健康生活”的康复理念，实现了戒毒康复工作从单纯的注重运动效果向“大健康、大康复”理念的目标转变。

## 第三节　女性戒毒人员“能量塔级”身体康复训练案例分析

案例研究与分析是对“能量塔级”康复训练模式探索的验证，针对不同层级女性戒毒人员的身体状况和训练情况，做到因人施训，动态监控，使女性戒毒人员的身体机能有显著的改善，戒治信心明显增强，运动习惯逐渐养成，从而逐步实现运动戒毒。

### 案例1　对因减肥吸毒的某戒毒人员的康复训练案例

【案例背景】

该女性戒毒人员偶然经朋友引诱，得知吸毒能减肥后，便进行尝试，因吸毒后精神亢奋，不眠不休不进食，认为由此体重会明显下降，并沉溺其中，最终因吸毒成瘾被送往山东女所进行为期两年的戒治。

在吸食毒品的年轻人中，大概有30%是轻信吸毒可以减肥瘦身而尝试的。该女性戒毒人员入所后，因戒断反应导致食量增加，体重逐渐上升。为帮助其形成健康的减肥观念和正确的减肥方式，避免再次因减肥而吸毒，特制订以下方案。

【方案制订】

从入所起，为该戒毒人员每月测量体重指数，绘制曲线图。通过监测每个月的数值变化，适时调整运动处方。

结合女性戒毒人员的特点，在常规康复训练的基础上引入郑多燕减肥操、超模25减肥操、有氧健身操（包括有氧舞蹈、有氧拉丁、爵士等）、瑜伽等项目，制订个人运动处方，主要以有氧训练为主，每日持续锻炼时间半小时以上，训练强度为中等强度以上。

生理脱毒期注重对康复基础知识的学习，同时由简入难，学习健美操中简单的步伐、手势和套路动作，培养运动习惯。康复巩固期（见表8-6）练习各类减肥操、有氧健身操、瑜伽，同时加入力量、柔韧性、灵敏性、耐力、速度、平衡性的体能素质练习。回归适应期在前期学习的动作、套路的基础上，鼓励该戒毒人员自己创编套路，并进行展示，通过创编的成就感帮助其形成终身运动的良好习惯。

**表8-6　康复巩固期康复时间安排表**

| 时间 | 星期一 | 星期二 | 星期三 | 星期四 | 星期五 | 星期六 | 星期日 |
|---|---|---|---|---|---|---|---|
| 7:20～7:50 | 太极拳 | 八段锦 | 康复操 | 太极拳 | 八段锦 | 康复操 | 太极拳 |
| 8:30～9:00 | | | 爵士 | | | | |
| 9:00～9:30 | | | 力量、柔韧 | | | | |
| 9:30～10:00 | | | 灵敏、耐力 | | | | |
| 10:00～10:30 | | | 速度、平衡 | | | | |
| 10:00～10:15 | 工间操 | 工间操 | | 工间操 | | 工间操 | 工间操 |
| 15:00～15:15 | 工间操 | 工间操 | 工间操 | 工间操 | 工间操 | 工间操 | 工间操 |
| 19:00～19:30 | 康复基础知识 | 瑜伽 | | 郑多燕减肥操 | 超模25减肥操 | 有氧舞蹈 | 有氧拉丁 |

注：星期三为休息日，星期五为教育日。

【实施情况】

绘制该戒毒人员的体重指数曲线（见图8-17），通过BMI的变化，调整运动处方的强度、时间及频率等因素（注：偏瘦者体重指数不高于

18.5，正常人为18.5～24，偏胖者为24～28，肥胖者为28～32，非常肥胖者不低于32）。

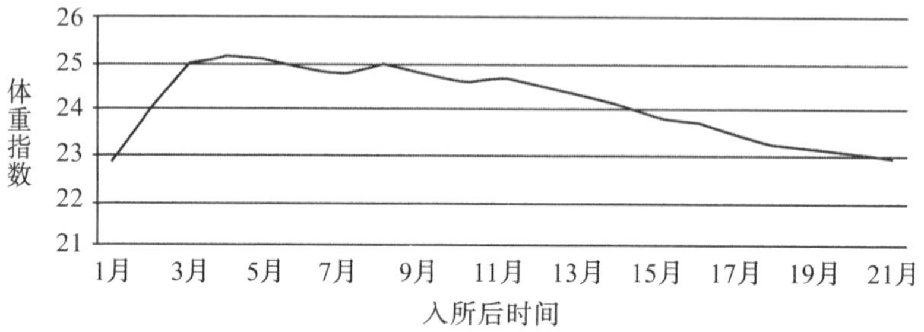


图 8-17　该女性戒毒人员的体重指数曲线

### （一）生理脱毒期

让该戒毒人员掌握康复基础知识，正确参与体能康复训练，并能够在训练中学会自我保护，避免运动伤害，同时学习如何控制运动强度、时间、频率等。

前三周学习无冲击（双脚不离地）、低冲击（总有一只脚不离地）和高冲击步伐（双脚都离地），如踏步、一字步、V字步、A字步、并步开合步、漫步、慢跑、并步跳、迈步吸腿、迈步后屈腿、侧交叉步、并步跳、抬腿、吸腿、摆腿、恰恰恰、踢腿、吸腿跳、踢腿跳、迷你漫步、小马跳、脚尖点地、脚跟点地、侧点地、弓步、钟摆跳、开合跳、半蹲、分腿跳、提踵，以及简单的手势，如并拢式、分开式、芭蕾手式、掌式、立掌式、花式。之后学习简单的套路动作，学习中注意动作的方向变化、次数变化、移动变化、冲击力变化和节奏变化。

### （二）康复巩固期

康复巩固期进行各类减肥操、有氧健身操的练习，注意控制动作的幅度、力度。因皮下脂肪的生长是通过有氧代谢运动来减少和控制的，所以还通过舞蹈运动来刺激身体的主要部位产热，以消除身体多余的脂肪，达到减肥的目的（见表8-7）。

表 8-7 康复巩固期体能素质训练的内容

| 专项内容 | | | | |
|---|---|---|---|---|
| 项目 | 教学内容 | 教学要求 | 器械 | 考核标准(普通人群达标) |
| 速度 | 25 米往返跑 | 站立式起跑,起跑和途中跑的姿势正确,到终点时用手触摸终点线后返回并往返 | 秒表 | 20～24 岁 11.19 秒<br>25～29 岁 11.99 秒<br>30～34 岁 12.99 秒<br>35～39 岁 13.59 秒 |
| | 原地高抬腿 | 上体正直或稍前倾,两臂前后摆动,大腿积极向上摆到水平,并稍稍带动同侧髋向前,大小腿尽量折叠,脚跟接近臀部。在抬腿的同时,另一侧大腿积极下压,直腿足前掌着地,重心要提起,用踝关节缓冲 | 秒表 | 第一周 7 秒/次<br>第二周 8 秒/次<br>第三周 9 秒/次<br>第四周 10 秒/次 |
| 耐力 | 2 分钟跳绳 | 2 分钟内计跳绳个数,可单脚跳或双脚跳,可一摇一跳,也可一摇两跳 | 秒表、跳绳 | 20～24 岁 217 个<br>25～29 岁 202 个<br>30～34 岁 188 个<br>35～39 岁 172 个 |
| | 5 分钟上下台阶 | 计算 5 分钟内上下台阶个数 | 秒表 | 20～24 岁 661 个<br>25～29 岁 641 个<br>30～34 岁 606 个<br>35～39 岁 571 个<br>40～44 岁 551 个<br>45～49 岁 531 个<br>50～54 岁 501 个<br>55～59 岁 471 个 |

续表

| 专项内容 | | | | |
|---|---|---|---|---|
| 项目 | 教学内容 | 教学要求 | 器械 | 考核标准(普通人群达标) |
| 力量 | 仰卧起坐 | 仰卧于垫上,两腿稍分开,屈膝成90°左右,两手指交叉抱于脑后。由同伴压住双脚以固定下肢。起坐时,两肘触及或超过双膝为完成一次。还原成仰卧位时两肩胛必须触垫。训练时记录1分钟内能完成的个数 | 秒表 | 20～24岁16个<br>25～29岁12个<br>30～34岁11个<br>35～39岁7个 |
| 柔韧 | 压腿 | 热身后,进行正压腿、侧压腿、后压腿 | 无 | 坐位体前屈<br>20～24岁9.5厘米<br>25～29岁8.3厘米<br>30～34岁8.0厘米<br>35～39岁7.4厘米<br>40～44岁6.6厘米<br>45～49岁6.2厘米<br>50～54岁6.0厘米<br>55～59岁5.8厘米 |
| | 瑜伽 | 调息、冥想,配合音乐,随着动作的调整完全呼吸,量力而行 | 瑜伽垫 | 打分 |

续表

| 专项内容 | | | | |
|---|---|---|---|---|
| 项目 | 教学内容 | 教学要求 | 器械 | 考核标准(普通人群达标) |
| 灵敏 | 左右横跨 | 测试开始前,两脚分立于中线两侧,微屈膝,听到“开始”信号后向左或向右跨步,使两脚分跨在端线两边,然后再回到中线;再以同样的动作向另一端线跨步,再回到中线原来的位置时为完成一次动作。连续做10次动作,第10次动作结束双脚回到中线时,停表计时并记录成绩 | 秒表 | 20～24岁21.09秒<br>25～29岁22.29秒<br>30～34岁23.49秒<br>35～39岁24.29秒<br>40～44岁25.39秒<br>45～49岁26.59秒<br>50～54岁27.09秒<br>55～59岁28.99秒 |
| 平衡 | 闭眼单脚站立 | 自然站立,当听到“开始”口令后,抬起任意一只脚,同时测试员开表计时,当被测者支撑脚移动或抬起脚着地时停止。测试两次,取最好成绩 | 秒表 | 20～24岁16秒<br>25～29岁15秒<br>30～34岁13秒<br>35～39岁10秒<br>40～44岁8秒<br>45～49岁7秒<br>50～54岁6秒<br>55～59岁6秒 |

**(三)回归适应期**

该戒毒人员在尝试编排套路动作时,告知其应注意选择音乐在134～157有氧运动强度,动作的节奏尽量与音乐风格相一致,身体动作可融入摆动、绕环、屈伸、平衡、转体、跳步、舞步等技巧性动作，如表8-8所示。

表 8-8　素质拓展训练的内容

| 项目 | 内容 | 目的 | 器械 |
|---|---|---|---|
| 组建团队 | 将所有戒毒人员分成 $n$ 个小组，分别自编队名、口号，选队长，设计队旗，依次进行团队展示（包括队名、口号、队长、团队成员、队旗） | 破冰，帮助小组成员迅速融入团队，建立信任，增强团队意识 | $n$ 面旗子，彩色记号笔 $3n$ 支 |
| 十人九足 | 每队10人，排成一横排，相邻的人把腿系在一起，一起跑向终点（起点终点间距为20米），用时最短的胜出。先进行分组（$n$ 组）练习，再进行正式比赛 | 加强团队队员之间的配合和信任，锻炼团队合作能力及协调能力 | 绳子 $9n$（组数）根，皮尺量好长度（20米） |
| 无敌风火轮 | 每个队用提供的材料将报纸围成一个可以行进的“履带式”的环，要求本组所有成员在规则要求下走完规定的路程，以最快到达终点的组为优胜。所有组员必须在环内，身体的任何部分不得直接接触地面，如有违规接触地面的组员，第一个警告，第二个活动后罚10个抱头蹲起，第三个全组淘汰，取消比赛资格。行进过程中，若“风火轮”即履带断裂，必须在原地修复，在裁判许可后才可以继续行进 | 培养团队成员的一致性、密切合作、克服困难的团队精神，培养计划、组织、协调能力，增强团队间的相互信任和理解 | 报纸 $20n$（组数）张以上，胶带 $n$（组数）卷 |

续表

| 项目 | 内容 | 目的 | 器械 |
| --- | --- | --- | --- |
| 齐眉棍 | 每组10人,参与者站成两列,且两列面对面,每个人将双手举起,与额头齐平,每只手只伸出一根食指,在两列之间放上细直棍,所有参与者用食指在下面托起直棍,然后缓慢下降,最终将直棍放在地上;期间,所有人的食指不能与直棍脱离,必须时刻紧贴直棍,否则游戏失败,需要重新开始 | 培养团队协作意识,增强彼此之间的配合 | $n$(组数)根3米长的木棍 |
| 珠行千里 | 所有人围成一个圆圈,每人口叼着纸杯,不能用手,然后让球在纸杯中滚动传递,在球不掉落的情况下传递5圈则为成功,失败者表演节目 | 增强团队间有效地配合、衔接以及自我控制的能力 | 纸杯(每人一个),乒乓球$n$(组数)个 |

注:每个活动结束后,组织学员进行分享,每个项目分享时间控制在10分钟以内。

【效果与反思】

## 一、康复训练成效

该戒毒人员在22个月的康复过程中,被毒品侵蚀的身体得到了良好的恢复,体能各项指标有了大幅提高,耐力、灵敏度、力量、速度、柔韧性、平衡能力均有较大幅度的提高(见表8-9)。根据《国民体质测定标准》分析,经过康复训练,该戒毒人员各方面的身体素质均已恢复到良好状态。该戒毒人员已经形成了良好的运动习惯,能够通过运动、控制饮食等健康的方式控制体重,并表示一定会坚持终身运动。

表 8-9　该戒毒人员入所一月后、一年后与期满时的体能测试结果

| 测试时间 | 耐力 | 灵敏 | 力量 | 速度 | 柔韧 | 平衡 |
|---|---|---|---|---|---|---|
| | 5分钟上下台阶/个 | 左右横跨/(秒/10次) | 仰卧起坐/(个/分钟) | 25米往返跑/秒 | 坐位体前屈/厘米 | 闭眼单脚站立/秒 |
| 一月 | 564 | 25 | 10 | 11.31 | 0 | 15 |
| 一年 | 1025 | 21 | 40 | 10.28 | 25.8 | 79 |
| 期满 | 1026 | 20 | 46 | 10.25 | 26 | 79.5 |

此外，该戒毒人员能够积极面对生活，并多次代表大队参加队列、花样太极、康复操等展示活动，违纪情况比入所时明显减少，在班级担任班长，能够积极帮助其他同学进行康复，家庭、社会关系修复较好，综合表现较好，合计减期 74 天。

## 二、总结经验

通过该戒毒人员的戒治历程，有以下几点启示：一是警察意识到了多措并举的重要性，心理辅导、课程学习与体能康复可同步推进；二是警察需要具有同理心，在体能康复过程中，沟通要及时，可以朋友的立场介入，尊重戒毒人员的人格，对其进步要给予鼓励，同时可采取戒毒人员互助的方式；三是建立专业人才梯队，结合专业的体能知识和适合女性戒毒人员的运动方法，制订全面、合理的体能康复方案；四是通过普及运动等健康的减肥方式，帮助戒毒人员养成终身运动的习惯，有效减少因减肥而吸毒的复吸率。

## 案例 2　练习太极拳对患有高血压的女性戒毒人员的影响

【案例背景】

该女性戒毒人员于 2016 年因吸食冰毒被强制隔离戒毒两年。刚入所时，其患有高血压，性情暴躁，不服从警察管教。

对于该高血压患者来说，不适宜进行高强度的康复训练。而太极拳是一种强度较低的运动，练习时全身放松，以意引气，全神贯注于拳中，整个套路没有特别发劲和过猛、过急的动作，长期坚持练习可以增强血

管弹性，修身养性，改善急躁的性格。因此，练习太极拳对改善高血压有一定的效果，适宜该高血压戒毒人员进行练习。

【方案制订】

**（一）太极拳理论授课**

首先，纠正该戒毒人员对太极拳的认识误区，使其了解太极文化蕴含的太极、阴阳辩证理念，同时，使其认识到练习太极拳的养生保健和预防疾病的功能。通过讲解太极拳的动作要点和练习过程中的注意事项，提高了其练习太极拳的积极性，以达到更好的练习效果。

**（二）太极拳“三步走”练习策略**

因该戒毒人员年龄偏大，为使其更快地掌握太极拳的动作要领，干警采取了“三步走”的练习策略，采取了口试和笔试、分解教学、动作实操这三大策略。在该戒毒人员熟记动作口诀后，进行口试、笔试，使其形成永久性记忆。然后，进行动作分解教学，使其能够准确地掌握太极拳的手法、眼法、身法、步法和拳术套路中的每一个动作的运用和变化，熟练掌握套路招数，在习练过程中能够自如演练。最后，进行太极拳套路的动作实操考核，及时纠正其错误的动作。

**（三）数据测量与分析**

在学习太极拳前和练习太极拳后的半年内，每天对该高血压患者进行血压测量，并进行数据对比分析。

【实施情况】

练习太极拳前，警察带其做好了必要的准备活动，然后让该戒毒人员静立片刻，调匀呼吸，做到心无杂念。同时，警察向其讲解了练习太极拳的动作要领和注意事项，提醒其在练拳时要做到柔和、放松、自然、缓慢，避免产生心慌、呼吸困难等不良反应。因高血压患者禁忌低头弯腰、屏气用力的活动，所以对其降低了练习标准，只需做到尾闾中正、含胸拔背、身正颈直即可。警察告知其注意呼气，而不着意吸气。其在轻度运动后血压未有明显升高，可以继续进行太极拳练习。

第一、二周，警察教其开始学习太极拳的手法、眼法、身法和步法，并使其将知识与实践相结合，更快地掌握动作要领。在练习时，要求其注意动作的虚实和身体的重心转化，结合动作向其重点讲解眼法和身法的要求，眼随手动，手眼相随，并不断纠正其的错误动作，使其初步掌握了太极拳的一些基本规律。

第三、四周，警察教其继续学习二十四式简化太极拳的套路动作，进行逐式动作学习，每天学习两式，先分解，后逐渐累加。通过对前期动作口诀的背诵，有助于对动作的记忆。在学习分解动作的过程中，要求其掌握每一式动作的要领，注重正确动作的养成，同时集中注意力，意念、呼吸和动作相配合，以意行气，巩固和提高练习效果。

第五、六周配合太极拳的音乐，警察教授其进行二十四式简化太极拳套路的练习，督促其每天早晚坚持练习。在练习过程中，告知其注意放松周身肌肉关节和内脏器官，精神贯注，意守丹田，用心意调整腹式呼吸，做到深、长、细、缓、匀、柔，务必与动作合拍，动作之间要求连绵不断，整套动作一气呵成，以腰为轴，带动四肢运动，步法灵活，虚实分明，动作端正，圆满舒展。

【效果与反思】

**(一)练习效果**

该戒毒人员在坚持练习太极拳半年后，以前暴躁的脾气有了明显的改善，与班内其他戒毒人员相处较融洽；学会了对情绪的自主调节，能够保持愉悦，不再总是处于紧张焦虑的状态，睡眠情况明显好转；能够遵守所规所纪，服从管教，违纪情况明显减少；能够积极参加康复训练并帮助他人，取得了较好成效。同时，其血压得到了较好的控制(见图8-18)，身体免疫力有所提高，体能各项指标有了较明显的改善，耐力、灵敏度、力量、速度、柔韧性、平衡能力均有了较大幅度的提高(见表 8-10)。

**表 8-10　该戒毒人员入所一月后、一年后与期满时的体能测试结果**

| 测试时间 | 耐力 | 灵敏 | 力量 | 速度 | 柔韧 | 平衡 |
|---|---|---|---|---|---|---|
| | 5 分钟上下台阶/个 | 左右横跨/(秒/10 次) | 仰卧起坐/(个/分钟) | 25 米往返跑/秒 | 坐位体前屈/厘米 | 闭眼单脚站立/秒 |
| 一月 | 624 | 25 | 15 | 13.31 | 20 | 40 |
| 一年 | 1120 | 27.62 | 26 | 12 | 23 | 62 |
| 期满 | 1080 | 28 | 27 | 12.39 | 24 | 78.5 |

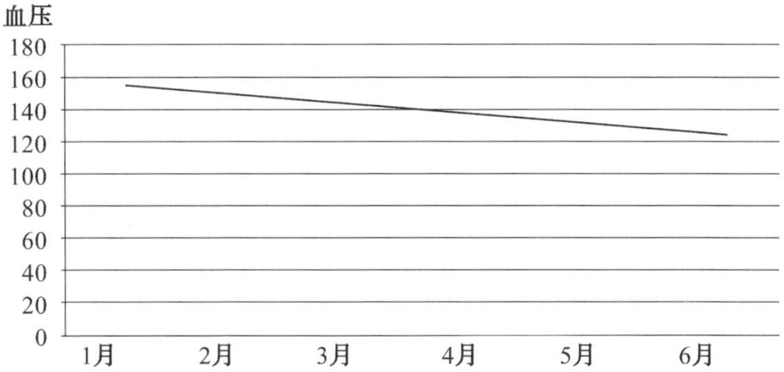


图 8-18　该戒毒人员练习太极拳半年内血压的变化情况

（二）思考

戒毒人员因吸毒致使身体素质变差，而太极拳的动作缓慢，运动强度较低，对慢性病有一定疗效，健身修心效果俱佳，适合戒毒人员进行练习。长期坚持练习太极拳，能够使人修身养性，平心静气，疏通心脑血管，促进新陈代谢，增加肺活量，降低胆固醇含量和软化动脉等。但是，不同年龄段和患慢性病的戒毒人员在练习太极拳时，应明确注意事项和练习标准，避免因过度运动造成运动损伤及诱发病症。

太极拳是我国的国家级非物质文化遗产。太极文化对于戒毒人员来说，能提升其国学文化素养，使其更好地修身养性，同时对太极拳形成正确的认识。因此，太极拳不仅适合戒毒人员进行练习，更能提高体能康复训练的效果。太极拳针对意、气、形、神的锻炼，非常符合人体生理和心理的要求，对戒毒人员个体的身心健康以及群体的和谐共处都有着极为重要的促进作用。

# 下篇　工疗戒毒研究

# 第九章　戒毒人员“工疗”戒毒的理论渊源

“工疗”戒毒作为一种戒治方法，强调生产劳动过程对戒毒人员的戒治作用。具体来讲，是以组织戒毒人员参加职业技能培训及劳动教育、劳动康复为主要内容的综合性戒治措施。“工疗”戒毒就是从人类最基本的活动——劳动出发，把劳动这种最基本的活动引入强制隔离戒毒领域，引导戒毒人员参加生产劳动，规范戒毒人员行为养成，重塑戒毒人员人格，增强戒毒人员劳动观念，培养戒毒人员规则意识。

## 第一节　“工疗”戒毒概述

“工疗”戒毒把康复劳动作为一种戒治方法引入强制隔离戒毒领域，通过组织戒毒人员参加康复劳动，规范其行为养成，塑造良好品格，掌握劳动技能，实现为社会输出“改造合格的人”的目标。

### 一、马克思主义劳动观

劳动是马克思主义世界观和方法论的重要内容，是人类生存和发展的最基本的条件。根据马克思主义的理论，“劳动不仅创造了人，还创造了生产力和生产关系，进而影响人、教育人、塑造人、完善人”。[①] 从这个认识角度理解，“工疗”戒毒创造性地把康复劳动作为一种戒治方法引入强制隔离戒毒领域，积极组织戒毒人员参加康复劳动，规范行为，塑造品格，掌

① 参见许广伟：《保卫〈资本论〉》，社会科学文献出版社 2014 年版，第 597 页。

握劳动技能，创建了一种适合我国国情、具有中国特色的戒毒道路和戒毒模式。

### （一）劳动的多元化认识

1.哲学意义

劳动是构成社会存在的主要因素和内容，是社会生产力和社会生产关系的源泉，是阶级、国家、革命的基础性条件，更是人的全面发展的重要条件。劳动对人和人类社会的本源性意义可以概括为劳动创造人、劳动进化人、劳动改造人、劳动完善人。

2.社会学意义

劳动是人类精神生活中不可缺少的一部分，劳动不仅能够带来经济利益和合法收入，给人们提供赖以生存的物质基础，而且也是人精神生活的重要组成部分。

3.生理学和心理学意义

从生理学意义认识劳动，劳动是人类生命活动的基本形式，个体通过劳动，能促进人体功能的增强，促进人的神经系统的发展，调节人体的内分泌功能。劳动的心理学意义可以理解为，劳动作为一种复合性多元刺激物，通过作用于人的各种感官，产生特定的劳动心理，进而使人重新认识世界、社会和他人，并深刻理解劳动的价值，体会劳动的艰辛，珍惜通过双手劳动换来的成果，帮助人们正确认识客观对象。

4.法学意义

劳动法是国家为了保护劳动者的合法权益，调整劳动关系，建立和维护适应社会主义市场经济的劳动制度，促进经济发展和社会进步，根据宪法而制定颁布的法律。我国《劳动法》（全称《中华人民共和国劳动法》）于1994年7月5日八届人大通过，1995年1月1日起施行。劳动法是调整劳动关系的法律法规，是调整与劳动关系密切相关的其他社会关系的法律规范的总称。

5.经济学意义

劳动可以给社会带来收益，满足人类的物质需要；劳动使社会所需资源和产品丰富化，促进整个社会财富的积累与增长，推动社会向前发展。

**(二)对戒毒人员劳动的认识**

1.哲学意义上的戒毒人员劳动

马克思的劳动价值理论,是马克思主义政治经济学体系的出发点。人的生产活动具有社会性,劳动是人类社会产生和发展的根本原因,是人类社会不断进步的动力源泉;劳动是最基本的社会实践活动,是认识的重要源泉。我们要改变戒毒人员的劳动观,就必须用马克思主义的世界观和方法论指导戒毒人员劳动。在戒毒所内,戒毒人员通过康复劳动来规范自己的行为,逐渐形成符合社会规范要求的新观念和新行为,最终顺利回归社会。

2.生理学和心理学意义上的戒毒人员劳动

在毒品的侵蚀下,戒毒人员的体能下降明显,神经系统受到不可逆性损伤,身体机能和心理状况发生巨大变化。在戒毒场所内开展"工疗"戒毒,对戒毒人员体能恢复,认知水平和认知能力的改善具有重要的作用。

3.法学意义上的戒毒人员劳动

劳动是一切有劳动能力的公民的光荣职责。我国《宪法》第四十二条规定:"中华人民共和国公民有劳动的权利和义务。"《中华人民共和国禁毒法》第四十三条规定:"根据戒毒的需要,强制隔离戒毒所可以组织戒毒人员参加必要的生产劳动,对戒毒人员进行职业技能培训。组织戒毒人员参加生产劳动的,应当支付劳动报酬。"我国的法律法规对戒毒人员参加生产劳动相关内容都有明确的规定,劳动作为有效戒治方法得到了法律上的有效保障。

4.经济学意义上的戒毒人员劳动

戒毒人员是整个社会劳动力的组成部分之一,戒毒人员的"工疗"戒毒具有特殊性。在戒毒场所内组织戒毒人员进行"工疗"戒毒,对产值和利润的追求较低,主要是以生产劳动的形式对戒毒人员进行教育矫治,帮助戒毒人员戒除毒瘾,顺利回归社会。

## 二、"工疗"戒毒的概念

"工疗"戒毒作为生产劳动戒治方法,着重强调生产劳动的过程对戒毒人员的戒治作用。具体来讲,是指以戒毒人员组织参与劳动教育、劳动康复和生产及职业技能培训为主要内容的综合性戒治措施。组织戒毒人员参加生产劳动，不仅能锻炼戒毒人员劳动技能、矫正恶习、树立正确的劳动观念，而且能使戒毒人员掌握一技之长，为回归社会和尽快融入社会提供帮助。

### （一）戒毒人员自身的特点

强制隔离戒毒人员因吸毒成瘾造成的生理、心理、行为等多方面的退化或损害，主要表现为：身体机能、内分泌系统、神经系统等受到严重破坏；认知存在偏差，意志薄弱，好逸恶劳，贪图享乐；身体乏力，活动能力严重下降，缺乏必要的劳动能力。

戒毒人员在戒毒场所内参与度较高的戒治方式之一就是生产劳动，戒治效果明显。通过参加生产劳动，不仅能够修复因吸毒造成的身体、心理等方面的损伤，更重要的是，劳动过程可以使戒毒人员体会到实现自身价值的获得感和满足感，提高对美好生活的向往，为顺利回归社会打下基础。

### （二）“工疗”戒毒的内容

1.开展劳动教育，纠正不良思想

把生产劳动、安全生产教育纳入戒毒人员教育体系。完善课程设置、合理设计教育内容、创新教育方法、丰富教育形式，教育戒毒人员认识劳动的重要意义、认清劳动的价值与功能，帮助戒毒人员纠正好逸恶劳、贪图享受等不良思想，引导戒毒人员树立正确的劳动意识，培养积极的劳动观念，养成良好的劳动习惯。

2.实施劳动康复，恢复身体机能

按照“三期四区”管理要求，将劳动锻炼纳入戒毒人员康复训练体系。根据戒毒人员身体健康状况，组织参加适宜的生产劳动，在生产劳动过程中进行体能、耐力、灵敏度、力量等训练，帮助戒毒人员恢复身体机能，巩固戒治效果。

3.开展职业技能培训，助力回归社会

按照山东省戒毒管理局、山东省劳动就业办公室《关于开展强制隔离戒毒人员职业技能培训工作的通知》（鲁戒毒〔2014〕26号）要求，根据戒毒人员实际情况，结合社会经济发展需求，合理制定职业技能培训规划，落实定点培训机构，选择技能培训项目，强化培训组织管理，完善相应教学设施、设备，落实资金补助政策，扎实做好职业技能培训工作，帮助戒毒人员掌握一技之长，增强就业创业谋生能力，顺利实现再社会化、降低复吸率。要下大气力落实就业扶持政策，加强回归指导，争取与合作企业实施“就业直通车”，签订就业安置意向书，打造阳光就业平台。

## 三、戒毒人员“工疗”戒毒的特性

戒毒人员劳动不同于一般劳动，它作为戒治方式被引入戒毒工作体系中，具有与其他普通的社会劳动不一样的特点，概括起来，主要是：

### （一）劳动性质法定性

戒毒场所组织戒毒人员参加劳动的依据、目的、任务和组织原则等都具有法律、法规明确的规定。这些规定确定了戒毒人员劳动的法定性，戒毒场所组织戒毒人员参加生产劳动是一项执法活动，必须严格依法进行。

### （二）教育矫治渗透性

戒毒人员劳动的实质是一种教育矫治活动。戒毒场所必须始终把教育矫治放在首位、核心的地位，劳动的组织和管理必须紧紧围绕这个中心。戒毒人员参加生产劳动所有构成要素，都必须充分体现矫治戒毒人员的需要这一目的性，加以科学设计和组织。

劳动对戒毒人员的教育矫治作用不是自发产生的。戒毒场所在组织戒毒人员劳动的同时，要密切结合管理、教育、医疗等工作，促使戒毒人员端正劳动态度、养成劳动习惯、树立与新时代相适应的思想观念，学习必要的就业知识、掌握必要的劳动技能，为顺利回归社会创造条件。

### （三）重返社会服务

与此同时，还进行生产劳动，以满足戒毒者离开后找工作和谋生的需要。在劳动过程中注重劳动质量的培养和提高，为戒毒者顺利重返社会提供服务。这反映了生产劳动追求社会效益的价值取向，也是戒毒学员参与生产劳动与社会生产劳动的根本区别。

## 四、戒毒人员“工疗”戒毒的原则

戒毒人员“工疗”戒毒基本原则，是指在组织戒毒人员参加生产劳动的过程中所必须遵守的基本准则。主要包括以下原则：

**(一)遵循双重规律**

“工疗”戒毒既是一种体现行政制裁性的行政执法活动,又是一种教育矫治活动,具有“双重属性”。因此,必须遵循戒毒工作规律。

**(二)坚持注重实效**

“工疗”戒毒涵盖劳动教育、劳动康复、职业技能培训等内容,既是重要的教育戒治和康复手段,也是对市场经济的一种参与活动,必须树立正确的价值导向,遵循戒毒内在规律,注重戒治效果和社会效果。

**(三)实施协调统筹**

“工疗”戒毒是“六疗”(医疗、食疗、文疗、心疗、体疗、工疗)戒治体系的重要环节,与其他“五疗”相辅相成,构成一个有机整体。必须协调推进,统筹实施,提高综合矫治效果。

**(四)落实奖惩并举**

调动戒毒人员参与“工疗”戒毒的积极性,是实现“工疗”戒毒目标的前提和保障。因此,必须明确奖惩措施,严格落实,鼓励上进、惩戒落后。

## 第二节　“工疗”戒毒的功能

组织戒毒人员参加生产劳动,目的明确,功能丰富,对其学习一技之长,掌握谋生本领,顺利回归社会具有重要意义。

### 一、戒毒人员“工疗”戒毒的目的

通过组织戒毒人员参加生产劳动,使其恢复身体健康、转变思想观念、矫正自身恶习、树立劳动观念、养成劳动习惯、培养劳动技能,为顺利回归社会、尽快融入社会打下坚实基础,为构建平安、和谐、稳定的社会环境创造良好的条件。

### 二、戒毒人员“工疗”戒毒的功能

“工疗”戒毒作为有效戒治方式之一,具有以下功能:

**(一)执法管理功能**

组织戒毒人员积极参加生产劳动本身就是一个管理的过程,这个过程体现了对劳动组织和对戒毒人员管理的多重性。其主要表现在：

组织戒毒人员康复劳动，帮助戒毒人员建立正常的生活秩序，使其有作有息、有张有弛，促进其身心发展，增强戒毒人员对社会的适应能力。

组织戒毒人员康复劳动，建立戒毒场所正常的戒治秩序，有利于建立持续稳定的场所秩序。

通过对戒毒人员劳动态度、劳动技能等方面的评估，对戒毒人员的戒治效果进行综合评价。

**（二）矫治功能**

矫治功能是指劳动在改变戒毒人员思想、矫治戒毒人员恶习方面所发挥出来的功能，重在强调劳动过程对戒毒人员潜移默化的影响。主要表现在：

1. 培养规则意识

戒毒人员参加生产劳动，以现代化生产劳动车间的内在制约关系为基础，建立和执行周密的纪律、制度，有效约束戒毒人员的行为。以严格的生产现场管理制度、奖惩制度为依托，通过生产现场的管理，培养戒毒人员规则意识，使他们养成遵规守纪的良好习惯。

2. 树立正确观念

戒毒警察组织戒毒人员参加生产劳动，对戒毒人员表现出来的错误思想进行教育、引导、启发、点拨，改变戒毒人员好逸恶劳的恶习，使其树立劳动光荣的思想观念。

3. 强化合作意识

以现代化大生产严密的分工、协作关系为基础，辅之以必要的劳动教育，培养戒毒人员的人际交往能力、协作精神和职业道德。

## 三、戒毒人员“工疗”戒毒的作用

“工疗”戒毒作为教育戒治戒毒人员的措施，从创立起就具有教育和矫治功能。开展“工疗”戒毒，能促进吸毒人员戒除毒瘾，身心得到康复，树立正确的价值观念，能促使戒毒人员积极融入社会，实现自食其力、自力更生的生活目标，从而使戒毒人员保持操守，避免复吸。

**(一)开展“工疗”工作是戒毒人员锻炼体质、磨炼意志、恢复健康、戒除毒瘾的需要**

戒毒成功与否的关键在于心理治疗,心理干预与行为干预是戒除毒瘾最好的行为训练方式。“人生天地间,劳动最为先”,戒毒人员从事每周 4 天,每天 6 小时的常规劳动具有两个方面的作用:一是可以促进急性脱毒后身体机能的恢复。劳动可以改变因长期吸食毒品造成的身体器官损伤、身体抵抗力下降、身体虚弱生病等不良状况,使身体的协调性和机体功能得到康复,身体素质得到改善。二是能促进正常心理恢复。现代医学认为,良性心理对健康的积极作用是任何药物所不能替代的,一定强度的劳动,锻炼了戒毒人员的意志力、注意力、记忆力、耐受力、持久力;劳动中的配合、协作,可以帮助戒毒人员消除心理障碍、敞开心扉、及时排解不良情绪,从而实现由病人向身心健康的正常人的转变,为彻底戒除毒瘾打下坚实的基础。

**(二)开展“工疗”工作是戒毒人员纠正恶习、端正思想、树立信心、重塑价值观的需要**

价值观是指人们主观判断政治、道德、金钱等事物是否有价值之后形成的主观看法。人们的价值观是不断变化的。有学者曾指出,“反复强化某一种信息可以改变他原有的习惯”[①]。在生产劳动过程中,首先通过团队活动,进行管理教育、劳动教育,共同关注,相互配合,共同协作,从事有益的组织活动,纠正戒毒人员好逸恶劳、贪图享受等不良思想,养成规则意识、秩序意识和纪律意识。其次通过参加劳动,创造效益,获取劳动报酬,彰显其在社会和家庭中的价值,使戒毒人员建立自信心,实现个人价值和人格独立,从而重塑他们正常的行为模式和思想观念。

**(三)开展“工疗”工作是戒毒人员学习技能、自食其力、适应社会、顺利回归的需要**

据山东省强制隔离戒毒相关数据统计,戒毒人员中无业人员占72.56%。绝大部分人员长期混迹于社会,没有相对固定的职业,缺乏立足社会的一技之长,就业能力普遍较差。山东戒毒系统按照循序渐进的

---

① 孙启魏:《浅谈吸毒人员的异常心理及其心理治疗》,载《公安学刊(浙江公安高等专科学校学报)》2001 年第 3 期。

戒治规律开展“工疗”戒毒工作，让戒毒人员从易到难、从认知到实践、从所内到所外，逐步学习劳动技能，使其树立“民生在勤，勤则不匮”的观念，培养戒毒人员自力更生、自食其力的能力，提前适应社会“角色”和“责任”，为其顺利回归社会铺就一条光明之路。

**（四）培养劳动技能功能**

戒毒人员通过参加生产劳动，在思维方式、思想观念、就业知识、劳动技能等方面更加适应新时代对合格劳动者的要求。主要表现在：

通过组织戒毒人员参加生产劳动，使戒毒人员树立与社会主义市场经济体制相适应的思想观念，如市场观念、质量观念、效率观念、诚信观念、竞争观念、职业道德，为回归社会后顺利就业奠定思想基础。

通过组织戒毒人员参加生产劳动，使戒毒人员懂得就业的相关知识，了解就业形势，熟悉就业以及保护政策，克服好高骛远、不切实际或妄自菲薄的错误就业观念，树立求真务实的就业观念，掌握就业技能，为其出所就业创业奠定知识基础。

组织戒毒人员参加生产劳动，更加注重劳动的习艺性，通过劳动训练与职业技能培训的有机结合，使戒毒人员学到符合社会需要的劳动技能，为其顺利回归社会打下技术基础。

戒毒人员在生产劳动岗位上通过长期的劳动锻炼，铸就健康体魄，为出所后能够顺利就业打下良好的身体基础。

## 第三节 “工疗”戒毒的科学依据

戒毒人员参加“工疗”戒毒，在法律、哲学、生理学、心理学、社会学等方面，依据健全，目的明确。

### 一、“工疗”戒毒的法律依据

1. 宪法依据

《中华人民共和国宪法》第四十二条指出，中华人民共和国公民有劳动的权利和义务，劳动是一切有劳动能力的公民的光荣职责。第五十三条规定，中华人民共和国公民必须遵守宪法和法律，保守国家秘密，爱护公共财产，遵守劳动纪律，遵守公共秩序，尊重社会公德。

2.禁毒法依据

《中华人民共和国禁毒法》第四十三条规定，根据戒毒的需要，强制隔离戒毒所戒毒人员参加必要的生产劳动，对戒毒人员进行职业技能培训。组织戒毒人员参加生产劳动，应当支付劳动报酬。

## 二、戒毒人员“工疗”戒毒的哲学依据

马克思主义劳动观认为，社会存在决定人的思想意识，人们的意识不是与生俱来的，而是社会环境影响的结果。由此看来，戒毒人员错误的思想意识并不是一成不变的，只要具备一定的条件，便可以通过劳动、教育等外界因素的积极影响促其发生改变的。劳动作为对戒毒人员矫治的基本手段，体现了马克思主义的哲学观和历史观；劳动与人的认识和实践、劳动与人类解放、劳动与人的全面发展等原理，为组织戒毒人员参加生产劳动提供了科学依据。

## 三、戒毒人员“工疗”戒毒的生理学依据

生理学原理指出，劳动是人类生命活动的基本形式。

从人类发展史可知，劳动是人类摆脱动作局限的前提，劳动促进了由猿到人转变的身体器官的进化、发育，劳动过程中产生的语言是人类区别于其他物种的重要标志。

现代生理学研究指出，劳动促进了人的身心发育和身体机能的增强，劳动促进了人的神经系统的发展，劳动促进了人的内分泌系统的生长和调节。因此，组织戒毒人员参加生产劳动，有利于促进他们的身心健康，符合他们正当的合理的生理性需求，也是体现其社会性本质、实现改造过程的功能与价值的必要途径。

## 四、戒毒人员“工疗”戒毒的心理学依据

教育心理学指出，人的心理是一个不断发展变化的运动过程，具有可塑性。矫正教育心理学指出，影响戒毒者教育改造过程及其效果的心理因素包括态度、经验和性格等。劳动的教育心理作用机制是从通过劳动过程转变其态度入手，进一步推动通过劳动和教育产生的认知、情感

和意志等方面的积极因素的生长，最终使其整个心理结构发生变化，即通过生产劳动发展和改造自身，创造新的力量和新的想法，形成新的交往方式和语言。

## 五、戒毒人员“工疗”戒毒的社会学依据

人是社会的组成部分，人的重要属性是社会性，人的生存过程必然参加社会实践活动。人的一切活动都离不开社会，社会是自然人的实践基地。戒毒人员参加生产劳动是我国强制隔离戒毒制度中的一项重要内容，也是行之有效的戒治方法，具有重要特色。

在戒毒工作实践中，我们始终坚持以“使戒毒人员戒除毒瘾顺利回归社会”为目标，将劳动生产和政治思想教育有机结合，依法、文明、科学地组织戒毒人员参加生产劳动，有效地维护了社会的和谐稳定和戒毒场所生产安全。在改造人、造就人、完善人的同时，也为社会创造了一定的物质财富，帮助大批戒毒人员实现了顺利回归。在新的历史条件下，我们将继续遵循戒毒工作规律，按照统一戒毒模式基本要求，积极调整“工疗”戒毒思路，推进“工疗”戒毒工作不断创新发展。

# 第十章　戒毒人员“工疗”戒毒的组织与实施

“工疗”戒毒的组织与实施应当主要以戒毒人员为中心，在劳动过程中以注重技能培训、转化思想等为原则，在劳动组织、资源配置等方面充分考虑戒毒人员自身特点，在劳动过程中提高戒治效果。同时，推行现代化“6S”管理方法（整理、整顿、清扫、清洁、素养、安全），实行功能分区和定置管理，评选安全标兵、劳动标兵等，促使戒毒人员积极戒治。

## 第一节　“工疗”戒毒的劳动组织

在实践和探索过程中，要进一步开拓戒毒者的“工疗”中的内涵和外延，既不能仅限于生产劳动本身，又不能仅限于职业技能培训，应做到教育、康复、技能有机结合。

### 一、“工疗”戒毒劳动组织的原则

在戒毒工作职能转变的条件下，“工疗”戒毒定位不能简单地满足于矫正戒毒人员思想，而应侧重于将戒毒对象作为社会平等主体予以尊重，有效地主动发展戒毒对象的意识，促使戒毒对象在劳动过程中实现生理、心理和社会功能的康复。[①]

---

① 参见李勋：《戒毒场所习艺劳动“三化管理”的理论与实践》，载《中国司法》2015年第5期。

### (一)在“工疗”戒毒中体现康复功能

在对强制隔离戒毒人员的收治初期,重点是采取急性脱毒的方式,使戒毒人员在生理上摆脱对毒品的依赖。在生理脱毒期,强制隔离戒毒人员往往会出现个体差异的戒断反应,他们在精神上往往会很痛苦,这也是戒毒人员发生自杀、自残行为的危险期,是防范的重点阶段。这个时期不适宜安排戒毒人员开展“工疗”戒毒。经过脱毒,体征评价合格后,生理脱毒期戒毒人员流转进入康复巩固期。在康复巩固期,应该为脱毒人员拟订针对个体的“工疗”戒毒计划,把握好劳动技能的培训,注重康复性。以恢复脱毒人员的体质为第一因素,帮助其树立戒毒的信心,使其身心得到尽快的恢复,为实施下一阶段的戒毒措施打好基础。

### (二)在“工疗”戒毒中发挥激励作用,培养竞争意识

康复巩固期的戒毒人员,身体机能正处于恢复适应的过程中,生活习惯也处于调整建立阶段。戒毒人员在入所前吸食毒品,其身体和精神对毒品产生了极大的依赖性,在经过脱毒期的痛苦挣扎后,其精神与身体饱受了一场强烈的洗礼。加之场所相关知识的教育,戒毒人员对毒品的危害有了较深的认识,从而下定决心“珍爱生命、远离毒品”。戒毒人员经过前期的康复,其体能上具备适应一定劳动强度的能力,思想上建立了戒除毒瘾的信心,技术上奠定了习艺劳动的基础,这个时期是开展“工疗”戒毒,重塑其人生观、价值观的最佳时机。要帮助其建立劳动习惯,采取精神激励和物质奖励的方式,引入竞争机制,逐渐培养戒毒人员竞争意识上的自觉性,形成优胜劣汰的思想,从而养成积极的生活、工作习惯。

### (三)在“工疗”戒毒中体现综合教育的原则

与强制隔离戒毒不同,社区戒毒、社区康复主要针对初次吸食人员,但由于社区戒毒的管制有限,初次吸食毒品人员复吸或进行复合性违法犯罪的可能性极大,在强制隔离戒毒场所引入“工疗”戒毒可以有效解决该问题。大多数吸食毒品者都是由于家庭、教育、工作、社会等偶发原因,刚刚走上吸毒之路,对毒品的依赖性并不强烈。通过教育,可以使他们自主摆脱对毒品的依赖,身体基本康复,劳动技能不断提高,重生的信心会不断加强,加之竞争因素的刺激,他们思想上会重新树立进取心。此时,辅以正面引导,他们就会总结过去,吸取教训,从而计划未来,萌生新希望。针对不同个体,进行习艺技能培养、择业观培养、社会适应能力

和社会免疫力的培养，有助于解决复吸、再犯罪等问题，从而帮助吸毒人员彻底戒掉毒瘾、回归社会。

（四）在戒毒人员的“工疗”戒毒中体现创新发展的原则

无论是强制隔离戒毒还是社区戒毒康复，戒毒人员终究都要走向社会，我们的基本目标是让那些戒毒人员不再复吸，做一名遵纪守法的合格公民，更高目标是使其成为社会的有用之才。当前，戒毒工作离基本目标还有一定的距离，面对较高的复吸率，还需进一步探索行之有效的戒毒康复模式。经过培养期考评，发现有一部分脱毒人员具备发展的潜能，他们在劳动中肯学、肯干、会干，这部分人的引导作用不容忽视，应该大胆地鼓励这部分脱毒人员参加“试工、试学、试农”，努力为其创造个人发展的条件，使之能学以致用、劳有所获、施有所展。积极与相关企业建立联系，为这一类戒毒人员提供一定的工作岗位，积极协助符合条件的戒毒人员办理相关的证照，做好其回归社会的准备，最终使其能够实现个人的发展，为社会创造财富，做有用之才。

## 二、劳动组织形式的选择与管理

### （一）劳动组织形式的选择

根据司法部相关规定，强制隔离戒毒期限划分为生理脱毒期、康复巩固期、回归指导期三个阶段，同时考虑到与社会无缝对接，建立三期管理及回归社会帮教模式，在不同时期设定与之相适应的劳动内容。

1. 生理脱毒期

完成参加“工疗”戒毒的生理和心理准备。在戒毒初期，戒毒人员大多会出现不同程度的戒断反应，比如烦躁、抑郁、食欲缺乏、身体酸痛、嗜睡等症状，短期内不宜安排“工疗”戒毒。生理脱毒之后，科学安排“工疗”戒毒方面的内容，使其逐步接受劳动价值观念。可组织其进行个人卫生、环境卫生的清理等简单劳动，激发他们热爱劳动的积极性。

2. 康复巩固期

实现“工疗”戒毒的教育矫治功能。康复初期，戒毒人员的各项生理指标趋于正常，此阶段仍要注重康复效果，因人而异，根据戒毒人员的生理机能和心理特点，让戒毒人员着重熟悉项目生产流程，了解安全生产的相关规章制度。戒毒人员生理指标基本恢复正常以后，康复巩固期开展"工疗"戒毒要以让戒毒人员戒除毒瘾、顺利回归社会为目标，进行职业技能培训。根据个体差异，选择适宜的劳动项目，适度下达任务指标，突出劳动观、就业技能等方面的培养，使戒毒人员在劳动过程中磨炼意志，遵守劳动纪律，培养团结合作和人际交往能力，形成"能力强的人拉车，有能力的人推车，需要帮助的人坐车"的团队，形成符合强制隔离戒毒工作特点的"工疗"戒毒模式。

3. 回归指导期

回归指导期戒毒人员的生理机能和心理指标基本康复，不良行为习惯得到有效矫正。这个阶段"工疗"戒毒的主要任务是进行回归就业指导，为戒毒人员顺利回归社会提供生存技能帮助，增强戒除毒瘾的信心。

对戒毒人员进行创业就业法律法规教育。以专家讲解、警察指导等形式，向戒毒人员解读当前政策法规，让戒毒人员学习法律、了解法律，树立就业创业有法可依、有法必依的理念。

对戒毒人员进行创业就业形势教育。在戒毒场所内举办创业就业指导讲座，通过对当前社会形势进行讲解，让即将出所的戒毒人员对当前社会形势有初步的了解和判断。

对戒毒人员进行创业就业技能教育。职业机能培训贯穿于整个戒治生活的始终，进行出所前职业技能教育是对整个戒治过程的总结，让戒毒人员对自己更加了解，更能抓住重点，突出强点，增加创业就业的成功率。

对戒毒人员进行创业就业信心培养。通过对法律法规、就业形势、职业技能等多方面的教育，培养戒毒人员成功创业就业的信心。戒毒所要加强与当地政府和协作企业的联系，帮助戒毒人员到协作企业就业，切实解决其就业谋生问题，使戒毒人员在戒毒解除后可以独立就业、独立创业，更好地重返社会、适应社会、融入社会。

**（二）劳动组织过程中对戒毒人员的管理**

在劳动组织过程中给予戒毒人员充分尊重，培育戒毒人员康复劳动中的主体意识，增强自我认同和角色意识。

1. 劳动管理过程中体现科学性

戒毒人员经过严格的岗前培训，确定生产岗位，明确责任，优化劳动岗位组合，鼓励戒毒人员的参与意识。关键的技术岗位通过个人申报、工作申请、民主推荐等方式进行；选举习艺生产自主管理委员会，安排班长、组长等职位，在警察领导下协调和组织生产，实现组织和个人目标的双赢。

2.劳动管理过程具有规范性

强化习艺现场“6S”管理，培养戒毒人员规则意识，养成良好的劳动习惯。习艺现场严格按照“6S”管理要求，合理划分、明确目标，以清理、整理为基础，坚持每日清扫、清洁、清理，并定期进行分析，发现问题及时整改。

3.劳动管理过程体现严肃性

强化劳动过程管理，进行定置定位。对生产任务制定量化标准，细化到每个组装线、每个时间段、每个岗位，通过警察现场管理，及时了解业务、管理生产、控制生产过程和安全文明生产、劝导和纠正违规行为。加强质量管理，管理生产岗位，加强产品质量检查，及时向大队反馈有关情况。加强对原材料的控制，制定储存、分发和使用制度，防止浪费原材料，对大队原材料实行每周清查、每月盘点，严格遵守生产者确定的合理原料消耗标准。

4.劳动管理过程中具有组织性

优化管理组织方式，成立“工疗”戒毒“互助小组”，开展自助互助活动，鼓励戒毒人员获得职业技能，养成良好的工作习惯。利用现代商业竞争机制，定期评选生产、质量和进步的明星，鼓励和指导戒毒者学习和晋升。为戒毒者组织康复训练，在工作中营造生产氛围，有效调节戒毒者的情绪。

## 第二节　“工疗”戒毒的量化考核[①]

戒毒人员“工疗”戒毒的量化考核，是把“工疗”综合戒治效果通过量化考核，用翔实的数据进行记录，直观地展现出“工疗”戒毒在戒毒人员戒治中起到的作用。

---

① 本节内容是在山东省女子强制隔离戒毒所《“工疗”量化考核体系初探》一文的基础上编写的。

## 一、"工疗"戒毒量化考核的原则

### (一)坚持依法、科学、公平、公正和公开的原则

工疗量化考核事关戒毒人员切身利益,必须以法律为准绳,以事实为依据,做到有法可依、有据可循,真正体现量化考核评价的合法性和科学性,公开戒毒人员的现实表现、劳动康复和生产劳动情况,在考核面前真正实现戒毒人员人人平等,实行阳光、公开、透明的操作程序,保证量化考核评价公开、公平和公正。

### (二)坚持定量与定性考核相结合的原则

根据工疗考核的四项内容,结合戒毒人员的实际情况,坚持定性与定量相结合的原则进行量化考核评价。根据戒毒人员劳动能力大小分配不同的岗位和工序,制订具体指标。同时,对不易量化的辅助岗位和零工岗位以及没有劳动能力的戒毒人员进行定性规定。通过定量和定性考核相结合的方法,更准确地对戒毒人员戒治情况进行综合评价。

### (三)坚持标准化和规范化管理的原则

为了加强和规范工疗现场管理,及时发现和处理动态过程中的安全和质量隐患,充分运用"6S"管理方法和 ISO 9000 质量管理标准,完善工疗量化考核评价体系,强化安全意识,提升戒毒人员的自我管理能力和水平,提高劳动康复效果。

## 二、"工疗"戒毒量化考核标准的设定

### (一)"工疗"戒毒量化考核内容

"工疗"量化考核的内容包括劳动观念、劳动态度、劳动康复、劳动能力、劳动技能、劳动素质等。

### (二)"工疗"戒毒量化考核指标设定

1. 定性考核指标

定性考核指标包括劳动观念和劳动态度。通过访谈、问卷调查、观察、测试等方式,了解戒毒人员对劳动目的、劳动观念和职业分工等内容的认识,衡量戒毒人员对劳动的认知(是谋生手段还是实现人生价值和磨炼意志的过程),考察戒毒人员的劳动幸福指数以及是否存在好逸恶劳思想,了解戒毒人员对职业分工是否存在偏见等。通过细化各项内容

和等次，赋予不同的分值，实现对模糊的定性认识指标量化考核。

2. 定量考核指标

定量考核指标包括劳动康复和劳动能力。通过测试、查阅资料、日常考核等方式，对戒毒人员在“工疗”戒毒过程中的身体康复、技能掌握、劳动能力、行为养成等方面进行细化综合量化考核。

3. 提升加分指标

提升加分指标包括劳动技能和劳动素质。通过查阅资料、日常考核等方式，对戒毒人员职业技能获证情况以及在“工疗”戒毒中的突出贡献情况进行细化综合量化考核。

表 10-1 为“工疗”戒毒量化考核表。

**表 10-1　“工疗”戒毒量化考核表**

| 考核指标 | 考核内容 | 考核标准 | 考核分值 | | | |
|---|---|---|---|---|---|---|
| | | | 生理脱毒区 | 教育适应区 | 康复巩固区 | 回归指导区 |
| 定性考核指标 | 劳动观念 | 树立劳动是谋生手段，是实现个人价值、磨炼意志等正确认识的，奖 2～10 分 | 30分 | 20分 | 5分 | 5分 |
| | | 认识到人应该劳动、劳动光荣的，奖 2～10 分 | | | | |
| | | 认识到职业是分工不同、不分贵贱的，奖 2～10 分 | | | | |
| | | 对劳动目的、劳动认识、职业分工等认识错误的，每一项扣 5～10 分 | | | | |
| | 劳动态度 | 认真学习，按时参加安全教育课程的，考试成绩优秀的，奖 2～10 分 | 70分 | 30分 | 5分 | 5分 |
| | | 熟练掌握操作规程和工艺标准，通过考核的，奖 2～10 分 | | | | |
| | | 服从安排，认真完成各项任务的，奖 2～10 分 | | | | |
| | | 积极参加演练，熟练应用防护设施和消防器材的，奖 2～10 分 | | | | |
| | | 不按时参加教育课程的，操作规程和工艺标准掌握不熟练的，不参加演练或演练中操作不熟练的，扣 2～10 分 | | | | |

续表

| 考核指标 | 考核内容 | 考核标准 | 考核分值 | | | |
|---|---|---|---|---|---|---|
| | | | 生理脱毒区 | 教育适应区 | 康复巩固区 | 回归指导区 |
| 定量考核指标 | 劳动康复 | 未因身体不适就诊或住院治疗的,奖 2～5 分 | 0分 | 0分 | 5分 | 10分 |
| | | 体能测试成绩有所提高的,奖 2～5 分 | | | | |
| | | 因身体不适就诊或住院治疗或体能测试成绩下降的,扣 2～5 分 | | | | |
| | 劳动能力 | 完成分配的康复劳动任务,效果较好的,奖 3～10 分 | 0分 | 0分 | 65分 | 60分 |
| | | 积极想办法节能降耗,效果较好的,奖 3～10 分 | | | | |
| | | 积极参加劳动,超额完成定额的,奖 3～10 分 | | | | |
| | | 不参加劳动培训或参加培训考核不合格的,扣～10 分 | | | | |
| | | 不服从安排,不参加康复劳动或消极怠工的,扣 5～10 分 | | | | |
| | | 私藏、丢失、故意损坏劳动工具和原材料的,扣 2～15 分 | | | | |
| | | 不听从技术人员指导的,扣 2～10 分 | | | | |
| | | 浪费原材物料,物资消耗超过标准的,扣 2～10 分 | | | | |
| | | 违反规定将劳动工具、物料带入生活区的,扣 2～15 分 | | | | |
| | | 违反定置管理和操作规程的,扣 2～10 分 | | | | |
| | | 不按规定保养劳动设备、安全设施、工具的,扣 2～10 分 | | | | |
| | | 违反劳动纪律,每发现一项,扣 3～10 分 | | | | |
| | | 积极参加劳动培训,熟练操作各项技能,效果较好的,奖 3～10 分 | | | | |
| 提升加分指标 | 劳动技能 | 熟练掌握各项"工疗"戒毒技能,产品合格率在 96%以上的,奖 2～5 分 | 0分 | 0分 | 5分 | 10分 |
| | | 参加职业技能培训并获得国家承认的职业技能证书的,奖2～5 分 | | | | |
| | 劳动素质 | 积极进行发明创造或技术革新,有成效的,奖 2～5 分 | 0分 | 0分 | 10分 | 10分 |
| | | 取得劳动报酬并回报家庭,效果较好的,奖 2～3 分 | | | | |
| | | 提出合理化建议被采纳的,奖 2～5 分 | | | | |
| | | 及时发现安全隐患,避免损失的,奖 5～15 分 | | | | |
| | | 在安全事故中,积极参加抢险救灾,效果较好的,奖 5～15 分 | | | | |

## 三、"工疗"戒毒量化考核因素的权重和分值

"工疗"戒毒量化考核的每项内容都由若干个量化考核评价测评因素组成。"工疗"戒毒中的测评因素在量化考核中不可或缺,每个因素对戒治效果的影响并不是等量的,应根据不同因素对戒毒效果影响的重要性和作用大小,制定定量评价量表。因此,需要通过设置权重来区分各个因素对戒治效果的不同影响,分别兑现不同的分值。在"工疗"戒毒量化考核中,以"四区"管理为节点,根据每项因素对戒治效果的重要性及影响度大小,以"工疗"戒毒基础分值100分为例来确定考核因素的权重,"工疗"量化考核因素分值等于因素权重乘以100,具体如表10-2所示。

**表 10-2　"工疗"戒毒量化考核"四区"及权重、分值**

| 考核内容 | 生理脱毒区分值 | | 教育适应区 | | 康复巩固区 | | 回归指导区权重分值 | |
|---|---|---|---|---|---|---|---|---|
| | 权重 | 分值 | 权重 | 分值 | 权重 | 分值 | 权重 | 分值 |
| 劳动观念 | 0.30 | 30 | 0.20 | 20 | 0.05 | 5 | 0.05 | 5 |
| 劳动态度 | 0.70 | 70 | 0.30 | 30 | 0.05 | 5 | 0.05 | 5 |
| 劳动康复 | 0 | 0 | 0 | 0 | 0.05 | 5 | 0.1 | 10 |
| 劳动能力 | 0 | 0 | 0 | 0 | 0.65 | 65 | 0.60 | 60 |
| 劳动技能 | 0 | 0 | 0.50 | 50 | 0.10 | 10 | 0.10 | 10 |
| 劳动素质 | 0 | 0 | 0 | 0 | 0.10 | 10 | 0.10 | 10 |

## 四、"工疗"戒毒量化考核的方式方法

不同于企业绩效量化考核,"工疗"戒毒量化考核更侧重于在整个戒治过程中,把"工疗"综合戒治效果通过量化考核,用翔实的数据直观地展现出"工疗"在戒治中所起的作用。对戒毒人员进行考核,特别针对戒毒人员吸毒情况、身体状况以及"四区"管理现状,定性考核指标较多,所占比重分区存在变化。所以,在实际操作中运用层次分析法、模糊综合评价法和动态量化考核法相结合,实现定性考核指标的量化转换,解决"四区"流转易造成的考核偏差。

### （一）层次分析法

层次分析法（HAP）是美国运筹学家萨帝（A. L. Saaty）教授在20世纪70年代提出的一种解决多准则决策问题的方法，通过将定性和定量分析相结合，将复杂和模糊的决策问题分解为构成因素，建立支配关系的层次结构，逐层比较相关因素，并量化每个因素的相对重要性。通过把戒毒人员在“工疗”的定性、定量和提升加分考核指标分解为多种因素，并根据实际情况分层细化为不同的子因素，通过制定统一的考核标准进行量化，最大限度地减少或避免因考核者的主观思维产生的考核结果偏差。例如，对劳动态度的考核，可细化为对服从安排情况、执行情况和任务完成情况的考核，通过每个环节的细化量化，进行综合的考核评定。

### （二）模糊综合评价法

模糊综合评价是一种基于模糊数学的综合评价方法，根据模糊数学的隶属度理论，把定性评价转化为定量评价的理论。它提供了清晰和系统的结果，允许解决模糊和难以量化的问题，并适用于解决各种非确定性问题。例如对戒毒人员的劳动观念和劳动态度等定性指标建立评分标准，细化等次，划分为优秀、良好、一般、较差、差5个等次，每个等次对应不同的分值，从而实现定性指标的量化转换。

### （三）动态量化考核法

“四期四区”戒毒管理模式中，戒毒人员定期进行区域流转；在不同的管理区域中，“工疗”戒毒所占的比重不同。因此，戒毒人员所在不同管理区域或同一管理区域中的流转时间不同都会造成同一考核指标出现偏差。根据各区“工疗”权重，按照考核标准，实行“四区”递进考核等次，依据每月综合量化考核结果，确定个体对应等次，通过每月动态量化考核，及时调整戒毒人员分区流转后的等次，减少和避免综合考核偏差。

## 五、量化考核结果在“工疗”戒毒中的应用

### （一）“工疗”戒毒量化考核结合警察考核激励机制

“工疗”效能与警察的责任心和主动性息息相关，把“工疗”量化考核指标与警察考核相结合，由习艺管理部门对各大队进行月考核，按照人均产值进行排名，按照日常考核进行排名，通过综合考核确定最终排名，排名结果与警察考核挂钩。

(二)"工疗"戒毒量化考核细化为戒毒人员评比依据

季度评比是对戒毒人员遵守纪律、治疗康复、教育矫治、生活卫生和康复劳动等方面进行阶段综合考核,考核结果直接与戒毒人员减延期天数挂钩,把"工疗"量化考核分值作为季度评比的直接依据,有利于提高戒毒人员执行量化考核要求的主动性和积极性。一方面把戒毒人员"工疗"量化考核分值直接兑现在每月计分考核奖惩中;另一方面把戒毒人员"工疗"量化考核分值作为季度评比奖励的条件,根据不同的分值区分戒毒人员享有总结评比资格和获得表扬、嘉奖及记功的资格,为总结评比提供了综合量化依据。

(三)"工疗"戒毒量化考核提高了诊断评估科学性

随着"六疗"戒毒的不断深入,"工疗"戒毒在戒毒人员教育矫治中起到了非常重要的作用,但在诊断评估中所享有的权限与其在教育矫治中的作用比例尚不协调。把工疗量化考核分值作为诊断评估的直接依据,有利于提高"六疗"并举的综合戒治效果。一方面把"工疗"量化考核分值直接兑现为身心康复和社会环境适应能力的诊断评估分值;另一方面把工疗量化考核分值作为一年后诊断评估减期天数的限制条件,并在办理戒毒人员解除材料时作为提出责令社区康复的依据。

(四)"工疗"戒毒量化考核丰富了戒毒人员所内待遇方式

正确引导戒毒人员劳动报酬的使用,发挥最大的社会效益。向戒毒人员支付劳动报酬充分体现了依法、科学、公正、公开的原则。在实践工作中,戒毒人员群体对自己生活的享受有偏执倾向,特别在生活用品和食品等方面,存在过度消费的情况。为充分发挥劳动康复战胜欲望、磨炼精神、创造人性的效果,一方面将劳动报酬和戒毒人员的生活待遇相结合,充分体现劳动才能有所得,劳动才能满足自身适当的物质需求,激发戒毒人员劳动康复的积极性;另一方面搭建平台,通过寄钱回家、社会捐赠等活动,唤醒戒毒人员的社会责任感和荣誉感,帮助其树立符合社会主流价值的正确劳动观和金钱观,进而引导戒毒人员体会劳动对戒毒和人生的意义,最大限度地发挥社会效益。

(五)"工疗"戒毒量化考核起到了维护社会稳定现实作用

"工疗"戒毒量化考核的施行,有利于戒毒人员树立正确的劳动观念,端正劳动态度。通过学习一技之长,可提高戒毒人员教育矫治质量,降低复吸率,促进社会和谐稳定发展。一方面,"工疗"量化考核不仅对戒毒人员树立正确劳动观念、端正生活态度起到了重要作用,还增强了戒毒人员对家庭和社会的责任心;另一方面,"工疗"量化考核有助于戒毒人员掌握一技之长,提高戒毒人员出所后的就业成功率,对出所后顺利就业起到了促进作用。例如,某戒毒人员在所内参加线圈加工劳动,熟悉了线圈加工工艺流程,掌握了线圈加工工艺技术。离所后其成立了线圈加工厂,招聘工人进行生产,开拓了就业渠道。某戒毒人员曾在所内劳动中担任劳动委员,离所后在某商场专卖品牌服装,将自己担任劳动委员期间学到的管理经验运用到服装经营中,得到了领导的认可,现已担任品牌店店长。以上案例表明,"工疗"量化考核的施行不仅巩固了戒毒效果,提高了教育质量,还在一定程度上为戒毒人员回归社会奠定了基础。

## 第三节　戒毒人员生产劳动标准化建设

组织戒毒人员进行生产劳动是法律赋予强制隔离戒毒机构的重要职能,是提高教育戒治质量的重要手段,对戒毒人员所内戒毒康复和回归社会后的巩固操守有不可替代的积极作用。推进强制隔离戒毒生产劳动的标准化建设,是"工疗"戒毒的重要组成部分,是进一步创新和丰富"工疗"戒毒方式方法,推进"工疗"戒毒工作向科学化、标准化方向发展,最大限度地发挥"工疗"戒毒的戒治功能的重要举措。

### 一、强制隔离戒毒生产劳动标准化建设的意义

生产劳动的主要任务是组织戒毒人员参加劳动教育、劳动康复和职业技能培养,是戒毒工作的有机组成部分,是一项重要的执法活动和行之有效的教育戒治手段,是提高教育戒治质量、巩固戒毒成果的重要举措,也是检验戒治效果的重要标准。开展强制隔离戒毒生产劳动的标准化建设,正确并充分发挥生产劳动的功能,有助于戒毒人员康复和提高戒断率,对于维护场所安全稳定具有重要的现实意义。

### (一)生产劳动标准化促进执法规范化

劳动是法治社会对所有公民的普适性价值导向,生产劳动则是作为对戒毒人员争取的必要的戒毒手段、执法手段、矫治手段而存在的,规范生产劳动是执法标准化的必然要求和有益补充。

### (二)生产劳动标准化促进教育戒治

戒毒之最难在心瘾、在观念,帮助戒毒人员成功戒除毒瘾,顺利回归社会,是强制隔离戒毒工作的中心任务。戒毒人员大多轻视劳动,以不劳而获为荣,以违法而获为能,寄生思想根深蒂固;追求高消费、超享受、强刺激,在毒品营造的虚幻世界中透支身体、挥霍人生,均因钱财来得容易,取之无道,吸(失)之不疼;戒毒人员大多好逸恶劳、生活无序、起居无常。以规范的生产劳动,启之以生产思想,规范戒毒人员的行为养成,必然有助于其世界观、人生观、价值观、消费观的校正、重建和思想的矫治及转化,这是经过实践证明的现实而有效的方法之一。

### (三)规范生产实践促进身体机能康复

如果说生产思想是解决“知”的问题,那么生产实践则是解决“行”的问题。把戒毒人员从一个生理稽延性症状严重的“病人”变成一个身体康复的健康人是强制隔离戒毒工作的目标之一。对已完成脱毒治疗的戒毒人员,根据其身体恢复状况安排进行规范生产劳动的实践操作,具有积极意义。具体体现在以下三个方面:一是能较好地发挥“锻炼”功能,直接促进戒毒人员的身体康复;二是通过生产实践获得适度劳动报酬,可以购买部分改善身体状况的食品,补充营养,恢复体质;三是成功的生产实践可以使戒毒人员取得一定的成就感,进而产生积极、充实、愉悦的心理体验,由内而外、潜移默化地促进其身体康复。

### (四)生产技能促进回归对接

促使解除强制隔离戒毒出所后的人员成为具有谋生技能和社会适应能力的自食其力的劳动者和科学发展的推动者是强制隔离戒毒工作的又一目标。通过规范生产劳动、岗位技术培训和职业技能培训,可以使戒毒人员期满出所后具有一至两门实用的谋生技能,为其参与市场竞争、寻求就业岗位提供现实有效的技能支撑。同时,规范的生产劳动管理活动使戒毒人员能经历接近(模拟)社会环境的训练,培养其团队合作精神、纪律观念、竞争意识、社会责任感和回归社会的适应能力。并借此引导其正确择业、务正业、干实事、走正道。

(五)规范生产方式促进戒毒人员合法权益保障

强制隔离戒毒场所的生产劳动不同于社会企业的生产劳动。所内劳动具有鲜明的个性特点,表现在紧密围绕戒毒康复目标的实现,倾情关注戒毒人员的身体状况,着力彰显人文关怀,真切呵护戒毒人员的合法权益。在生产劳动标准化建设中,一是始终把安全生产放在突出位置;二是对生产时间进行严格规范、限制;三是规范劳动报酬制度,通过发放适度生产报酬,使戒毒人员劳有所获;四是大力营造充满人文关怀的生产环境;五是着重对生产态度的考核。戒毒人员参加生产劳动的过程实质上就是亲身体验合法权益被保护的过程,也是公民权利义务意识和法治观念增强的过程。

## 二、强制隔离戒毒生产劳动标准化建设的基本原则和目标

### (一)基本原则

坚持遵循规律。生产劳动既是一种戒毒执法活动,也是一种市场经济活动。做好生产劳动工作,既要遵循戒毒工作规律,又要遵循市场经济规律。

坚持注重实效。生产劳动是重要的教育戒治和康复手段,也是重要的市场经济活动,既要追求戒治效果,又要追求经济效益,做到实效为重,效益双赢。

坚持协调统筹。生产劳动标准化是"工疗"戒毒的重要环节,与其他戒毒方法相辅相成,构成一个有机整体,必须协调推进,统筹实施,提高综合矫治效果。

### (二)工作目标

标准化生产劳动组织管理的最终目标是教育戒治戒毒人员并巩固戒治质量,提高戒断率和操守保持率。具体工作目标是:

帮助戒毒人员纠正好逸恶劳、贪图享受的不良思想,树立正确劳动观念,培养尊重劳动、热爱劳动的优良品质,养成良好劳动习惯。

强化职业技能训练,提高适应社会、立足社会的能力,助力戒毒人员回归社会,巩固戒断率和戒断操守保持率。

强化组织管理,实现安全生产,促进身体机能康复,创造经济效益,

彰显人生价值，服务社会。

## 三、强制隔离戒毒生产劳动标准化建设主要措施

### （一）组织领导标准化

所级领导分管生产劳动工作，在所党委领导下负责生产劳动标准化车间创建工作；设立生产管理部门，配备专职人员，负责全所生产劳动工作；大（中）队有一名领导负责生产劳动工作，设置专兼职劳动统计员、工艺管理员、设备管理员、成本核算员、工具管理员、生产安全员等职位。

### （二）制度建设标准化

根据司法部戒毒局颁布的《司法行政机关强制隔离戒毒所安全生产管理工作暂行规定》，结合各所实际，建立健全各项生产劳动和安全生产规章制度，并汇编成册。

结合从事项目实际，制定各工种及生产设备操作规程。

结合生产劳动组织管理工作需要，健全完善各项工作流程：

(1)警察现场管理工作流程。

(2)戒毒人员出、收工管理流程。

(3)劳动工具管理流程。

(4)车间危险品（辅助材料）使用管理流程。

(5)货物装卸、发放管理流程。

(6)加工物料、半成品、成品、管理流程。

(7)外协人员管理流程。

(8)产品质量管理流程。

(9)外来车辆、照明设施、饮水管理流程。

(10)消防设施管理及使用流程。

### （三）车间布局及设施标准化

车间建设质量符合国家有关规定，车间、仓库不得与戒毒人员宿舍在同一幢建筑物内，并保持安全距离；车间应根据管理与生产需要，合理划分功能区域，设立生产作业区、警察办公区、技术人员工作区、原材物料周转区、成品区、设备作业区等，各区（间）标志明显。

警察办公区配有办公桌椅、文件柜、饮水机、电脑等必要办公设施。每个车间配备必要的电脑、打印机等办公设备；配备电子显示屏，及时公

布警察值勤岗位信息、戒毒人员奖惩信息、月度考核信息、宣传告知和车间文化信息等。车间应根据生产项目工艺流程,配备合适作业的、规格颜色统一的工作台、凳子。

车间设有符合紧急疏散要求、标志明显、保持畅通的安全通道和安全门。主安全通道宽度不少于100厘米,副安全通道宽度不少于80厘米。禁止锁闭、封堵安全门,禁止占用安全通道。安全门开启方向应与疏散方向保持一致;车间应急照明设备保持良好工作状态。按规定配置合适的消防设施设备,位置合理,标志明显,并有专门警察定期检查,维护保养到位,确保有效。

车间通风、采光良好,配备照明、防暑降温、防寒供暖设施;内外应保持整齐、整洁,通道平坦畅通,劳动现场清洁卫生,无刺激性气味,尘、毒排放符合国家标准。

车间电线线路架设规范,采用线槽固定,无老化裸露、乱拉乱接现象。电器开关、动力设备等带电体有保护箱及警示标志,并有专门警察负责。

**(四)组织管理标准化**

戒毒所应建立生产劳动目标管理体系,定期考核,落实奖惩措施;建立戒毒人员生产劳动绩效考核评价体系,制定与诊断评估挂钩的生产劳动考核奖惩办法。

严格落实戒毒人员劳动报酬制度,定时、按标准发放劳动报酬,并落实劳动报酬稳步增长机制。

生产劳动管理部门对项目引进实行"三统一"管理,即统一引进生产项目,统一安排生产任务,统一对外结算。所内成立生产劳动项目引进评估小组,依据有关规定对拟引进的生产劳动项目进行综合评估。在评估的基础上,由生产劳动管理部门履行报批、审批和备案手续。

**(五)现场管理标准化**

落实直接管理制度,现场管理警察不少于3人,按规定佩带单警装备,并明确各自工作职责,熟悉当班情况,切实履行职责,并按照规定认真做好痕迹管理。

按照全国统一戒毒模式要求,合理安排戒毒人员生产劳动岗位,科学确定劳动定额或任务,确保90%以上参加劳动的戒毒人员能够完成当天的劳动生产任务。

戒毒人员在车间实行定岗、定位管理，严格遵守劳动纪律和操作规程，统一着装，按规定佩戴劳动防护用品，无擅自离岗、串岗现象，生产秩序良好。

实行原材物料出、入库登记，做到账物相符。

危险品辅料管理落实专库（柜）存放，并登记造册，警察亲自保管钥匙，由警察管理、收发，实行定量使用。化工辅料盛装容器须符合该种化工辅料的化学特性。

仓库管理落实防火、防潮、防污染和防虫鼠等措施；仓库物料台账齐全，分类摆放，贴有物料标签，登记清晰；库房门上锁，由警察保管钥匙。无戒毒人员和外协人员私自进入或留置仓库现象。仓库内除照明外无其他用电设备，人走断电。

所用设备具有产品合格证，建立设备台账，实行定人、定机、定保养责任制，设备性能良好，使用正常。每日检查，定期由专业人员进行维护、保养、维修，并登记清晰。停用、待修、报废设备应悬挂相应标志。

高温、高压、高速设备应设置相对隔离的作业区，加装安全防护措施，无关人员不得进入。操作人员必须经过培训合格后方能上岗操作，按规定配备使用劳动防护用品。无私自改装、拆卸设备及防护措施现象。

特种设备必须由持有上岗证的人员操作。

车间值班警察了解生产工艺流程、操作规程及产品质量要求，能够按照项目要求组织、管理、指导生产。

全面推行“6S”管理，开展质量管理活动，车间成立质量控制（QC）小组，定期开展 QC 活动。戒毒所定期组织 QC 成果评审及成果发布。

开展各种形式劳动竞赛，并对优胜者给予相应的物质及精神奖励。

加强成本控制，做好当日效益统计，切实提高经济效益。

**（六）车间文化建设标准化**

车间整洁有序，环境卫生良好。区域划分科学合理，标示牌及区域界线醒目。

落实定置管理制度，悬挂定置管理图、主要管理制度和操作规程以及包含安全生产、教育戒治、康复锻炼、质量效率、劳动观念、励志警句、国学文化名言名句等内容的牌匾。各类牌匾颜色、规格统一。

加强车间美化绿化,装扮装点车间环境,形成良好人文环境。车间配备音响设备,定时播放音乐,愉悦心情、陶冶情操。

(七)安全管理标准化

1.基础管理标准化

建立安全生产责任制,推行安全生产责任清单,严格执行安全生产规章制度,全面落实岗位安全生产职责。制订年度安全生产工作目标,分解落实责任,建立所级、大队、车间三级安全生产管理网络,层层签订安全生产目标责任书。

戒毒所主要负责人、分管安全生产及安全监督的领导、安全生产管理人员应经过相应的安全教育培训并考核合格,持证上岗。特种作业人员应取得特种作业操作资格证书方可上岗操作,特种作业岗位不得由戒毒人员担任。搞好全员安全生产教育培训,做好戒毒人员上岗、转岗的安全教育培训,未经教育培训合格的戒毒人员,不得上岗。建立安全生产教育培训档案,记录完整,资料齐全。

严格落实所级、大队、车间安全生产检查制度,并做好记录。对安全检查发现的事故隐患,建立台账,实行销号管理。及时下发整改通知单,落实整改责任,限期整改。建立健全消防安全责任制,完善消防管理网络。车间、仓库禁止火种进入,须动火作业的,必须经过审批。严禁车间、仓库内吸烟,禁烟标志明显。加强用电安全管理,车间电源由警察直接管理。

2.工具及危险品管理

建立工具台账,由警察亲自发放回收并做好登记。刀具、利器等危险性工具落实"固化、钝化、短化、链化"等约束措施,禁止戒毒人员私自调用、藏匿,严禁将生产工具带出生产区域。

实施危险品辅料专项管理制度。落实专库(柜)存放,特别是化工辅料盛装容器须符合该种化工辅料的化学特性,并对所有物品登记造册,警察亲自保管钥匙,亲自管理、收发,实行定量使用。健全应急处置机制,对危险品使用岗位悬挂应急处置卡,定期对警察、危险品使用人员等进行培训和应急事件演练。

3. 应急管理

建立健全包括综合应急预案、专项预案、现场处置方案在内的应急预案体系，健全应急处置组织。根据工作需要，及时修订完善有关应急预案。配备必要的应急处置装备物资并定期维护。

戒毒所应急演练每半年不少于1次，大(中)队应急预案演练每季度不少于1次，并做好演练后的分析评价。

**(八)外协人员及车辆管理标准化**

与客户签订安全生产协议和遵守管理制度承诺书，交纳安全生产风险金。对外协人员进行安全教育，并签字予以确认。外协人员进入车间应由警察亲自带入，并佩带“外来人员出入证”或者统一规定服装，在规定作业区内工作。严禁外协人员与戒毒人员私自接触，携带违禁品进入车间，帮助戒毒人员传信带物及收集、泄漏戒毒人员信息。

外协车辆进入大院应履行审批手续，由警察接入。进入大院后关门、熄火、拔出钥匙，无特殊情况人不离车，严禁鸣号、超速。对外协人员及外协车辆违反规定的，按照有关规定和约定进行处理。

## 第四节　戒毒人员的劳动报酬

戒毒人员劳动报酬的具体使用包括所内消费、家庭回馈、就业基金。应注重对就业基金的管理，突出劳动报酬发放对戒毒人员的激励和督促作用，让戒毒人员从中体会到劳动成果和自身价值实现，塑造戒毒人员的价值观和劳动观。

### 一、戒毒人员劳动报酬的发放办法

**(一)戒毒人员劳动报酬的概念**

戒毒人员劳动报酬是戒毒人员在戒毒所戒治期间付出一定数量、质量劳动后所获得的物质激励，是戒毒人员在戒治过程中获得的在一定范围内和一定条件下可自由支配的收入。

劳动报酬是劳动力所有者付出劳动而获得的物质补偿。强制隔离戒毒人员获得劳动报酬的权利不应被剥夺，这是戒毒人员劳动权中最基本和核心的权利。戒毒人员也是人,也是公民,虽然戒毒人员的经济权利受限制,但基于平等权,基于人道的精神(戒毒人员人权的精神基础是人道),戒毒人员也应享有一定的劳动报酬权。这是对其劳动价值的肯定,也是对其劳动成果的尊重。

**(二)戒毒人员劳动报酬的内涵**

戒毒人员劳动报酬具有"双重性",既具有戒治这一特殊属性,又体现矫治属性。

戒毒人员劳动报酬同戒毒人员劳动工资有所区别。对于戒毒人员而言,由于劳动主体的特殊属性,戒毒人员劳动报酬不同于戒毒人员劳动工资,戒毒人员劳动报酬可以是货币形式,也可以是实物形式或供给形式,而戒毒人员劳动工资只是戒毒人员劳动报酬制中的一种货币代币形式。

戒毒人员劳动报酬发放的主要依据是戒毒人员戒治表现和戒毒人员在劳动中所提供劳动的数量和质量。即"戒毒所对参加劳动的戒毒人员,应当按照有关规定给予报酬",这并不意味着只要戒毒人员参加劳动,戒毒所就应该给予劳动报酬。

**(三)劳动报酬的分配办法**

生产收益分配应当坚持以下原则:第一,坚持矫治与教育相结合的原则,分配既体现矫治又体现劳动的教育性。第二,坚持国家利益、集体利益、个人利益三兼顾的原则。戒毒所维持再生产和提升戒毒人员的基本生活质量,参加劳动的戒毒人员分享劳动果实。第三,坚持多劳多得,少劳少得,不劳不得的原则,根据戒毒人员实际提供的劳动数量和质量来确定劳动报酬额。第四,不同区域之间坚持统筹协调原则。戒毒所要与所处地区经济社会发展水平相适应,要与戒毒所自身经济发展效益相适应,戒毒人员劳动报酬标准不能搞脱离实际的"一刀切"。

戒毒人员"工疗"戒毒是一种戒治的手段,而非实际意义上的参与企业劳动,因此,戒毒人员获得劳动报酬的办法具有独特性。第一,由于劳动时间和劳动强度以及产值的限制,戒毒人员的劳动报酬并非完整意义上的工资。第二,戒毒人员参与的"工疗"戒毒,是一种戒治手段,不存在劳动合同。第三,戒毒人员劳动报酬不是直接向戒毒人员发放货币现金,而是采用记账方式,统一发放到所内一卡通中,进行集中管理和统一支配。第四，劳动报酬支付时间原则上为按月支付。

## 二、戒毒人员劳动报酬的具体应用

戒毒人员实施劳动报酬制，有助于改善个人生活和解决家庭困难。按照用途，戒毒劳动报酬可以分为家庭补助金、支配金和就业基金三种形式，统一由所在戒毒所下属企业财务部门以记账的方式予以保存。

戒毒人员吸毒过程中对家庭造成巨大损害，家庭补助金主要用于对其家属的部分补助，体现人道主义关怀。支配金主要用于在所内购买食品和其他生活日用必需品，以满足戒毒人员个人生活的基本需要。就业基金的用途，一是为戒毒人员的家庭困难提供资助，二是为戒毒人员出所后的工作安置积累资金。

# 第十一章　戒毒人员“工疗”戒毒的管理

戒毒人员“工疗”戒毒管理主要包括劳动项目管理、现场管理、安全管理、技能培训管理等内容，强调通过现场、安全等方面的管理，为戒毒人员搭建更加有效的戒治载体，创造良好的戒治环境，为戒毒人员顺利回归社会打下坚实基础。

## 第一节　“工疗”戒毒的项目管理

生产劳动项目作为实现“工疗”戒毒功能的重要载体和形式，是保证戒毒人员“工疗”戒毒戒治效果的关键，是培养戒毒人员“社会化”能力的重要平台，是保证场所安全生产的根本保障。提升生产劳动项目规范化建设水平，需要全面做好项目引进评估、项目优化和管理工作。

### 一、劳动项目引进原则

引进生产劳动项目，应当坚持以人为本，坚持科学、安全、可持续发展，坚持符合国家法律法规，坚持有利于维护强制隔离戒毒人员合法权益，坚持适宜强制隔离戒毒人员学习劳动技能、进行康复训练，坚持有利于强制隔离戒毒人员出所就业。强制隔离戒毒所引进的生产劳动项目应具有一定的规模和技术含量，应优先引入政府采购项目。

### 二、劳动项目引进评估

#### （一）评估审批程序

1. 戒毒所自行审批劳动项目的工作程序

强制隔离戒毒所引进的生产劳动项目，原则上由省戒毒管理局审批，但下列类型项目可以由强制隔离戒毒所审批并报省戒毒管理局备案：

(1)合同总额低、合作期限短的生产劳动项目。

(2)不需要使用工业机械设备的生产劳动项目。

强制隔离戒毒所应当成立由相关部门人员组成的生产劳动项目引进评估小组，对引进的生产劳动项目，依据本细则进行合法性、安全性、适宜性、矫治性、效益性综合评估。经评估认为符合条件的，报省戒毒管理局审批或自行审批并报省戒毒管理局备案。评估小组应当认真考察评估，严禁敷衍塞责、弄虚作假。考察评估小组成员对评估结果承担相应责任。

强制隔离戒毒所应当在考察评估结束之后、与合作单位签订生产合同之前，报省戒毒管理局审批或自行审批。未经审批的生产劳动项目，不得组织生产。

2.戒毒管理局审批劳动项目的工作程序

省戒毒管理局审批的准入项目，戒毒所应当报送下列材料：

(1)强制隔离戒毒场所生产劳动项目审批表(见附件1[①])。

(2)强制隔离戒毒场所引进生产劳动项目综合评估报告表(见附件3)。

(3)合作单位生产经营营业执照复印件。

(4)行政许可证复印件(如无该项，可不提供)。

(5)生产劳动车间定置图。

(6)其他需要报送的材料。

省戒毒管理局在收到强制隔离戒毒所申报材料后，根据情况进行书面审核或进行实地审查。审查合格的，发放生产劳动项目准入证(附件6)，不合格的不予发放。

省戒毒管理局审批的项目，准入期限到期需续期的，由强制隔离戒毒所填写强制隔离戒毒场所生产劳动项目续期申请表(见附件2)，报省戒毒管理局进行续批。

增加大(中)队从事续期项目的，应当由强制隔离戒毒所报送省戒毒管理局审批。

---

① 文中所提附件均为本章附件。

省戒毒管理局审批的项目，强制隔离戒毒所决定退出的，应当由强制隔离戒毒所向省戒毒管理局报送强制隔离戒毒场所生产劳动项目退出备案表（见附件5），予以备案，并做好善后处理。

3. 戒毒所自行审批劳动项目的相关资料

强制隔离戒毒所审批的项目，应填写如下材料：

（1）强制隔离戒毒场所生产劳动项目审批表（见附件1）。

（2）强制隔离戒毒场所引进生产劳动项目综合评估报告表（见附件3）。

（3）合作单位生产经营营业执照复印件。

（4）行政许可证复印件（如无该项，可不提供）。

（5）生产劳动车间定置图。

（6）其他需要报送的材料。

强制隔离戒毒所审批的生产劳动项目，应在审批后3个工作日内报送相关材料到省戒毒管理局备案。

4. 戒毒所劳动项目退出的备案程序

强制隔离戒毒所审批的生产劳动项目退出，应当填写强制隔离戒毒场所生产劳动项目退出备案表（见附件5），并自退出之日起3个工作日内报送省戒毒管理局备案。

5. 项目评估审批管理表格

（1）强制隔离戒毒场所生产劳动项目审批表（见附件1）。

（2）强制隔离戒毒场所生产劳动项目续期申请表（见附件2）。

（3）强制隔离戒毒场所引进生产劳动项目综合评估报告表（见附件3）。

（4）强制隔离戒毒场所生产劳动项目备案表（见附件4）。

（5）强制隔离戒毒场所生产劳动项目退出备案表（见附件5）。

（6）生产劳动项目准入证（见附件6）。

**（二）禁止引进的劳动项目**

（1）有毒、有害、易燃、易爆以及不符合环保要求的生产劳动项目。

（2）煤矿、非煤矿山生产劳动项目。

（3）印制非法出版物的生产劳动项目。

（4）食品、食用保健品、药品及医疗用品等生产、加工项目。

（5）合作方（企业或个人）不具备相应产品生产资质的生产劳动项目。

（6）假冒伪劣和违法侵权产品的生产劳动项目。

(7)其他不适宜强制隔离戒毒所生产的劳动项目。

**(三)依法办理行政许可**

强制隔离戒毒所引进生产劳动项目,按照国家规定需要取得行政许可的,应当依照有关程序申请行政许可;未取得行政许可的,不得组织生产。

**(四)签订就业安置意向书**

强制隔离戒毒所引进生产劳动项目时,宜与合作方签订戒毒人员出所就业安置意向书或承诺书,拓宽强制隔离戒毒人员出所就业渠道。

## 三、劳动项目的优化与管理

**(一)项目优化**

按照"安全稳定、绿色环保、规模最优、管理规范、功能突出"的总要求,以规模化、规范化、专业化为主攻方向,推动生产项目提档升级,推动"工疗"安全绿色发展。

坚决淘汰具有一定危险,存在环境污染的项目,引进安全性高、绿色低碳环保的项目;淘汰管理粗放、生产工艺流程不规范的项目,引进管理和工艺流程现代化、规范化的项目;淘汰装备设施、生产技术落后的项目,引进装备自动化、专业化、智能化,技术先进的项目;淘汰散、小、短期合作客户,引进能够接大单、接长单,能够长期稳定深度合作的优质客户;淘汰戒治效果差,不符合恢复健康、技能培训需要的项目,引进利于戒毒人员身体功能康复且社会就业市场需求量大的项目。

**(二)项目管理**

1.严格项目准入规定

加强生产劳动项目准入管理,严格落实司法部戒毒管理局颁布的《司法行政机关强制隔离戒毒所生产劳动项目准入管理暂行规定》,不得引进"禁止"类项目,不得从事危险物品的生产经营活动和其他不适宜强制隔离戒毒场所生产的劳动项目,引进具有一定技术含量、附加值高、稳定性好、安全性强的生产项目。

2.突出戒治功能评估

成立项目引进评估机构,在对项目的安全性、合法性、效益性、环保性、稳定性等各方面情况进行分项、分类评估基础上,引进利于戒毒人员身体功能康复且社会就业市场需求量大的项目。

3. 实行"三统一"管理

"三统一"管理即统一引进生产项目、统一安排生产任务、统一对外结算。

4. 保证项目社会效益

根据戒毒人员职业培训意愿和就业倾向需求，通过采取与职业技能培训学校合作，与合作企业签订就业安置意向书等方式，打造戒治功能突出的项目。强化项目戒治功能，与合作企业签订戒毒人员就业安置意向书，在制度上保证项目的经济效益和社会效益。

5. 与合作单位签订协议

与合作单位签订协议必须遵循国家相关法律法规。必须坚持"平等互利、协商一致、等价有偿"的原则和"价廉物美、择优签约"的原则。协议的主要内容由当事人约定，一般包括以下条款：当事人的名称或姓名、住所、标的、数量、质量、价款或者报酬、履行期限、履行地点、履行方式、违约责任、解决争议的方法。合作单位必须具备安全生产条件或者相应资质，要与合作单位签订专门的安全生产管理协议，明确双方安全生产职责分工，或者在协议合同中约定相关内容。

6. 严格劳动时间

严格执行戒毒人员劳动时间每周不超过 5 天，每天不超过 6 小时的规定。法定节假日不得安排戒毒人员参加生产劳动。与法定节假日相连的调休日不宜组织生产劳动。

## 第二节 "工疗"戒毒的现场管理

生产现场管理是戒毒工作人员对戒毒人员从事生产劳动活动时的管理工作，是生产劳动系统布置的具体体现，是使戒毒人员身心得到康复、戒除毒瘾、树立正确的价值观的基本要素之一。通过科学的管理制度、标准和方法对生产现场各生产要素，包括人（警察、戒毒人员、外协人员）、机（设备、工具、工位器具、工装夹具）、料（原材料、辅料）、法（加工、检测方法）、环（环境）、信（信息）等，进行合理有效的计划、组织、协调、控制和检测，使其处于良好的结合状态，达到优质、高效、低耗、均衡、安全、文明生产的目的。

## 一、劳动现场人员管理

### （一）警察直接管理

现场管理警察不少于3人，按规定佩带单警装备，并明确各自工作职责。

落实直接管理制度，熟悉当班情况，切实履行职责，并按照规定认真做好值班记录。

大（中）队有一名领导负责生产劳动工作，设置专兼职劳动统计员、工艺管理员、设备管理员、成本核算员、工具管理员，生产安全员等职位。

### （二）戒毒人员管理

戒毒人员在车间实行定岗、定位管理，统一着装。

严禁携带火种进入生产场所。

严禁在生产场所大声说话和嬉闹。

严禁擅离生产区域和超越规定的警戒线。

严禁携带与生产无关的物品进入生产车间。

严格操作规程，不违章作业，保质保量完成生产任务。

爱护公共财物，落实定置管理，物品摆放整齐。

及时清理打扫生产场地卫生。

厉行节约，杜绝浪费。

按规定佩戴劳动防护用品。

### （三）外协人员管理

对外协人员进行安全教育，并签字予以确认。

外协人员进入车间应由警察亲自带入，并佩戴外来人员出入证或者统一规定服装，在规定作业区内工作。

严禁外协人员与戒毒人员私自接触，携带违禁品进入车间，帮助戒毒人员传信带物及收集、泄漏戒毒人员信息。

外协车辆进入管戒区应履行审批手续，由警察接入。进入大院后关门、熄火、拔出钥匙，无特殊情况人不离车，严禁鸣号、超速。

对厂家技术指导人员的资格、管理、劳动纪律、厂家责任、在生产劳动现场的活动区域等作出明确规定。

外协人员遵守签订的安全生产协议、承诺书，交纳安全生产风险金。

外协人员及外协车辆违反规定的，按照有关规定和约定进行处理。

## 二、劳动现场设备工具管理

### （一）设施设备管理

生产劳动设备要落实防护措施，编号管理，安放整齐，不得与建筑物产生共振。

高温、高压、高速设备应设置相对隔离的作业区，加装安全防护措施，无关人员不得进入。

所用设备具有产品合格证，建立设备台账，实行定人、定机、定保养责任制，设备性能良好，使用正常。

每日对设备进行检查，定期由专业人员进行维护、保养、维修，并登记清晰。

停用、待修、报废设备应悬挂相应标志。

操作员要熟悉设备操作规程，无私自改装、拆卸设备及防护措施现象。

特种设备必须由持有上岗证的人员操作。戒毒人员不得操作特种设备。

### （二）劳动工具及危险品管理

生产过程中应使用符合国家及行业质量规定的劳动工具，建立劳动工具使用专项管理台账，落实定人定位编号管理，落实清点、发放、回收、登记制度。

对刀具、刃具和钝器等有危险的劳动工具进行链锁管理，及时准确登记领用和交回工具的名称、编号、规格型号、数量等，并由责任警察签名，严禁将劳动工具带出生产劳动现场。

制作工具损坏报废登记表，及时准确登记损坏报废工具的名称、编号、原因、处理情况等。

劳动工具要定期清理核对，及时变更账目，做到账目清楚，账物相符。

危险品辅料管理落实专库（柜）存放，并登记造册，警察亲自保管钥匙，由警察管理、收发，实行定量使用。

化工辅料盛装容器须符合该种化工辅料的化学特性。

警察应熟悉危险品理化性质、危害性及应急处置措施。危险品使用岗位悬挂应急处置卡，危险品使用操作人员须经培训合格。

警察在交接班时，必须对劳动工具及危险品的当日使用管理情况进行交接，做到使用区域（流水线）清、使用人清、种类清、数量清。

## 三、劳动现场原材辅料管理

劳动原材料、辅助材料包括：各种材质的绳、线、丝、胶带（布）、黏结用品、擦（清）洗用品、包装用品等。

建立管理台账，及时准确登记领用、消耗、交回原材料和辅助材料的名称、编号、规格型号、数量等，并由责任警察、领用人、交回人签名。

使用原材辅料，由警察根据当日生产要求，按照用多少发多少和量少次频的原则限量发放，严禁戒毒人员自行领用或由戒毒人员发放。

仓库管理落实防火、防潮、防污染和防虫鼠等措施；仓库物料台账齐全，分类摆放，贴有物料标签，登记清晰；库房门上锁，由警察保管钥匙。无戒毒人员和外协人员私自进入或留置仓库现象。仓库内除照明外无其他用电设备，人走断电。

收工后，警察对车间和人员进行全面清查，严禁将原材料、辅助材料、危险品等带出生产劳动现场。

## 四、劳动现场工艺质量管理

车间值班警察了解生产工艺流程、操作规程及产品质量要求，能够按照项目要求组织、管理、指导生产。

全面推行“6S”管理；开展全面质量管理（QC）活动，车间成立 QC 小组，定期开展 QC 活动。戒毒所定期组织 QC 成果评审及成果发布。

开展各种形式劳动竞赛，并对优胜者给予相应的物质及精神奖励。

## 五、劳动现场环境管理

安全标志、监控装置、报警设施、应急处置器材齐全完备。

劳动现场要视野开阔、环境整洁、物流有序。

戒毒人员劳动区域要有明确的区域划分，各类通道平坦、便捷、清洁、畅通、标示明显。所设的坑、壕、池、平台、楼道和升降口等危险处要有防护措施和明显的警示标志。

作业区内地面应整齐、防滑，无凹陷、凸起和严重污物。

车间内外应保持整齐、整洁，通道平坦畅通，劳动现场清洁卫生，无刺激性气味，尘、毒排放符合国家标准。

车间区域划分科学合理，标示牌及区域界线醒目。

车间内悬挂定置管理图、主要管理制度和操作规程以及包含安全生产、教育戒治、康复锻炼、质量效率、劳动观念、励志警句、国学文化名言名句等内容的牌匾。各类牌匾颜色、规格统一。

加强车间美化绿化，装扮装点车间环境，形成良好人文环境。

车间配备音响设备，定时播放音乐，愉悦心情，陶冶情操。

编写“工疗”歌诀，每日班前、班后进行唱诵。

### 六、劳动现场信息化建设

车间配备电脑、打印机等办公设备。

配备面积不小于4.5平方米的电子显示屏，及时公布警察值勤岗位信息、戒毒人员奖惩信息、月度考核信息、宣传告知和车间文化信息等。

## 第三节 “工疗”戒毒的安全管理

司法行政强制隔离戒毒所是行政执法机关，做好场所安全生产工作事关戒毒系统工作形象，事关平安中国、法治中国建设，是落实治本安全观的要求，是广大警察的政治责任，是党中央、国务院赋予戒毒系统的重大政治任务。做好新时期安全生产工作，为科学戒毒创造安全稳定环境，任务艰巨、责任重大。

### 一、戒毒场所安全生产特点及主要风险

#### （一）场所特点

戒毒场所是高度封闭的人员密集型特殊场所。

1.高度封闭

强制隔离戒毒所是对戒毒人员实施强制隔离戒毒的场所，具有一整套特殊的物质设施。例如，一般都设置高大坚固的围墙、防逃刺网，并有警戒人员及戒备森严的警戒制度等，这些都表现出与社会高度隔离的特征。戒毒所运用这些设施、人员和制度，使戒毒人员与社会相隔离，以防止其继续对社会造成危害。

2.人员密集

戒毒所生产、生活、教育、康复场所人员比较集中且数量多，同一时间有大量人员需要疏散，疏散时在门口附近容易发生拥堵现象，如果设计采用带门槛的疏散门等，紧急情况下人流向外拥挤时易发生踩踏事件，影响人员安全疏散，甚至造成伤亡。一旦大量人员离开建筑后，如没有一个较开阔的地带，人员还是不能尽快疏散，可能会导致后续人流更加集中和恐慌而发生意外。

3.场所特殊

强制隔离戒毒所是为吸毒人员戒除毒瘾而设立的国家执法机关，通过隔离和限制自由等手段来维护社会安全稳定，其功能决定了戒毒场所的特殊性和复杂性。戒毒所的正常运行需要有关执法人员强有力的维护，它关系着社会的安宁稳定和人民群众的利益，对维护国家安全也有重大的影响。

**(二)主要风险**

危险因素是指能对人造成伤亡或对物造成突发性损害的因素。有害因素是指能影响人的身体健康，导致疾病，或对物造成损害的因素。通常情况下，二者并不加以区分，统称为危险、有害因素。

这些因素包括：设备、设施缺陷(强度不够、刚度不够、稳定性差、密封不良、应力集中、外形缺陷、外露运动件、操纵器缺陷、制动器缺陷、控制器缺陷、设备设施其他缺陷等)；防护缺陷(无防护、防护装置和设施缺陷、防护不当、支撑不当、防护距离不够、其他防护缺陷等)；电危害(带电部位裸露，漏电、雷电、静电、电火花、其他电危害等)；噪声危害(机械性噪声、电磁性噪声、流体动力性噪声、其他噪声等)；振动危害(机械性振动、电磁性振动、流体动力性振动、其他振动危害等)；运动物危害[固体抛射物，液体飞溅物，坠落物，反弹物，土、岩滑动，料堆(垛)滑动，气流卷动，其他运动物危害等］；明火；能造成灼伤的高温物质（高温气体、液体、固体，其他高温物质等）；能造成冻伤的低温物质（低温气体、液体、固体，其他低温物质等）；粉尘与气溶胶（爆炸性、有毒性粉尘与气溶胶）；作业环境不良［安全过道缺陷，采光照明不良，有害光照，缺氧，通风不良，给、排水不良，强迫体位，气温过高（低），气压过高（低），高温高湿，自然灾害，其他作业环境不良等］；信号缺陷（无信号设施，信号选用不当，信号位置不当，信号不清、显示不准及其他信号缺陷等）；标志缺陷（无标志，标志不清晰、不规范，标志选用不当，标志位置缺陷及其他标志缺陷等）；其他物理性危险和有害因素。

## 二、戒毒人员安全生产管理

通过开展戒毒人员安全生产管理和教育培训，提高其安全意识，增强参与安全生产的自觉性、积极性；强化“安全”概念，使其对外界生产环境作出安全或不安全的正确判断，并成为本能意识，从而完成“要我安全”到“我要安全”，最终实现“我会安全”的质的转移。

### （一）戒毒人员安全生产权利与义务

1. 权利

（1）知情权，即有权了解其作业场所和工作岗位存在的危险因素、防范措施和事故应急措施。

（2）建议权，即有权对本大队（车间）的安全生产工作提出建议。

（3）拒绝权，即有权拒绝违章指挥和强令冒险作业。

（4）紧急避险权，即发现直接危及人身安全的紧急情况时，有权停止作业或者在采取可能的应急措施后撤离作业场所。

（5）获得符合国家标准或者行业标准劳动防护用品的权利。

（6）获得安全生产教育和培训的权利。

2. 义务

（1）自律遵守的义务，即戒毒人员在作业过程中，应当遵守戒毒所的安全生产规章制度和操作规程，服从管理，正确佩戴和使用劳动保护品。

（2）自觉学习安全生产知识的义务，掌握本岗位工作所需的安全生产知识，提高安全生产技能，增强事故预防和应急处理能力。

（3）危险报告义务，即发现事故隐患或者其他不安全因素时，应当立即向现场安全生产管理人员或者大队(车间)负责人报告。

**(二)戒毒人员安全生产教育与培训**

1.培训目标

通过安全生产教育和培训要达到以下目标:

(1)具备必要的安全生产知识。

(2)熟悉有关安全生产规章制度和操作规程。

(3)掌握本岗位的安全操作技能。

2.培训形式

通常采用的安全教育形式大致有两种,即日常安全教育和三级安全教育。

3.日常安全教育培训内容

(1)安全生产思想教育。学习国家有关法律法规,掌握安全生产的方针政策,提高政策水平,充分认识安全生产的重要意义。在生产作业过程中严格贯彻执行安全第一、预防为主的方针和安全生产的政策,严格执行操作规程,遵守劳动纪律,杜绝违章指挥、违章操作的行为。

(2)安全生产知识教育。戒毒人员都必须接受安全知识教育培训,掌握必备的安全生产基本知识。安全生产知识教育的主要内容:戒毒所的生产状况、生产工艺、操作方法、作业的危险区域、危险部位、各种不安全因素及安全防护的基本知识及各种安全技术规范。

(3)安全操作技能教育。结合本工种和本岗位的特点,熟练掌握操作规程、安全防护等基本知识,掌握安全生产所必需的基本操作技能;学习掌握机械、电气、劳动保护等安全作业常识。

(4)安全事故案例教育。充分利用已发生或未遂安全事故,对戒毒人员进行不定期的安全教育,分析事故原因,探讨预防对策;对作业中出现的违章作业或生产作业不良行为,及时进行教育,使戒毒人员时刻绷紧安全生产之弦。

(5)安全风险识别教育。通过在醒目位置设置公告栏,在安全生产风险岗位设置告知卡,教育戒毒人员掌握作业场所和岗位存在的危险因素、防范措施及应急措施。

(6)应急处理与急救教育。开展经常性的应急演练和人员避险自救培训,着力提升现场应急处置能力。定期组织戒毒人员参加应急预案演练，增加应急处理与急救的实战性。

4. 三级安全生产教育培训内容

（1）所级：①有关的法律、法规；②本戒毒单位安全生产情况、安全生产基本知识和职业卫生基本知识；③本戒毒单位安全生产规章制度和劳动纪律；④戒毒人员的安全生产权利和义务；⑤作业场所存在的风险、防范措施及事故应急措施。⑥有关事故案例等。

（2）大队（车间）级：①工作环境及危险因素；②所从事工种可能遭受的职业伤害和伤亡事故；③所从事工种的安全职责、操作技能及强制性标准；④自救互救、急救方法、疏散和现场紧急情况的处理；⑤安全设备设施、个人防护用品的使用和维护；⑥本大队（车间）安全生产状况及规章制度；⑦预防事故和职业危害的措施及注意的安全事项；⑧有关事故案例；⑨其他需要培训的内容。

（3）班组（岗位）级：①岗位生产工艺流程，生产设备、岗位安全操作规程及安全注意事项；②岗位之间工作衔接配合的安全与职业卫生事项；③岗位的事故预防、有关事故案例等。

## 三、戒毒场所安全生产管理体系建设

### （一）体系建设要求

坚持以习近平新时代中国特色社会主义思想为指导，全面贯彻落实党的十九大精神，进一步增强"四个意识"，紧紧围绕统筹推进"五位一体"总体布局和协调推进"四个全面"战略布局，坚持安全发展理念，坚持安全第一、预防为主、综合治理，坚持安全生产"底线"思维和"红线"意识，坚持目标导向、问题导向，坚持把警察职工和戒毒人员的生命安全放在场所各项工作的首位，以推进安全生产领域改革发展为动力，以落实安全生产责任为主线，完善安全生产管理体系，强化预防管控和源头治理，落实监督考核，实现机制建设长效化、队伍建设专业化、监督检查常态化，切实增强安全防范治理能力，全面提升司法行政戒毒系统安全生产整体水平，确保场所安全稳定。

### （二）体系建设内容

1. 健全落实安全生产责任制

（1）严格落实领导责任。坚持"党政同责、一岗双责、齐抓共管、失职追责”，完善安全生产领导责任体系，把安全生产领导责任落实到领导班子、各级领导。在计划、布置、检查、总结、考核业务工作时，同时安排安全生产工作。戒毒局局长和戒毒所所长是本单位安全生产的第一责任人，班子其他成员对分管范围内的安全生产工作负领导责任。

(2)严格落实主体责任。戒毒所全面负责所属部门、大队的安全生产工作，戒毒企业承担企业安全生产主体责任；年初要制订文件化的年度安全生产工作目标、工作计划，明确控制指标；实行全员安全生产责任制度并于年初全员签订安全生产目标责任书；建立全过程安全生产和职业健康管理制度，做到安全责任、管理、投入、培训和应急救援“五到位”。

(3)严格落实部门监管责任。省戒毒局指导、监督全省司法行政戒毒场所的安全生产工作；戒毒所监督管理所属部门、大队和戒毒企业的安全生产管理工作。按照“一岗双责”的要求，进一步明确安全生产管理科(处)与相关业务科(处)之间的安全生产职责分工，并落实到部门工作职责规定中，构建职责清晰、分工合理、布局完善的工作格局，做到各司其职、各尽其责，互相配合、齐抓共管，依法依规履职尽责。健全各级安全生产权责清单，清单明晰，权责明确到岗、具体到人。按照安全生产属地管理原则，戒毒局督促、指导戒毒所自觉接受地方安监等部门的监管。

(4)健全责任考核机制。建立安全生产考核评价体系，健全完善考核制度，建立安全生产绩效与履职评定、职务晋升、奖励惩处挂钩制度，严格落实安全生产“一票否决”制度；实施严格的安全生产工作责任考核。在签订年度目标责任书基础上，制定安全生产工作考核办法，对责任单位和责任人实施定期考核，对安全生产管理先进单位和个人给予表彰和奖励，对考核不合格的单位进行通报批评或者给予处罚；安全生产科(处)每半年向同级组织部门报送 1 次安全生产情况，将安全生产目标任务完成情况纳入领导干部政绩业绩考核和评优评先之中；健全完善激励机制，对在改善安全生产条件、防止生产安全事故、参加抢险救护等方面取得显著成绩的单位和个人，给予奖励。

(5)严格落实责任追究制度。建立全过程安全生产责任追溯制度，依据岗位安全生产责任，全过程追溯安全生产职责履行情况；按照相关法律法规和上级部门要求，发生事故依责追究，实行尽职照单免责、失职照单问责制度；按照职责分工，失职追责不仅要追究责任单位（部门）和安全生产管理科（处）的责任，还要严肃追究相关业务科（处）及有关领导的责任。严格事故报告制度，对瞒报、谎报、漏报、迟报事故的单位和个人依法依规追责；坚持问责与整改并重，戒毒局按规定组织或参加戒毒所生产安全事故调查，坚持事故处理“四不放过”原则，充分发挥事故查处对加强和改进安全生产工作的促进作用。按照安全生产工作相关考核要求，因安全生产责任不落实，突破年度安全生产控制指标的，严格执行“一票否决”制度。

2. 加强安全生产监督管理

（1）完善监督管理机制。建立完善各部门安全生产工作机制，形成齐抓共管格局；坚持管安全生产必须管职业健康的原则，建立安全生产和职业健康一体化监督管理体制；充分发挥安全生产委员统筹协调作用，切实解决突出矛盾和问题；安全生产科（处）承担本级安全生产委员会日常工作，负责指导协调、监督检查、巡查考核本级单位有关部门和下级单位安全生产工作，履行综合监督管理职责，其他业务部门，履行本部门业务范围内安全生产监督管理职责；各科（处）室主要负责人是本科（处）室安全生产的第一责任人。

（2）强化安全检查力度。建立由安全生产专业人员组成的督查队伍，实施专业化、专家化督查；戒毒局每季度组织一次安全生产督导检查；戒毒所组织安全生产月检查，工业企业车间组织安全生产周检查，大（中）队、生产劳动车间、工业企业车间班组组织安全生产日检查；对检查出的生产安全事故隐患，采取及时通报、限期整改、挂牌督办和责任追究等方法，跟踪整改结果。

（3）健全应急救援管理体制。健全安全生产应急救援管理工作机制，强化管理职能，提高组织协调能力和现场救援实效；戒毒所要建立应急救援组织，建立健全包括综合应急预案、专项预案和现场处置方案在内的应急预案体系；配备必要的应急救援装备物资并定期维护；戒毒所按要求定期组织应急预案演练，及时修订和完善应急预案。戒毒所的应急预案演练每半年不少于一次、大（中）队的应急预案演练每季度不少于一次。

3. 建立安全预防控制体系

（1）加强安全风险管控。健全完善安全生产准入制度，把安全风险评估作为戒毒场所安全生产的前置条件，从源头上预防和减少不安全因素；完善安全风险评估与论证机制，定期开展风险评估和危害辨识，建立安全生产风险清单和数据库；严格落实生产劳动项目准入规定，戒毒所应当成立由相关部门人员组成的生产劳动项目引进评估小组，对引进的生产劳动项目，进行合法性、安全性、适宜性、矫治性、效益性综合评估，并报省戒毒管理局审批或备案，要经常性开展戒毒企业和戒毒人员生产劳动项目检查，及时清理或淘汰不具备安全生产条件的项目；加强新材料、新工艺、新业态安全风险评估和管控，警察、职工及戒毒人员必须经过“四新”教育（指新技术、新工艺、新设备、新材料）。

（2）强化安全预防措施。定期开展风险评估和危害辨识，针对工艺、设备、物品、场所和岗位，建立分级管控制度，严格落实省局安全生产重点部位管理制度；向从业人员如实告知作业场所和工作岗位存在的危险因素、防范措施以及事故应急措施，教育和督促从业人员严格执行安全生产规章制度和安全操作规程；设置场所风险公告栏，佩戴岗位安全卡，大力推广手指口述、岗位风险描述、安全操作要点和应急处置措施等岗位安全知识，教育引导全员树立风险意识，掌握风险分级管控和隐患排查治理知识；严格执行安全生产和职业健康“三同时”制度；开展经常性的应急演练和人员避险自救培训，着力提升现场应急处置能力。

（3）建立隐患排查治理监督机制。建立健全隐患排查治理制度、重大隐患治理情况报告制度，实行自查自改自报闭环管理；按照生产安全事故隐患分级和排查治理标准，强化隐患排查治理；对不能立即整改的事故隐患，整改前明确整改责任人、制定预防措施、制定整改时限、制定好应急预案并加强演练；对重大隐患整改不到位的单位依法采取停产停业、停止施工等强制措施。按照安全隐患整治挂牌督办相关要求，严格重大隐患挂牌督办制度。

（4）建立完善职业病防治体系。将职业病防治纳入安全生产工作考核体系，实施职业健康促进计划；加快戒毒企业技术改造、转型升级和淘汰退出，加强粉尘、有毒物品等职业病危害源头治理；加强职业健康管理，督促落实职业病危害告知、日常监测、定期报告、防护保障和职业健康体检等制度措施，落实职业病防治主体责任；对女性、未成年戒毒人员实行特殊劳动保护。

4.加强安全基础保障能力建设

(1)完善安全投入保障机制。加大安全生产与职业健康投入，依据国家会计制度设立专门科目，费用提取、支出执行国家相关规定及司法部戒毒局颁布的《司法行政强制隔离戒毒所安全生产管理工作暂行规定》，安全生产管理机构负责安全生产费用的计划、使用、监管；加大仓储物流中心和微型消防站建设力度，加快生产劳动和工业企业厂房达标建设和改造，推广应用安全生产新技术新设备，夯实安全生产基础；积极筹措资金，整治重大和共性隐患，发挥引领示范作用，提升装备和管理水平。

(2)严格安全生产技术措施。严格执行保障安全生产的国家标准或者行业标准并落实各项安全生产技术措施；工程项目及建筑、对外项目、劳动现场、危险源与安全控制点(安全生产重点部位)、消防安全、用电安全、危险化学品、燃气安全、生产设施设备、生产劳动项目准入、生产劳动工具、劳动保护等安全管理，要符合国家、山东省、司法部有关规定；强化安全科技支撑作用，加大科技创新投入，开展安全技术改造和先进技术装备配备采用，落实科技兴安。

(3)健全安全教育培训体系。将安全生产监督管理纳入各级领导干部培训内容；戒毒局和戒毒所主要负责人、分管安全生产的领导和管理机构负责人、其他安全生产管理人员，应按照相关规定进行相应的安全教育培训；戒毒所要严格落实安全教育培训制度，对在岗全员进行安全教育培训，全员安全培训覆盖率达到100%。警察、职工及戒毒人员在上岗前必须经过所(厂)、大队(车间)、班组三级安全培训教育。警察、职工及戒毒人员在本单位内调整工作岗位或离岗一年以上重新上岗时，必须经过大队(车间)和班组级的安全培训；开展双重预防体系全员培训，让警察职工和戒毒人员充分了解本岗位风险点的风险类别、辨识评价方法、风险等级、管控措施等基本情况，熟练掌握本岗位隐患排查治理和应急处置程序；有针对性地组织开展有限空间作业、检维修作业、动火作业以及其他高风险作业培训，使作业人员熟练掌握作业场所危害因素、潜在事故类型、许可管控程序、安全操作规程、事故预防措施、应急抢险技能等方面的知识；特种作业人员必须取得特种作业操作资格证书，持证上岗率达到100%。特种作业岗位不得由戒毒人员担任；建立安全生产教育和培训档案,如实记录安全生产教育和培训的时间、内容、参加人员以及考核结果等。

(4)安全生产标准化建设。工业企业严格按照安全生产标准化建设要求,在达标的基础上,拾遗补缺,进一步健全完善安全生产管理体系,全面实现安全生产标准化;戒毒人员生产劳动参照工业企业安全生产标准化建设体系,按照司法部戒毒局颁布的《司法行政戒毒工作基本规范》中有关安全生产建设标准,形成符合戒毒场所特点的安全生产标准化体系;巩固安全生产标准化建设成果,形成持续推进标准化建设的常态机制,促进安全管理系统化、操作行为规范化、设备设施本质安全化和作业环境器具定置化;全面落实信息化和规范化管理要求,适应大数据时代要求,建设安全生产管理信息化平台。

(5)加强安全生产诚信体系建设。健全完善戒毒场所安全生产诚信体系建设,强化安全生产诚信激励机制和失信惩戒,将信用记录作为相关工作决策和考核奖惩的重要参考;严格执行安全生产诚信体系建设要求,严格落实安全生产重点承诺内容,严格查处列入不良信用记录和纳入"黑名单"的情形;凡是列入诚信"黑名单"的戒毒所,一律不得新增戒毒人员,主要负责人和分管负责人一律不得参加评先评优。

(6)加强安全生产管理队伍建设。依法设置安全生产委员会和安全生产科(处),配强配齐安全生产管理人员,明确权责,落实必要的保障措施;参加劳动的戒毒人员超过100人的戒毒所,设置安全生产科(室),配备专职人员;戒毒所应当按照有关规定设置安全总监,有条件的戒毒企业,要配备总工程师;强化安全生产管理人员专业培养,通过大学专业培训、学习考察、与专业机构合作交流、邀请专家指导等方式,提升安全管理专业化水平;建立安全生产管理保障制度,落实安全管理人员待遇,配备监管装备,激励管理人员忠于职守,履职尽责。

## 四、戒毒场所安全生产双重预防机制建设

习近平总书记强调,必须坚决遏制重特大事故频发势头,对易发重特大事故的行业领域采取风险分级管控、隐患排查治理双重预防性工作机制,推动安全生产关口前移,加强应急救援工作,最大限度减少人员伤亡和财产损失。

作为安全系统管理的两个核心环节，在职业健康安全管理体系、安全生产标准化建设中均有明确要求，并作为其基础关键环节存在。其核心理念也是运用PDCA[计划(plan)、执行(Do)、检查(Check)、处理(Action)]模式与过程方法，系统地进行风险点识别、风险评估与管控措施的确定，并对各个过程制定规则、原则，进行过程控制并做到持续改进。

构建双重预防体系并不是给戒毒所的安全管理增加麻烦，更不是“两张皮”。对于扎实开展职业健康安全管理体系和安全生产标准化的戒毒所，通过双重预防体系建设将会使目前安全管理体系更加系统和深化，从根本上实现事故的纵深防御和关口前移。

首先，构建风险分级管控与隐患排查治理双重预防体系，是落实党中央、国务院关于建立风险管控和隐患排查治理预防机制的重大决策部署，是实现纵深防御、关口前移、源头治理的有效手段。

其次，风险分级管控与隐患排查治理双体系建设是企业安全生产主体责任，是企业主要负责人的重要职责之一，是企业安全管理的重要内容，是企业自我约束、自我纠正、自我提高的预防事故发生的根本途径。

**(一)总体目标**

1.指导思想

深入学习贯彻十九大精神和习近平总书记关于建立风险分级管控、隐患排查治理双重预防性工作机制的重要指示，坚持安全发展，弘扬“生命至上、安全第一”的思想，坚持关口前移、预防为主，将双重预防体系建设作为当前抓好安全生产工作的重大举措，作为建立安全生产长效机制的治本之策，按照安全生产工作要一切基于双重预防体系、贯穿双重预防体系、围绕双重预防体系的总体要求，深化安全生产标准化建设，推动安全生产从治标为主向标本兼治、源头治理转变，从注重隐患排查治理向以针对风险点、危险源的风险管控为主的系统治理转变，从传统的监管方式向运用信息化、智能化等现代方式转变。

2.工作目标

制定完善双重预防体系的相关制度和标准，各戒毒所建立规范有效的双重预防体系，戒毒所安全风险和隐患得到有效管控和排查治理，事故预防工作取得明显成效，形成较为完善的双重预防体系，安全生产监管工作专业化、标准化、精细化、智能化及安全生产整体预控能力明显提升，有效防范各类安全生产事故。

3.基本原则

（1）树立风险意识。坚持安全发展理念，弘扬“生命至上、安全第一”的思想，牢固树立安全风险意识，全面彻底排查、科学严谨管控各类风险，精准治理事故隐患，构筑“管控源头风险、治理事故隐患”双重安全防线，有效防范各类安全事故。

（2）落实主体责任。通过教育、培训、督导、检查等措施，督促和引导各单位实现风险自辨自控、隐患自查自治，建立起全员负责、全过程控制、持续改进提升的双重预防体系工作机制。坚持系统治理，坚持依法治理，全面贯彻落实安全生产和职业病防治法律法规规章和标准规程。坚持源头治理，降低安全风险和职业危害风险。

（3）确保有效运行。把双重预防体系融合到安全生产管理全过程中，把是否全员参与、是否有效运行、是否持续改进提升、是否有效减少事故隐患遏制事故发生，作为评判和考核体系建设的重要标准。

**（二）具体措施**

1. 落实体系建设责任

成立以主要负责人为组长的双重预防体系建设领导小组，定期对本单位体系建设工作进行督导和考核。主要负责人负责保障体系建设所需人力资源和资金投入，定期检查体系建设与运行成效；分管负责人要全过程参与、组织、协调和推进体系建设工作；其他负责人和部门负责建立双重预防体系的推进落实和跟进管理；安全管理部门负责监督检查和绩效评估。发动全体警察职工参与风险点排查、辨识和隐患排查治理，并将双重预防体系的关键环节、核心内容细化、量化成考核指标，强化过程考核，考核结果与警察职工奖惩挂钩。

2.建立完善保障制度

逐步建立健全双重预防体系规章制度，主要包括：风险分级管控制度，明确风险管控层级、落实管控措施等；隐患排查治理制度，明确隐患排查清单、排查周期、整改目标、整改措施、整改责任单位和责任人、完成时限；教育培训制度，明确培训工作目标、方式方法、学习内容、培训考核及培训记录整理等；双重预防体系运行管理考核制度，明确考核内容、标准和方法。

3.全面做好风险辨识

按照有关法规、制度和标准、规范，全面开展风险辨识。按照“客观存在、相对独立、环节清晰、易于管控”的原则，发动全员围绕所有作业活动和设备设施，充分考虑人、物、环境、管理四种因素，全方位、全过程辨识生产工艺、设备设施、作业环境、人员行为和管理体系等方面存在的安全风险。按照可能造成的事故等级后果及社会影响大小，将辨识出的风险点分为1、2、3、4级，分别为重大风险、较大风险、一般风险和较低风险。对可能造成重特大事故的风险点，以及职业病危害严重、可能造成职业病的作业岗位，都应定为1级风险点进行重点管控，精准施策。

4.科学严密做好风险管控

排查确定的风险点，约束人的行为、保持设备设施的完好、确保作业环境人身安全与健康为原则，按照法律法规和规程标准要求，从工程技术、设施装备、个体防护、职业健康、应急救援、现场管理、培训教育等各个方面编制科学严密、操作性强的管控措施，对风险点实施有效管控。以风险等级越高管控层级越高为原则，结合组织架构，明确分级管控责任。

5.实施风险清单管理和风险告知

对风险点的管控责任、措施等相关信息进行汇总，建立风险分级管控清单，内容包括风险点名称、类别、等级、管控措施、管控层级、责任单位、责任人等，作为企业（单位）风险管控台账进行动态管理。分层级对风险进行告知，并设置明显警示标志。同时制作“岗位风险告知卡”，简明扼要表述岗位风险、管控措施、应急处置及报告方式等。

6.全面排查治理事故隐患

基于风险管控措施，制定切合实际的隐患排查治理清单，明确和细化隐患排查的事项、内容和频次。排查出的隐患能立即整改的，立即整改；不能立即整改的，制定隐患整改方案，按时限要求认真整改。隐患整改完成后，要组织相关专业人员进行验收，实现闭环管理。

7.做好职业病危害风险分级管控和隐患排查治理

坚持安全生产与职业健康一体化的原则，根据危害特性、接触时间、检测结果、劳动强度以及发生职业病或职业健康损伤的可能性和严重性等对职业病进行作业分级和风险分级，针对职业病危害风险点，从工程技术、个体防护、应急救治、现场管理和培训教育等方面制定具体管控措施，并与安全生产风险管控措施合并一起，形成一体化的风险分级管控清单，有效落实管控责任。

8.强化动态风险管理

对有限空间作业、检维修作业、动火作业、危险物品装卸作业等动态作业、临时性作业，严格执行国家和省有关规定，加强临时性作业审批、动火作业审批和现场管理，制定专项作业方案和专项应急处置预案。在重点作业环节和作业岗位，大力推行“双人作业、手指口述、书面确认、专人确认”等多种安全确认、动态监管方式，有效掌控各类风险的安全管控状态。

9.持续改进提升

建立双重预防体系，以自建为主，外协为辅，确保建设质量和有效运行。在运行过程中，定期对体系运行的可靠性和有效性进行评估，发现问题及时纠偏、调整，做到持续改进、不断提升。当工艺、设备、材料发生变化时，及时进行风险辨识，更新风险信息和管控清单。鼓励使用新工艺、新技术、新设备，降低生产安全风险。

**（三）基础保障**

1.依法依规推进

结合上级的有关文件精神和安全生产风险分级管控及隐患排查治理体系建设有关标准，制定和完善切合本单位实际的双重预防体系，依法保障和推动双重预防体系的建设和运行。

2.加快信息化建设

加大本系统风险分级管控和隐患排查信息化建设力度。积极依托有资质的公司研究开发双重体系预防管理系统，努力实现全员、全过程信息化管理。充分利用远程监测、自动预警等系统，保障双重预防体系有效运行。

3.邀请专家指导

建立专家咨询制度，邀请高层次、高水平的专家和专业技术服务机构，吸收实践经验丰富的人员，参与两个体系的顶层设计、方案制定、标准研究、评估论证，确保相关工作的科学性、实效性。

## 五、安全生产考核

安全生产考核着眼于戒毒所和警察、职工及戒毒人员的安全发展，并非仅仅是简单的奖与罚。考核的根本目的是提高戒毒所和全员安全绩效能力，从而实现戒毒所的安全绩效水平，达到可持续的安全发展前景。

### （一）安全生产考核的意义

通过安全考核实现戒毒单位安全目标。安全考核管理是连接个人行为和戒毒所安全目标之间最直接的桥梁。

通过安全考核改善戒毒所整体安全管理。通过安全考核可以掌握戒毒所整体安全管理状况，及时了解戒毒所安全工作规划实施过程中存在的问题，并通过修正策略，跟踪行动计划和绩效结果，从而保证安全发展战略的实现。

通过安全考核提高员工安全培训水平。持续建立安全考核档案，可以了解戒毒所和全员长期的安全绩效表现，因而可以有针对性地设计安全培训计划，提高员工安全绩效能力。

通过安全考核实现共赢。安全考核必须建立在“共赢”的基础上，也就是说戒毒所与员工各取所需，共同赢得这场胜利。其一，戒毒所赢得安全与效益。其二，员工赢得自身的安全、职业的发展和家庭的幸福。

通过安全考核实现持续改进。安全绩效管理的关键在于持续改进，包括对于安全绩效考核体系的改进。通过在安全绩效考核实施的过程中，找出安全管理上存在的问题，并依此对安全管理过程持续改进、提高和完善，顺利完成以后的安全管理目标。

### （二）考核内容

建立健全本单位安全生产责任制，健全安全生产组织领导体系，依法成立安全生产委员会，设置安全生产管理机构并配备安全生产管理人员。

建立健全本单位安全生产管理制度和安全操作规程并督促落实。

保证安全生产投入的有效实施。

依法组织开展安全生产教育培训工作。

严格执行依法制定的保障安全生产的国家标准或者行业标准并落实各项安全生产技术措施。

落实隐患排查整改制度，及时消除生产安全事故隐患。

制定并实施事故应急救援预案。

依法开展安全生产标准化建设。

及时、如实报告事故，组织事故抢救。

建立健全安全生产考核和奖惩机制。

**（三）考核指标**

1. 年度安全生产控制指标

（1）不发生生产死亡责任事故和一次重伤3人及以上的生产责任事故。

（2）不发生一次性直接经济损失100万元以上的生产责任事故。

突破年度安全生产控制指标的，考核等级为不合格。

2. 安全生产工作考核评分标准（见附件7）

**（四）考核期限**

以年度为考核期限，即每年的1月1日至12月31日。

**（五）考核办法**

戒毒管理局负责对各戒毒所的安全生产工作考核，考核依据本办法和《戒毒单位安全生产管理工作考核评分标准（试行）》（简称《标准》）（见附件7）。各戒毒单位按照《标准》先进行自评，再经省戒毒管理局考核验收。

考核等次分为优秀、合格、不合格。考核总分为100分，90分以上为优秀，71～90分为合格，70分以下为不合格。由省戒毒管理局组织实施戒毒单位安全生产管理工作的考核，每年进行一次，时间安排在次年1月份。各被考核单位应在次年的1月5日前向省戒毒管理局报送全年度的工作总结和自评报告及下一年度的工作打算。

各被考核单位被评为国家级、省部级、市级及县处级安全生产管理先进单位的，分别予以10分、5分、3分、1分加分。

在年度考核中弄虚作假者，一经查实，按不合格论处，并按有关规定从严处理。

**（六）奖惩措施**

1. 奖励

（1）考核等次为优秀者，给予通报表扬。

(2)年度安全生产工作中表现突出的人员,给予“安全管理工作先进个人”称号,并视情节给予奖励。

2.惩处

(1)因安全生产责任不落实,突破年度安全生产控制指标的,按照相关规定,严格执行“一票否决”制度。

(2)考核结果为不合格的单位,要限期整改;经复查仍未合格的,省戒毒管理局可责令其停产整顿并予以通报批评。

## 第四节 “工疗”戒毒的技能培训管理

戒毒人员技能培训作为当前戒毒工作的重要组成部分,是帮助戒毒人员回归社会后就业谋生的桥梁,也是降低戒毒人员复吸率和延长操守率的有效途径。通过对社会用工需求分析,根据戒毒人员对培训岗位的兴趣爱好,合理设置培训内容,进行考核测评,考核结果与就业协议签订、就业基金使用相挂钩,旨在培养其一技之长,使其走向社会能够就业谋生。同时,根据就业反馈,进一步地优化调整培训项目。

### 一、新时代社会用工需求分析

#### (一)全国用工形势分析

当前,我国经济正处于新旧动能转换、产业转型升级的关键历史节点,中国企业用工形势已发生巨大变化。持续增加的企业用工量成为宏观经济“回暖”的晴雨表,“扩招”和“急招”现象频发,“缺工”现象从东南沿海地区向中西部地区转移,并将成为常态,产业成建制转移导致中西部地区企业用工高峰期重叠现象突出,企业间“抢人”现象屡见不鲜。党的十九大报告提出,建设知识型、技能型、创新型劳动者大军,弘扬劳模精神和工匠精神,营造劳动光荣的社会风尚和精益求精的敬业风气。新时代社会用工需求和十九大报告中对未来劳动者的素质要求,为我们提出了新的戒毒人员技能培训工作的目标和要求。要进一步加强戒毒人员技能培训管理,科学设置技能培训项目,增强培训效果,使更多的戒毒人员掌握实用型职业技能。在有效巩固戒治效果的同时,为社会培养专业技术人才。

## (二)全国用工需求调查

2018年4月18日《人民日报》报道:2018年第一季度,市场用工需求旺盛,重点群体就业基本稳定,失业率稳中有降,就业形势继续保持稳中向好态势。[①]

### 1.失业率稳中有降

2018年一季度,全国城镇新增就业330万人,3月份单月新增154万人,同比多增8万人。3月份,全国城镇调查失业率和31个大城市城镇调查失业率分别为5.1%和4.9%,均同比下降0.1个百分点,处于近年来低位。

### 2.市场用工需求旺盛

随着经济规模持续扩大,市场用工需求旺盛,吸纳就业能力较强。据人社部对部分省份调查,2018年2月份企业用工需求同比增长10%以上。春节后,员工返岗率平均在90%以上。据互联网招聘企业“58同城”监测,3月份企业招聘需求环比、同比分别增长50.4%、64.9%,制造业、运输仓储和邮政业、批发和零售业、住宿和餐饮业、文化体育娱乐业等行业招聘需求环比、同比增长均超过40%。

### 3.重点群体就业形势基本稳定

2018届高校毕业生就业进展平稳,截至2018年4月1日,全国高校毕业生签约率与2017年同期基本持平,13个省份毕业生签约率同比上升,其中贵州、内蒙古、广东等地增幅超过5个百分点。一季度,全国城镇就业困难人员实现就业43万人,同比增加2万人。钢铁、煤炭等行业的去产能职工安置平稳有序。

## (三)山东省用工需求调查

2018年3月5日《半岛都市报》报道了山东省2017年第四季度职业供求状况调查结果,如表11-1所示。

---

① 参见赵展慧:《今年以来市场用工需求旺盛》,《人民日报》2018年4月18日第2版。

表 11-1　　山东省 2017 年第四季度职业供求状况[①]

| 调查内容 | 调　查　结　果 |
|---|---|
| 供求总体状况 | 用人单位需求人数 70.4 万人，同比增加 10 万人，增长率为 16.45% |
| | 求职人数 48.4 万人，同比增加 3.3 万人，增长率为 7.24% |
| | 企业用工缺口 22 万人，同比增加 6.7 万人，增长率为 43.59% |
| 产业与行业需求状况 | 第四季度第二、三产业依然是我省吸纳就业的主要渠道，合计占总需求的 96.12% |
| | 其中：第二产业 26.8 万人，占 38.04%；第三产业 40.9 万人，占 58.08% |
| | 第二产业用工需求主要集中在制造业；第三产业则集中在批发零售业和住宿餐饮业 |
| 用人单位需求状况 | 从用人单位需求来看，企业需求 67.4 万人，占总需求的 95.66% |
| | 企业用人依然占主体地位，有限责任公司、私营企业、股份有限公司需求位居前三位 |
| 职业供给需求状况 | 集中在生产制造和服务性行业、生产运输设备操作、商业 |
| 各市最短缺及供给量最多的职业 | 营业人员收银员、推销展销人员、机械冷加工工、餐厅服务员、厨工、机械热加工工、治安保卫人员、裁剪缝纫工、酒店服务人员、清洁工、部门经理 |

(四)戒毒人员回归就业优势分析

1. 市场用工需求量大，扩大了就业机会

2018 年全国和山东省用工需求调查数据显示，全国各城镇用工需求在逐步增长，特别是山东省职业供求总体状况调查中，用人单位需求人数 70.4 万人，求职人数仅 48.4 万人，用工缺口为 22 万人。逐步上升的用工需求为戒毒人员回归就业创造了有利条件。

2. 短缺职业适合戒毒人员回归就业选择

在山东省最短缺及供给量最多的职业中，前十位中多数职业对职业

① 参见肖玲玲：《十个职业用工缺口最大，看看有哪些》，《半岛都市报》2018 年 3 月 5 日第 A11 版。

技术要求不高，戒毒人员这一特殊群体可以从事这些职业。

3.企业用工缺口大的现状，为戒毒人员回归后的稳定工作提供了机会

由于农村劳动力外出打工意愿有一定程度降低，且应届毕业生对职业要求与诉求和现状有差距，导致企业用工需求量大，为戒毒人员回归就业、进入企业稳定工作增加了机会。

## 二、戒毒人员培训需求分析

### （一）戒毒所职业技能培训项目情况

截至目前，山东省各省直强制隔离戒毒所与9个职业类院校联合开展职业技能培训，进行了电工电子、市场营销、养老护理员、就业创业、花艺、种植、养殖、茶艺、中式面点、保健按摩、保育员、服装设计、电子商务、计算机基础知识等18个项目的培训，1598名戒毒人员获得了社会劳动保障部门颁发的职业资格证书，为回归创业提供了有利条件。

### （二）山东省戒毒人员回归就业规划调查

为进一步了解戒毒人员技能培训需求，对400名戒毒人员开展了问卷调查，分别对回归就业规划、职业技能需求和技能培训存在的问题进行调查。结果显示，回归就业以自主创业和自由打工居多，职业技能培训需求前六名多为戒毒所已进行的培训项目，同时存在一人多技能学习困难和缺少实践的问题。

戒毒人员回归就业方式规划如图11-1所示。

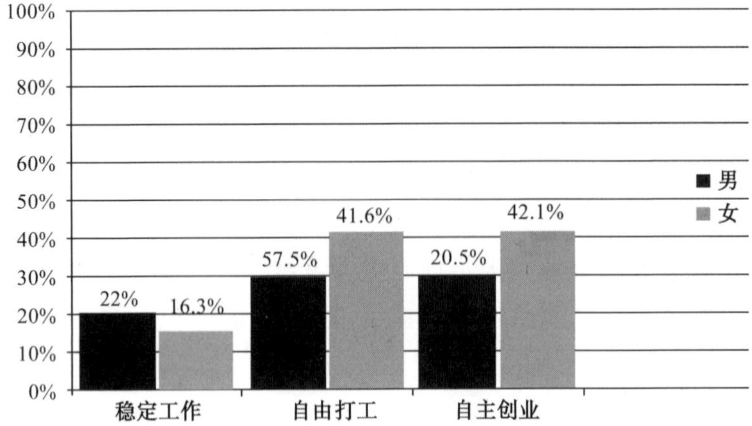


图11-1　戒毒人员回归就业方式规划

戒毒人员回归就业职业技能需求排行如图 11-2 所示。

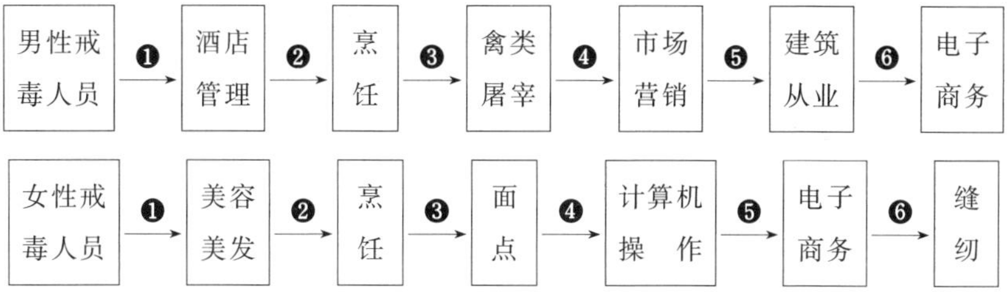


图 11-2　戒毒人员回归就业职业技能需求排行

**(三)戒毒人员培训需解决的问题**

1. 培训资金不足

戒毒人员技能培训在教育设施、聘请专业教师、实践场所设置、办理合格证书等各环节均需要投入教育经费作为保障,但在实际操作中,能够用于戒毒人员的教育资金远远不能满足培训需求。

2. 培训项目单一

这里所说的培训项目单一,指的是在一定时间段内进行的培训项目单一,而非总体培训项目的多少。戒毒所开展技能培训,一般在一段时间内设置的培训项目较少,因戒毒期限限制,部分戒毒人员需求的培训项目不开课,而开课的培训项目又引不起戒毒人员的兴趣,导致无法真正满足戒毒人员的培训需求。在两年内合理调配时间,科学设置多样化的培训项目,最大限度地满足更多戒毒人员的培训需求,是急需解决的问题。

3. 实践操作缺乏

实践操作是任何技能的学习的基础,单凭“纸上谈兵”学不到真正的技术。由于资金、场所等条件受限,各戒毒所均缺乏适合的实践场所和设施。从各戒毒所现有的技能培训来看,主要师资力量都是邀请社会专业教师进行授课,理论教学效果较好,但真正实践过少,无法确保培训的实际效果。

## 三、培训项目的设置

**(一)结合戒毒人员特点,科学设置培训内容**

针对戒毒人员执行期短、年龄跨度大、文化程度参差不齐等现状,为最大限度地满足戒毒人员职业技能培训需求,可把职业技能培训内容分为三类：一是技能培训。根据戒毒人员特点和场所条件选择适合的劳务加工项目，组织戒毒人员进行“工疗”戒毒技能培训，参加“工疗”戒毒生产实践活动，获取相应劳动报酬，并为场所创造经济效益。“工疗”戒毒培训主要以培养戒毒人员正确劳动观念、劳动态度、劳动纪律、劳动习惯作为主要目的，通过模拟社会化工厂管理、劳动和考核方式，使戒毒人员获得行为准则、职业道德和积极价值观的培养，提高回归社会后的工作环境适应能力和再社会化能力。二是职业技能培训。设置职业技能培训项目，满足社会用工需求和戒毒人员回归职业规划需求，鼓励戒毒人员根据个人需要主动参加技能培训。职业技能培训主要以提高戒毒人员回归社会后的就业能力为主要目的，通过聘请专业院校教师授课，进行理论知识和实践操作一体化教学，使戒毒人员掌握一技之长，为回归就业做好准备。三是素质性技能培训。以提升戒毒人员个人品质、修养、举止、仪表为出发点，根据戒毒人员个人兴趣和爱好，设置相应的培训项目。素质性技能培训主要以通过国学、音乐、绘画、书法、礼仪等知识培训来满足戒毒人员提升自身综合素质需求，使戒毒人员在接受日常教育矫治的基础上，选择性地进行个人修养提升学习，陶冶情操，实现个人综合素质的提升。

**（二）紧跟市场导向，合理设置培训项目**

技能培训项目要着眼于戒毒人员回归后的就业，应在做好戒毒所内部调查和社会调查的基础上设置培训项目，满足社会用工需求。一是根据戒毒所特殊要求选择培训项目。戒毒所对戒毒人员开展各项矫治工作，都要在确保场所安全稳定的基础上进行，所以培训项目的选择应最大限度地减少安全隐患，要严格按照规定要求设置培训项目，同时戒毒场所环境和设施水平，也是选择培训项目的条件。二是根据戒毒人员执行期限选择。戒毒人员的执行期限多数在一年九个月至两年，选择项目的培训周期要适合戒毒人员。根据国家《职业岗位分类词典》分析，有65%左右的职业岗位所要求的培训时间不超过一年，其中相当一部分甚至在六个月以下。所以针对大多数戒毒人员的执行期限，这个时间对戒毒所开展职业技能培训的回旋余地很大。三是根据戒毒人员回归就业需求选择培训项目。戒毒人员年龄、文化程度、家庭环境的不同，使戒毒人员有不同的择业观念和目标，根据戒毒人员回归就业需求选择培训项目，有利于充分发挥技能培训的实际效果。四是根据社会用工需求确定培训项目。技能培训的主要目的就是提高戒毒人员回归后的就业能力，学习的职业技能想要达到预期目的，必须符合社会需求。对所内环境、人员构成和需求进行分类筛选培训项目，最后根据社会用工需求确定培训项目。

（三）充分整合资源，保证培训效果

一直以来，制约戒毒人员职业技能培训发展的因素包括强制隔离戒毒所场所限制、戒毒人员群体特殊性和师资力量不均衡。急需通过科学设置课程、创新培训方法等解决现有的问题。一是实行以时间为节点的滚动培训。针对戒毒人员执行期限和个人兴趣爱好，定期进行新一批培训开课，实行滚动式培训，使戒毒人员在执行过程中有机会进行更多培训项目的选择，解决了因时间问题导致的培训项目相对单一的问题，提高了培训的针对性。二是依托场所资源实行模拟社会培训。根据戒毒人员参加的技能培训项目，在相对应的技能中心进行实践，运用社会管理方式，戒毒人员作为工作人员，学会遵守工作纪律，端正工作态度，学习团结协作，获取劳动报酬，同时吸纳部分戒毒人员参与管理，在实践操作的过程中学习管理理念和方法，使戒毒人员提前适应社会就业环境，提高社会适应能力。三是实行借助专业培训机构为助力的联合培训。与专业培训院校或机构合作，由戒毒所提供场地和设备等设施条件，与职业院校达成长期的协议，由专业培训学校或机构提供培训和教学内容。只要有培训需要，就可通知高职院校安排教师或是随时开班培训，并且很多职业院校都设有职业技能鉴定站，参加培训的戒毒人员可直接考取相应技能的职业资格证书，取得上岗证。

## 四、培训项目的方式方法和操作

### （一）培训项目的方式方法

1. 自助式培训

充分利用所内设施和人员，在不需要依赖外援的情况下，以习艺培训中心为基地，以劳动车间、餐厅等场所为实践场地，以所内专职警察为导师，根据戒毒人员需求有针对性地自行设计和组织培训，利用标准化的课程为戒毒人员提供随时随地、形式灵活、操作简单的培训活动。自助式培训具有经济节约、机动灵活、简单方便的特点，适用于戒毒人员培训需求较大的初级水平项目和戒毒场所现从事的劳动项目。而高级内容培训,具有更大的实用性和操作性。

2.订单式培训

与社会企业、公司等用人单位提前联系沟通,根据用人单位需求设置培训项目,聘请专职教师,对有意向的戒毒人员开展定向培训,培训内容由强制戒毒所和用人单位进行协商确定,而用人单位可在经培训合格获得证书的戒毒人员中择优录取,进行解除后就业或者所外试工。

3.加盟式培训

主要针对回归后自主创业的戒毒人员,根据就业需求,选取相应的加盟项目,邀请加盟店的培训老师授课。戒毒人员解除后可在加盟店老师的指导下进行自主创业,提高了创业的成功率。

4.公益式培训

主要用于开展以提高戒毒人员素质为目的的培训,根据戒毒人员特点和兴趣爱好,开展绘画、国学、音乐、舞蹈、体育等项目的培训。由所内专业教师设计课程内容,邀请社会爱心人士公益授课。

**(二)培训项目的操作**

1.采用闭环管理体系,确保技能培训对戒治目的的促进作用

在组织和开展职业技能培训的过程中,通过健全培训体系、细化培训内容、灵活教学方式、注重理论与实践相结合、加强对培训教学质量的反馈、不断反思和改进,坚持以职业能力培养为本、以戒毒人员个体需求和市场需求为导向,进一步建立灵活多样的职业技能培训机制,促进理论教学、实际操作、就业指导等戒治措施的环环相扣、依次递进,最终达到促进戒治效果的目的。

2.加强基地建设,实现理论培训和实践操作一体化

近几年,各强制隔离戒毒所针对戒毒人员特点,不断开展职业技能培训项目,为戒毒人员回归就业发挥了一定的积极作用,但从实际效果来看,戒毒人员培训内容侧重理论培训,缺乏实际操作。根据调查结果显示,参加培训的戒毒人员80%对授课内容及过程满意度较高,而对培训实际效果表示一般,只因实践过少或没经过实践,导致对实际效果不清楚。当前职业技能培训工作的重要内容是加强各强制隔离戒毒所资源整合,探索构建分别设置、功能突出的职业技能实操基地。一是充分

利用强制隔离戒毒所自身资源，建成包括师资队伍、培训教室、培训实验室等突出功能化的教学培训基地。二是采取多种措施，设立场所技能培训实训基地。根据培训需求，建立电器维修、电工、钳工、焊工、美容、美发等实操教学场地，结合“工疗”戒毒项目在习艺车间设立实践场地，利用戒毒人员食堂开设西式面点、中式烹调、营养配餐师等厨师类实操教学场地，有条件的还可以开设蔬菜园艺、农作物种植、花卉园艺、果树栽培、养殖业等实操场地，形成有侧重和特色的实操教学基地。三是与相关企业联合办学，开创共建基地。为实现职业技能学习实践一体化的培训新模式，设立多种类、多项目、便于动手操作的实操内容，全面提升戒毒人员的职业技能水平，增强其回归社会后的谋生能力。

3.完善激励机制，提高职业技能培训质量

一是以“双体系”考核为基础，建立长效激励机制。把戒毒人员职业技能培训纳入戒毒教育矫治工作考核中，对专管警察和参加培训戒毒人员“双重”考核，把参与培训的警察纳入考核并与日常绩效考核和年度公务员考核相衔接，根据戒毒人员参加技能培训理论和实践的综合效果，实行报酬支付和奖分双重奖励的评价机制。二是以培训成果为依据，实行分级待遇奖励办法。当参加职业技能培训的戒毒人员在实际操作中超额完成劳动任务或综合评价较好的，在给予一定劳动报酬和月考核奖分基础上，还可享受增加购物、亲情电话、加餐等奖励。对在实践过程中有修旧利废、改革创新、管理能力突出等表现的，可在季度总结中给予单项奖励，通过技能培训考核并获得资格证书的可在诊断评估中获得相应的奖分。三是以开展活动为补充，建立辅助激励机制。职业技能培训中，为技能竞赛设置集体奖项和个人奖项，进一步提高戒毒人员的积极性和团结协作的能力。

## 五、戒毒人员技能培训考核评估

### （一）戒毒人员技能培训考核评估模式

根据戒毒人员出所前职业技能培训的特性，对戒毒人员回归后进行一段时间的跟踪调研才能确定培训项目考核评估的实际效果，实际执行中运用柯氏四级培训评估模式，依据参加培训者的反应、学习、应用和效果进行分级考核，进行综合评估。

柯氏四级评估模型如表 11-2 所示。

**表 11-2　　柯氏四级评估模型**

| | | |
|---|---|---|
| 第一级 | 反应评估 | 评估被培训者的满意程度 |
| 第二级 | 学习评估 | 测定被培训者的学习效果 |
| 第三级 | 行为评估 | 考察被培训者的知识运用程度 |
| 第四级 | 成果评估 | 评估培训的综合效果 |

戒毒人员技能培训四级评估法如表 11-3 所示。

**表 11-3　　戒毒人员技能培训四级评估法**

| 评估级别 | 评估项目 | 评估内容 | 调研问题 | 评估方法 |
|---|---|---|---|---|
| 第一级 | 反应评估 | 观察参训戒毒人员的反应 | 戒毒人员对培训内容感兴趣吗？<br>对培训授课和设施有何建议？<br>培训项目对提高自身素质或回归就业是否有帮助？ | 问卷调查、访谈、现场观察 |
| 第二级 | 学习评估 | 检测戒毒人员的培训结果 | 参训戒毒人员对培训内容的掌握和理解。<br>参训戒毒人员实践操作能力。<br>培训前后戒毒人员观念、知识和技能方面有多大程度的提高？ | 笔试、访谈、现场操作考核 |
| 第三级 | 行为评估 | 衡量培训前后的综合表现 | 培训项目对戒毒人员的认知、行为改变有没有帮助？<br>戒毒人员在戒治过程中是否运用到培训知识？ | 由培训管理部门进行定期考核和综合考察 |
| 第四级 | 成果评估 | 评估参加培训后的培训效果 | 培训是否对戒毒人员起到积极促戒作用？<br>参训戒毒人员是否对集体的戒治氛围起到积极促进作用？<br>参训戒毒人员回归就业规划是否与培训项目相关？ | 访谈、观察考核 |

### (二)戒毒人员技能培训四级评估步骤

1. 反应评估

在培训结束时,通过向戒毒人员发放满意度调查表,获取戒毒人员对培训的反应和感受,包括对讲师培训技巧的反应,对课程内容的设计的反应,对教材挑选及内容、质量的反应,对课程组织的反应,是否在将来的工作中,能够用到所培训的知识和技能。通过了解戒毒人员对培训内容及过程的反应,随时进行调整。

2. 学习评估

在培训结束时,通过笔试、现场考核和访谈等方式,了解戒毒人员在观念、知识、技能等方面是否得到提高,也可通过对戒毒人员参加培训前和培训结束后知识技能测试的结果进行比较,即对培训设计中设定的培训目标进行核对。

3. 行为评估

这一阶段的评估要确定戒毒人员参加培训后在行为上发生多大程度的改进。在戒治过程中对培训内容的运用,可通过对戒毒人员的阶段性行为考核和专管部门反馈的情况来评估。

4. 成果评估

在培训结束后的一段时间内,由戒毒人员所属大队通过观察和综合考核的方式,对戒毒人员的戒治积极性和培训效果进行初步评估,由专管部门通过访谈了解培训收获、回归就业规划等内容,结合大队建议进行综合评估。

## 六、技能培训反馈与调整

### (一)技能培训反馈机制

通过"四项反馈"机制,获取离所戒毒人员技能培训的运用情况。一是所内反馈。定期对所内戒毒人员进行培训项目、培训内容、培训过程、培训效果四项内容调研,充分了解戒毒人员对培训项目的需求和培训效果的满意度,针对戒毒人员对培训内容和过程提出建议,制定有效的整改措施。二是所外反馈。近几年,各戒毒所充分利用"互联网+"平台,建立了离所人员微信群、亲属 QQ 群,通过定期询问了解戒毒人员回归后的就业创业情况。三是当地政府部门反馈。通过定期与戒毒人员所在街道居委会、村委、单位、学校、公安机关等部门联系，全面了解戒毒人员回归后的就业创业及保持操守等情况。四是实地回访反馈。根据省戒毒局统一安排或强制隔离戒毒所自行开展的定期实地回访工作情况，根据强制隔离戒毒所警察定期到回归戒毒人员所在地的回访情况，根据与本人及其亲属面对面或电话交流，到所在街道、村委、公安机关了解的具体情况，进行综合分析评价。

（二）技能培训反馈结果调研

戒毒所定期由专管部门对离所戒毒人员跟踪回访获取的综合戒治数据进行分类整理汇总，并综合分析。一是建立专管部门联系机制。由专管部门负责定期搜集反馈数据，健全反馈信息搜集工作管理制度，形成责任部门、负责领导、专管人员分工明确的工作体系。二是建立定期整理分析机制。由专管人员定期进行数据搜集、分类和汇总，形成符合实际情况、有数据支撑的调研结果分析方案。三是建立反馈结果研究机制。根据反馈结果分析材料，定期召开调研会议，针对分析出的问题，提出具体调整方案和措施。

（三）技能培训反馈调整

职业技能培训工作的调整，需要综合分析戒毒人员的反应和后续跟踪回访实际应用情况，结合所内实际和社会用工情况进行改进和提升。一是进一步拓展职业技能培训模式。以提高戒毒人员回归后的适应能力和谋生能力为目标，在开展职业技能培训、取得职业技能证书的基础上，针对社会对复合型人才的需求，探索一人多证的培训模式，以增加戒毒人员回归社会后的就业竞争力。二是面向社会需求，调整培训项目。根据定期反馈调研情况，面向市场，适应社会需求，开设更多、更好、更利于戒毒人员再就业的培训项目。三是加强对戒毒人员职业技能培训的多重分析。在关注戒毒人员职业技能培训的政策管理、经费支撑、师资保障、设施条件等方面的同时，加强对戒毒人员家庭支持、社区容纳、企业对接等方面的探索，为戒毒人员回归后尽快融入社会营造良好环境。四是提高就业推介成功率。虽然强制隔离戒毒所会定期召开就业推介会，签订意向性用工协议，但最终就业推介成功率极低。强制隔离戒毒所职业技能培训虽然做得很扎实，但在职业技能培训转化到实际就业的环节中发挥的能动性作用不充分，需进一步提高职业技能培训工作与社会的衔接程度，从而提高就业推介成功率。五是加强就业创业培训网络工作建设。充分利用互联网，强化就业信息对技能培训的引导和服务，加强培训专业设置的针对性和适应性。逐步构建以培训促创业、以创业带动就业的良性机制。针对离所戒毒人员开办“1＋1群”创业培训班，吸纳社会上的创业就业专家或职业部门教师，对有创业愿望并具有一定创业条件的离所人员，开展创业培训和全过程指导服务，鼓励他们离所后自主创业。六是加强与社会劳动就业部门的联系机制。在戒毒人员解除离所前，提前与其所在地劳动就业安置部门和社会保障部门联系，通过电话、网络或邮寄的方式，提供戒毒人员在所内的综合戒治情况和职业技能掌握情况，联合当地政府机关共同做好戒毒人员回归就业扶持工作，进一步提高戒毒人员解除后的就业率，增强其回归社会后的谋生能力。

附件 1

## 强制隔离戒毒场所生产劳动项目审批表

<table>
<tr><td>申报单位</td><td colspan="3"></td><td rowspan="2">审批<br>编号</td><td rowspan="2"></td></tr>
<tr><td>项目全称</td><td colspan="3"></td></tr>
<tr><td rowspan="2">合作单位</td><td>全称</td><td colspan="4"></td></tr>
<tr><td>项目<br>负责人</td><td></td><td>联系电话</td><td colspan="2"></td></tr>
<tr><td>生产单位</td><td colspan="2"></td><td>负责人</td><td colspan="2"></td></tr>
<tr><td>项目评估小组<br>考察评估结论</td><td colspan="5"></td></tr>
<tr><td>评估小组<br>考察意见</td><td colspan="3"></td><td colspan="2">考察评估人(签字)：<br>年　月　日</td></tr>
<tr><td>强制隔离戒毒所<br>生产劳动管理<br>部门意见</td><td colspan="2">年　月　日</td><td>强制隔离<br>戒毒所意见</td><td colspan="2">年　月　日</td></tr>
<tr><td>审批有效期</td><td colspan="5">年　　月　　日至　　年　　月　　日</td></tr>
</table>

附件 2

**强制隔离戒毒场所生产劳动项目续期申请表**

<table>
<tr><td>申报单位</td><td colspan="3"></td><td rowspan="2">原准入证编号</td><td rowspan="2"></td></tr>
<tr><td>项目全称</td><td colspan="3"></td></tr>
<tr><td>原审批有效期</td><td colspan="5">年　月　日至　年　月　日</td></tr>
<tr><td rowspan="2">合作单位</td><td>全称</td><td colspan="4"></td></tr>
<tr><td>项目负责人</td><td></td><td>联系电话</td><td colspan="2"></td></tr>
<tr><td>生产单位</td><td colspan="2"></td><td>负责人</td><td colspan="2"></td></tr>
<tr><td>项目运作情况</td><td colspan="5"></td></tr>
<tr><td>项目收益情况</td><td colspan="5"></td></tr>
<tr><td>其他需要说明的事项</td><td colspan="5"></td></tr>
<tr><td>强制隔离戒毒所生产劳动管理部门意见</td><td colspan="2">年　月　日</td><td>强制隔离戒毒所意见</td><td colspan="2">年　月　日</td></tr>
<tr><td>审批有效期</td><td colspan="5">年　月　日至　年　月　日</td></tr>
</table>

附件 3

强制隔离戒毒场所引进生产劳动项目综合评估报告表

<table>
<tr><td rowspan="4">合作单位<br>基本情况</td><td>名称</td><td colspan="5"></td></tr>
<tr><td>地址</td><td colspan="5"></td></tr>
<tr><td>法人<br>姓名</td><td></td><td>营业<br>执照号</td><td></td><td>行政<br>许可证号</td><td></td></tr>
<tr><td>企业<br>性质</td><td colspan="3"></td><td>注册资金</td><td></td></tr>
<tr><td rowspan="4">项目<br>基本情况</td><td>项目名称</td><td colspan="5"></td></tr>
<tr><td>主要加工<br>设备和工具</td><td colspan="5"></td></tr>
<tr><td>主要原材料和<br>辅料及属性</td><td colspan="5"></td></tr>
<tr><td>生产流程</td><td colspan="5"></td></tr>
<tr><td rowspan="3">生产单位<br>基本情况</td><td>劳动场地<br>基本情况</td><td colspan="5"></td></tr>
<tr><td>用工数量</td><td colspan="2"></td><td>合作期限</td><td colspan="2"></td></tr>
<tr><td>劳动保护用品</td><td colspan="5"></td></tr>
</table>

续表

| | |
|---|---|
| 合法性评估 | |
| 安全性评估 | |
| 适宜性评估 | |
| 矫治性评估 | |
| 效益性评估 | |

续表

| | |
|---|---|
| 不安全因素及防范措施 | |
| 考察评估小组引进意见 | |
| 强制隔离戒毒所意见 | |

附件 4

## 强制隔离戒毒场所生产劳动项目备案表

填报单位：　　　　　　　　　　编号：

| | |
|---|---|
| 合作单位 | |
| 项目名称 | |
| 准入证编号 | |
| 审批有效期 | |
| 生产单位 | |
| 项目基本情况 | |
| 强制隔离<br>戒毒所备案申请 | 年　月　日(盖章) |
| 省戒毒管理局意见 | 年　月　日(盖章) |

附件 5

**强制隔离戒毒场所生产劳动项目退出备案表**

填报单位：　　　　　　　　　　　　编号：

| | |
|---|---|
| 项目全称 | |
| 审批单位 | |
| 审批编号 | |
| 审批有效期 | |
| 生产单位 | |
| 退出时间 | |
| 退出原因 | |
| 善后处理情况 | |
| 强制隔离戒毒所意见 | 年　月　日（盖章） |
| 省戒毒管理局意见 | 年　月　日（盖章） |

附件 6

## 生产劳动项目准入证

编号：

合作单位：

劳动项目：

劳动单位：

主要原材料和辅料及属性：

主要加工设备和使用工具：

有效期：　　年　月　日—　　年　月　日

发证机关：

附件 7

**戒毒单位安全生产管理工作考核评分标准(试行)**

| 序号 | 项目 | 考核内容 | 分值(100) | 评分标准 | 考核办法 | 得分 |
| --- | --- | --- | --- | --- | --- | --- |
| 一 | 安全生产责任制和安全组织机构20分 | 1.建立健全安全生产责任制,责任清单明晰 | 8 | 1.未建立安全生产责任制的扣6分,责任制中领导职责不清的扣1分,涉及部门不全、部门职责不具体的扣1分 | 查文件、资料,现场询问等 | |
| | | 2.年初制订文件化的年度安全生产工作目标、工作计划,明确控制指标 | 3 | 2.没有年度安全生产工作目标、工作计划,未明确控制指标的扣2分,未下发相关文件的扣1分 | | |
| | | 3.按照有关规定,设置安全生产委员会,定期召开会议,并记录在案 | 3 | 3.没有按照规定设置安全生产委员会的扣2分,未定期召开会议的扣0.5分,没有会议记录的扣0.5分 | | |
| | | 4.设置安全生产管理机构,配备安全生产监督管理专职人员;大(中)队、车间配备专(兼)职安全生产管理人员 | 2 | 4.未设置管理机构的扣1分,未配备安全生产监督管理专职人员的扣0.5分;大(中)队、车间未配备专(兼)职安全生产管理人员的扣0.5分 | | |
| | | 5.安全生产管理人员应当具备2年以上生产现场管理工作经验,经培训合格后持证上岗 | 1 | 5.安全生产管理人员不具备2年以上生产现场管理工作经验的扣0.5分,未经培训合格上岗的扣0.5分 | | |
| | | 6.全员签订安全生产目标责任书 | 3 | 6.目标责任书未涉及全体人员的,视情况扣0.5分至3分 | | |

**续表**

| 序号 | 项目 | 考核内容 | 分值（100） | 评分标准 | 考核办法 | 得分 |
|---|---|---|---|---|---|---|
| 二 | 安全生产规章制度和操作规程12分 | 7. 按照部局颁布的《司法行政强制隔离戒毒所安全生产管理工作暂行规定》，建立健全安全生产管理制度 | 6 | 7. 缺少一项安全生产管理制度扣0.5分，直至扣完6分 | 查文件、资料，现场询问、查看等 | |
| | | 8. 制定各工种和设备的安全操作规程并上墙、发放到相关岗位 | 2 | 8. 未上墙的扣0.5分，未发放到相关岗位的扣0.5分 | | |
| | | 9. 教育和督促从业人员严格执行安全生产规章制度和安全操作规程；向从业人员如实告知作业场所和工作岗位存在的危险因素、防范措施以及事故应急措施 | 2 | 9. 不遵守规章制度和安全操作规程的，一次扣0.5分；未告知作业场所和工作岗位存在的危险因素、防范措施以及事故应急措施的，一次扣0.5分 | | |
| | | 10. 各项安全生产管理制度完整、全面、具体、明确，并装订成册；需要全员掌握、执行的制度，应当张贴、公示 | 2 | 10. 制度不完整、全面、具体、明确，未装订成册的，视情况扣0.5分至1分；应当张贴、公示未张贴、公示的，视情况扣0.5至1分 | | |
| 三 | 安全生产费用提取和使用4分 | 11. 依据国家会计制度设立专门科目；费用支出执行部局颁布的《司法行政强制隔离戒毒所安全生产管理工作暂行规定》中第二十二条 | 2 | 11. 未设立专门科目的扣1分；费用支出不符合列支范围的，视情况扣0.5至1分 | 查看安全生产费用台账 | |
| | | 12. 工业企业按照国家相关规定提取安全生产费用，戒毒人员生产劳动安全生产费用按照不低于年营业收入的4%比例提取 | 1 | 12. 提取比例不足的扣1分 | | |
| | | 13. 安全生产管理机构负责安全生产费用的计划、使用、监管 | 1 | 13. 未实行安全生产管理机构计划、使用、监管安全生产费用的，视情况扣0.5分至1分 | | |

续表

| 序号 | 项目 | 考核内容 | 分值(100) | 评分标准 | 考核办法 | 得分 |
|---|---|---|---|---|---|---|
| 四 | 安全生产教育培训18分 | 14. 主要负责人、分管安全生产及安全生产监督的领导和管理机构负责人、其他安全生产管理人员，接受相应的安全教育培训并考核合格 | 4 | 14. 主要负责人、分管安全生产及安全生产监督的领导和管理机构负责人、专职安全生产管理人员未取得安全生产培训合格证的，视情况扣 0.5 分至 4 分 | 查阅安全生产培训档案、书面记录、各类培训证书等 | |
| | | 15. 戒毒所对在岗全员进行安全教育培训 | 2 | 15. 未进行全员安全生产培训的，视情况扣 0.5 分至 2 分 | | |
| | | 16. 警察、职工及戒毒人员在上岗前必须经过所(厂)、大队(车间)、班组三级安全教育培训 | 2 | 16. 未进行“三级安全教育培训”的，视情况扣 0.5 分至 2 分 | | |
| | | 17. 警察、职工及戒毒人员在本单位内调整工作岗位或离岗一年以上重新上岗时，必须经过大队(车间)和班组级的安全培训 | 2 | 17. 未进行调岗、离岗后重新上岗安全培训的，视情况扣 0.5 分至 2 分 | | |
| | | 18. 警察、职工及戒毒人员必须经过“四新”(指新技术、新工艺、新设备、新材料)教育 | 2 | 18. 未进行岗前“四新”教育的，视情况扣 0.5 分至 2 分 | | |
| | | 19. 特种作业人员取得特种作业操作资格证书；特种作业岗位不得由戒毒人员担任 | 4 | 19. 未取得特种作业操作资格证书上岗的，视情况扣 0.5 分至 2 分；戒毒人员从事特种作业的扣 2 分 | | |
| | | 20. 建立安全生产教育和培训档案，如实记录安全生产教育和培训的时间、内容、参加人员以及考核结果等情况 | 2 | 20. 未建立教育培训档案的扣 2 分，记录不全的扣 0.5 分 | | |

续表

| 序号 | 项目 | 考核内容 | 分值（100分） | 评分标准 | 考核办法 | 得分 |
|---|---|---|---|---|---|---|
| 五 | 安全生产技术措施10分 | 21.工程项目及建筑、对外项目、劳动现场、重大危险源与安全控制点（安全生产重点部位）、消防安全、用电安全、危险化学品、燃气安全、生产设施设备、生产劳动项目准入、生产劳动工具、生产劳动时间、劳动保护等安全管理要符合国家、山东省、部局和省局有关规定 | 10 | 21.未按国家、山东省、部局和省局有关规定执行的，每项扣0.5分，扣完10分为止 | 查阅相关管理制度、查看日常管理资料、抽查工作现场、现场询问等 | |
| 六 | 安全生产检查与整改12分 | 22.戒毒所组织安全生产月检查，工业企业车间组织安全生产周检查，大（中）队，生产劳动车间、工业企业车间班组组织安全生产日检查 | 3 | 22.未按照要求实行"三级安全检查"的，视情况扣0.5分至3分 | 查阅相关检查整改资料、抽查工作现场、现场询问等 | |
| | | 23.对检查出的生产安全事故隐患，采取及时通报、限期整改、挂牌督办和责任追究等方法，跟踪整改结果 | 3 | 23.未对事故隐患采取相关通报、整改、督办、责任追究办法的，视情况扣0.5分至3分 | | |
| | | 24.对不能立即整改的事故隐患，整改前明确整改责任人、制定预防措施、制定整改时限、制定好事故应急预案并加强演练 | 3 | 24.对不能立即整改的事故隐患，未采取"五落实"措施的，视情况扣0.5分至3分 | | |
| | | 25.安全生产检查整改情况应有专项记录 | 3 | 25.专项记录不完善的，视情况扣0.5分至3分 | | |

**续表**

| 序号 | 项目 | 考核内容 | 分值(100分) | 评分标准 | 考核办法 | 得分 |
| --- | --- | --- | --- | --- | --- | --- |
| 七 | 安全生产应急管理8分 | 26.建立应急救援组织，建立健全包括综合应急预案、专项预案和现场处置方案在内的应急预案体系 | 3 | 26.未建立应急救援组织的扣1分;未按要求制定应急预案的，视情况扣0.5至2分 | 查阅相关预案、查看演练资料、现场询问等 | |
| | | 27.配备必要的应急救援装备、物资并定期维护 | 1 | 27.未配备必要应急救援装备、物资的扣1分，未定期维护的扣0.5分 | | |
| | | 28.按要求定期组织应急预案演练，及时修订和完善应急预案。戒毒所的应急预案演练每半年不少于一次、大(中)队的应急预案演练每季度不少于一次 | 2 | 28.未定期组织应急预案演练的扣1.5分，未及时修订和完善应急预案的扣0.5分 | | |
| | | 29.发生生产安全事故，立即启动相应的应急预案 | 2 | 29.发生生产安全事故，未立即启动相应应急预案的扣2分 | | |
| 八 | 安全生产标准化4分 | 30.工业企业通过安全生产标准化达标验收，戒毒人员生产劳动参照安全生产标准化建设开展工作 | 4 | 30.工业企业未通过安全生产标准化验收的扣2分;生产劳动安全生产工作未参照安全生产标准化建设开展工作的，视情况扣0.5分至2分 | 查阅相关资料、抽查工作现场、现场询问等 | |

**续表**

| 序号 | 项目 | 考核内容 | 分值(100分) | 评分标准 | 考核办法 | 得分 |
|---|---|---|---|---|---|---|
| 九 | 事故报告与调查处理6分 | 31.及时、准确、完整报告生产安全事故 | 2 | 31.隐瞒不报、谎报或迟报安全生产事故的,扣,1.5分,未及时补报的扣0.5分 | 查阅事故报告及调查处理管理制度、查看日产管理资料、抽查工作现场、现场询问等 | |
| | | 32.发生生产安全事故,重伤一人以上,或者轻伤3人以上,或者财产损失10万元以上的,报告省戒毒局;死亡1人以上,或者重伤3人以上,或者轻伤10人以上,或者财产损失50万元以上的,报司法部戒毒管理局;一般事故以上的,应立即报告司法部戒毒管理局。按照有关规定,及时报告当地安全生产监督管理部门 | 2 | 32.未按相关要求报告安全生产事故的,视情况扣0.5分至2分 | | |
| | | 33.发生事故后按"四不放过"的原则进行处理,并保存好事故资料 | 2 | 33.未按"四不放过"的原则对安全生产事故进行处理的,视情况扣0.5分至2分 | | |
| 十 | 安全生产考核与奖惩6分 | 34.按照责、权、利相结合的原则建立、健全安全生产考核和奖惩机制 | 2 | 34.安全生产考核和奖惩机制建立不全的,视情况扣0.5分至2分 | 查阅考核奖惩资料、现场询问等 | |
| | | 35.每年对安全生产管理工作进行考核,对安全生产管理先进单位和个人给予表彰和奖励,对考核不合格的单位进行通报批评或者给予处罚 | 2 | 35.未实行安全生产年度考核的扣2分 | | |
| | | 36.对在改善安全生产条件、防止生产安全事故、参加抢险救护等方面取得显著成绩的单位和个人,给予奖励 | 2 | 36.未对在安全生产有突出贡献的单位和个人给予奖励的,视情况扣0.5分至2分 | | |

# 第十二章　戒毒人员“工疗”戒毒的文化构建

戒毒“工疗”场所同样也是教育矫治基地，通过场所文化建设可以为戒毒人员创设一个良好的文化氛围。可通过多种形式构建戒毒人员对“工疗”的文化认知，运用多层次、全方位、独具特色的“工疗”文化使生产劳动发挥约束、引导的关键作用，进而取得较好的戒治成效。

## 第一节　“工疗”戒毒文化

文化是一个群体(可以是国家，也可以是民族、企业、家庭)在一定时期内形成的思想、理念、行为、风俗，及由这个群体整体意识所辐射出来的一切活动，是人类在社会历史发展过程中所创造的物质财富和精神财富的总和。文化是人类生活的反映、活动的记录、历史的沉积，是人们对生活的需要和要求、理想和愿望，是人们的高级精神生活，是人们认识自然，思考自己，精神得以承托的框架。

“工疗”戒毒文化是指在戒毒场所实施工疗戒治过程中由警察和戒毒人员共同创造的物质和精神财富的总和，包括物质形态的场所、设备、设施和教育活动，以及由此作用于内心的心理形态的积淀。“工疗”文化建设是强化生产劳动戒治功能、提高场所教育戒治效果的重要举措。在实际工作中，着眼于营造特色，积极探索和实践多层次、全方位、健康活泼、独具特色的场所“工疗”文化，进而取得较好的教育戒治成效。

## 第二节 戒毒场所"工疗"戒毒文化建设的地位和作用

实践经验证明,创造良好的环境,有利于抵制各种错误思潮和腐朽思想的影响,有利于戒毒人员从各个方面摄取精神营养,增加知识、开发智力、培养能力、增长才干,可见环境因素对戒毒人员戒治的影响是至关重要的。戒毒"工疗"场所作为教育改造基地,必须通过场所文化建设为戒毒人员创设一个良好的文化氛围,使戒毒人员能够充分地发展其特长、志趣和爱好。

### (一)场所文化以其独有的感染力而作用于戒毒人员的心灵

好的场所"工疗"文化一旦形成就具有强烈的感染力,它在思想教育过程中表现出来的特点既不同于讲课和作报告等的直接灌输,亦不同于规章制度那样带有强制性的行为约束,而是通过潜移默化的作用达到教育的目的。场所文化将抽象的道理赋予形象的物质载体或各种活动之中,为戒毒人员创造一个富有感染力的文化环境和气氛。戒毒人员在这种环境和气氛的影响和熏陶下,激发其思想感情、陶冶其道德情操、锤炼其意志品格。场所"工疗"文化就是通过一些生动活泼的形式,使戒毒人员在受教育的过程中由被动转为主动,实现自我教育,增强教育效果。

### (二)场所文化以其丰富的内容活跃戒毒人员的学习生活

当今,人类正处在知识经济时代,场所文化建设为戒毒人员提供了拓宽知识视野的有利条件。戒毒人员在学到系统的劳动技能的同时,既可以培养观察能力、提高形象思维能力,又能提高信息记忆的能力和信息反馈的能力;既有利于戒毒人员智力的开发和能力的培养,又可以活跃戒毒人员的学习生活。建设优雅的"工疗"环境,可以改善戒毒人员的血液循环,调节大脑机能,消除疲劳,焕发精神。

创造良好的"工疗"场所文化是一种综合的戒毒场所建设,保证既有美的环境,又有美的校园生活,更有美的心灵。戒毒人员在场所文化的感染和熏陶下,必然会由衷地树立戒毒信心,热爱生活,从而激发戒毒人员积极戒治的自觉性和主动性。

## 第三节 “工疗”戒毒戒治文化形式

“工疗”文化建设，一般可分为“硬件”和“软件”两个方面。“硬件”建设应以场所“工疗”文化设施和场所文化环境建设为主体，“软件”建设应以建立场所“工疗”文化小团体和开展丰富多彩的“工疗”文化活动为主体。

**（一）营造“工疗”教育文化，培养良好“工疗”习惯，强化软件建设**

绝大部分戒毒人员劳动行为规范养成比较差，好逸恶劳恶习比较深。应当坚持“教育既源于理念灌输、更源于实践磨炼”的思想，从规正戒毒人员的劳动行为入手，把戒毒人员劳动观培养、劳动行为规范养成与课堂化教育、辅助教育、行为规范教育有机结合起来。在脱毒期教育中，应加强对戒毒人员的岗前培训；在康复期教育中，应经常组织“劳动的意义和价值”大讨论，开展劳动竞赛、“劳动创造美”演讲比赛、劳动能手评选、劳动星级达标、劳动行为规范模拟现场演练等活动，定期举办劳动观教育专题讲座；在回归期教育中，要增加就业形势分析和引导教育内容，不断促进戒毒人员养成良好的劳动习惯。

**（二）营造“工疗”环境文化，创造优美“工疗”环境，强化硬件建设**

环境能够影响人的心情和主观能动性的发挥。要积极为戒毒人员美化、优化“工疗”车间环境，坚持“在色彩搭配上以温馨、悦目为主，在布局调整上以和谐、规范为主，在直观感受上以奋发、向上为主”的原则。以创建“规范化‘工疗’车间”活动为载体，对“工疗”车间重新进行粉刷、喷漆和装饰，将各类管理规章制度和工艺流程图全部悬挂上墙，对物料、设备等划设专门区域进行定置管理，对各类“工疗”工具和物品存放设施进行统一更新，并在车间安装音响设备定时播放节奏明快的音乐，从而为戒毒人员提供规范化、人本化的“工疗”环境，使戒毒人员在优美的“工疗”环境中充分发挥劳动潜力。

**（三）营造“工疗”管理文化，积极调动“工疗”热情**

戒毒人员“工疗”热情的培养和调动关键在于“工疗”组织管理。为此，要着力在四个方面下功夫：

1."工疗"项目选择

在"工疗"项目选择上，建立生产项目综合评估制度。积极选择技术含量高、环保性能好、安全系数大、戒毒人员兴趣程度高的生产项目，使劳动过程成为戒毒人员乐于参与的"工疗"过程和创造过程。

2.劳动技能培训

在劳动技能培训上，积极与生产合作厂家协作。在所内开办与"工疗"劳动项目相关的职业技术培训班，并为戒毒人员办理劳动部门认可的职业资格证书，使劳动过程成为戒毒人员学习、掌握和提高劳动技能的有效途径。

3.劳动组织管理

在劳动组织管理上，将警察直接管理与戒毒人员民主管理、自我管理有机结合起来。成立戒毒人员生产劳动管理委员会，建立由戒毒人员组成的安全管理网络和产品质量管理网络，允许戒毒人员互相选择、自由搭配组成优势互补的劳动小组，使劳动过程成为戒毒人员自我管理、相互监督、默契配合、协同创造的过程。

4.劳动考核奖惩

在劳动考核奖惩上，要对戒毒人员的劳动态度、劳动表现、劳动工效进行日考核、月累计、季评比，并通过戒毒人员三期管理模式流转、季度考核评比以及适度劳动报酬发放兑现奖惩，使劳动过程成为戒毒人员相互间"比、学、赶、帮、超"的过程，充分调动起戒毒人员的工疗积极性。

**(四)营造"工疗"安全文化，全力确保"工疗"安全**

安全是工疗劳动顺利开展的首要前提和重要保障。通过定时组织开展"安全集中整治""安全整治大排查""安全生产月"等形式多样、内容丰富的安全排查和安全主题教育活动，来营造工疗安全"人人关注、人人参与"的工作局面；通过文化宣传，举办知识讲座、知识竞赛、演讲比赛、文艺汇演、消防演练等形式，不断强化戒毒人员的安全理念和安全防护能力，全力确保工疗过程安全。

**(五)营造"工疗"宣传文化，营造浓厚"工疗"氛围**

为使"工疗"的观念植根于每位戒毒人员心中，应本着"用正确的舆论引导人、用浓厚的氛围感染人"的原则，加大"工疗"宣传力度。在板报、壁报上开辟"工疗"劳动宣传专栏，在园区月报上开辟"工疗"劳动专版，在局域网上开辟“工疗”管理工作论坛，制作“工疗”专题电视节目，运用电子显示屏滚动播出“工疗”相关知识，在所内悬挂工疗宣传条幅，在车间墙壁、立柱上张贴“工疗”励志名言警句，为戒毒人员参加“工疗”劳动营造浓厚的舆论氛围，使戒毒人员在浓厚的“工疗”氛围中将参加“工疗”劳动内化为自觉行动。

# 第十三章　戒毒人员“工疗”戒毒的创新发展

创新戒毒人员“工疗”戒毒实践，重在加快“工疗”戒毒考核评价体系的构建、戒毒回归平台的建设、信息化建设、戒毒经济效益管理使用、“引企入所”拓展“工疗”戒毒平台等，不断提高“工疗”戒毒的科学化、信息化和效益更大化。

## 第一节　“工疗”戒毒考核评价体系建设

戒毒质量评估体系建设作为目前戒毒工作的重要内容，如果没有科学规范的质量评价体系，就无法检验戒毒效果。目前的所谓诊断评估是在日常考核的基础上做出的不完整的评估，建立科学的评价体系是戒毒工作发展的必然。既能检验戒毒场所的工作质量，也是检验戒毒人员的戒毒效果的重要依据。“工疗”戒毒评价体系是戒毒效果评价体系的组成部分，不可缺失。

### 一、“工疗”戒毒考核评价现状

司法部、公安部和卫计委于 2013 年共同制定了《强制隔离戒毒诊断评估办法》，对强制隔离戒毒人员生理脱毒、身心康复、行为表现、社会环境与适应能力等情况进行综合考核、客观评价。但是诊断评估办法中涉及“工疗”的评估，特别是“工疗”戒毒考核评价并没有具体的评估体系，这使“工疗”戒毒质量的评估严重缺失。一是造成基层对评估认识的误区，认为“工疗”的作用不大，“工疗”对戒毒效果作用收效甚微；二是对

“工疗”的评价实际开展没有提供法律评价依据；三是法律规定的“可以参加生产劳动”与规章中“不超过6小时”存在不协调的问题，同样造成对“工疗”作用的质疑，二者看似不矛盾，但对于“工疗”戒毒的规定不够清晰，更没有考核及评估的具体要求，造成“工疗”戒毒的评估无法纳入戒毒效果考评体系。

## 二、建立“工疗”戒毒考核评价体系的必要性

通过建立“工疗”戒毒考核评价体系，能够为评估戒毒人员戒治效果提供可操作化的、客观的评价标准，对不同戒治阶段的人员进行分析比较，检验戒毒质量和戒毒效果，所以“工疗”戒毒评价体系如同其他疗法一样不能缺少。一是对“工疗”效果评价的必然要求；二是整个评价体系的组成部分，缺一不可；三是保证戒毒评价的科学、全面、完整性。否则，评价体系会是片面的、单一的，不但影响习艺劳动的开展，还忽视了“工疗”对戒毒效果的价值作用。

## 三、如何建立完善的“工疗”戒毒评估体系

“工疗”戒毒评估体系的建立要客观、综合考虑，不能夸大“工疗”戒毒效果，也不能忽略“工疗”效果。充分考虑其他疗法的作用，适当确定其权重。

### （一）以考核为依据、为基础

把日考核、月累计、季评比作为评估的基础。建立工疗戒毒数据库，做到真实有效。

### （二）定性评估与定量评估相结合

定性评估内容与考核基本一致，定量评估充分利用数据库。定性评估也要实现数据转换，不能存在印象分，杜绝以单纯劳动产值数量作为评估的依据。

### （三）严格区分考核与评估的作用

考核是基础，评估是目的，都是对“工疗”效果的检验。应杜绝重考核轻评估，做到有机结合。

### （四）正确区分“表现型”与“真实型”戒毒人员的戒毒效果评价

部分戒毒人员有劳教或者监狱的经历，这些人员具有一定的“表现

经验"，只关注戒期，不追求戒毒效果，以所谓的"表现"取代真诚戒毒，具有一定的伪装性和欺骗性。这类人员复吸率较高，会对其戒毒效果评价造成误区，有失真实，所以科学的评价体系的建立显得十分重要。

## 第二节　戒毒人员"工疗"戒毒回归平台建设创新

建立就业推介与合作机制，做好再就业基金的管理工作，搭建戒毒人员的"工疗"戒毒回归平台，打通戒毒人员回归社会的最后"一公里"，实现戒毒人员与社会的"无缝对接"。

### 一、就业推介与合作机制

《禁毒法》和《关于加强戒毒康复人员就业扶持和救助服务工作的意见》都明确提出要加强对戒毒人员就业扶持、社会救助、戒毒医疗工作。对戒毒教育矫治工作社会延伸提出的更高要求，不仅体现在要立足于面向社会、跟踪支持、实现教育矫治工作的社会化，更体现在要积极参与对解除强制隔离戒毒的人员的安置帮扶，实现教育矫治工作延伸，以提高戒毒效果、降低复吸率。

按照国家禁毒委的统一部署，有关禁毒部门积极开展戒毒人员回归社会就业安置工作，集中社会各界力量，积极推进就业安置工作的改革与创新。由于现行戒毒人员回归社会就业安置工作的相关法律法规并不健全，制度也不成熟，再加上客观社会环境以及戒毒人员个人主观因素等各方面的原因，导致强制隔离戒毒人员回归社会就业安置工作仍然存在一定的不足，戒毒管理机构必须对此加以重视。

强制隔离戒毒人员回归社会就业安置工作是关乎解除强制隔离戒毒人员回归社会、重塑人生的大事，事关社会和谐的大局。为进一步贯彻落实《禁毒法》和《戒毒条例》，强制隔离戒毒所应持续推动戒毒康复安置就业工作，促进戒毒康复工作科学可持续发展，更好地帮助戒毒人员戒除毒瘾、回归社会，可尝试探索就业推介与合作机制。

一是开启回归社会人员的就业推介与合作帮教工作。第一步，构建就业推介与合作工作的网络体制，成立专门的工作小组来负责就业推介与合作，并与各个地区链接，初步形成社区化就业安置平台雏形；第二步，建立就业安置工作对象的档案化管理；第三步，投入专项工作经费，保证就业安置工作的长期有效性。通过逐步建立的就业推介与合作工作系统，掌握戒毒人员回归社会的基本信息、存在的困难、需要解决的问题等，实现与当地社区、街道办事处互动工作，联合社会组织等开展宣传教育，形成一个健全的社会帮扶体系。

二是搭建解除强制隔离戒毒人员回归社会配套的就业安置基地，为戒毒人员正式回归社会前构建一个实用性的适应与过渡期的场所。就业安置基地是政府为吸毒人员设立的社会福利性事业，其目的在于帮助吸毒人员实现生理与心理上的戒毒康复，通过康复劳动、就业培训以及心理辅导等各方面的帮助和矫治，在国家层面上解决由吸毒引发的社会问题与矛盾，对部分家庭困难、就业无门、自制力不强的戒毒人员再度融入社会起到良好的过渡作用。对接受一定时期强制隔离戒毒并且表现良好的戒毒学员，在基于自愿的原则基础上签订协议。

## 二、创建再就业基金

再就业基金主要包括救济金和再就业职业介绍、职业培训基金两部分。其中职业介绍和职业培训基金直接反映再就业基金制度对戒毒人员再就业的支持力度，表明政府重视戒毒人员的职业介绍和职业培训工作，着力解决戒毒人员寻找工作时的信息不对称问题，助力戒毒人员更快地找到合适的工作。

再就业基金的支出主要用于出所后一次性生活补助、再就业资金扶助以及用于戒毒人员出所后的医疗、丧葬补助金等。

### （一）基金预算

再就业基金经办机构应根据上年度基金的收支执行情况和本年度基金收支预测，制定再就业基金年度收支预算，经同级财政社会保障机构审核、批准后执行，并报上一级财政部门备案。

再就业基金经办机构要严格按批准的预算执行，如遇特殊情况需调整预算的，要报经同级财政审核批准后执行。各级再就业基金经办机构应定期向同级财政社保机构报告基金预算执行情况；各级再就业基金经办机构、财政社会保障机构应逐级上报基金预算执行情况。[①]

**(二)基金筹集**

再就业基金收入包括基金收入、基金利息收入、其他收入。基金收入包括政府财政投入、戒毒所劳动利润中提取、戒毒所所属企业资助以及向社会募捐筹措的资金。基金利息收入是指再就业基金存入银行所取得的利息收入。其他收入是指上述收入以外，经财政部门核准的其他收入。

就业基金在同级预算外资金财政专户中单独立户、单独核算、单独管理。

再就业基金经办机构收取再就业基金使用的专用票据，由省财政厅统一印制。

**(三)基金使用**

再就业基金的支出范围包括：

(1)支付企业和单位吸纳戒毒人员的安置补助费。

(2)戒毒人员就业的职业介绍费。

(3)组织戒毒人员职工转业、转岗培训的补助费。

(4)贷款贴息，是为企业安置戒毒人员而组织实施再就业项目，向银行贷款支付的贴息。

(5)组织实施再就业工程的业务费用。

再就业基金经办机构在银行设立“再就业基金支出账户”，除用于接受从“再就业基金对政专户”拨入的资金外，只支不收。再就业基金支出标准由再就业基金经办机构提出，经同级财政社会保障机构审核，各部门、各单位不得擅自提高支出标准、扩大支出范围。

扶持生产周转基金是指从再就业基金中专门划出帮助戒毒人员再就业的周转金预算。扶持生产周转金实行有偿使用、到期收回、单独建账、单独核算。

---

① 参见湖北省财政厅:《湖北省再就业基金管理暂行办法》，载《财会通讯》1997 年第 12 期。

(四)基金结余

基金结余是指再就业基金收支相抵后的余额。包括前期结余、当前结余及扶持生产周转金。

再就业基金结余除部分用于扶持生产周转金外,应存入银行实行保值增值;各单位不得利用再就业基金结余进行任何形式的直接或间接投资,不得挪作他用。

(五)基金决算

再就业基金经办机构于年度末按要求编报基金年度财务报告。年度财务报告应做到数字翔实、计算准确、内容完整、报送及时。

逐级上报审核汇总的本级决算和下一级决算。在决算审核过程中,如发现有不符合相关规定的,要及时予以纠正。

再就业基金经办机构应按期向主管部门和财政部门报送基金财务报告。报告包括财务报表、财务分析和财务情况说明书。

(六)监督与检查

再就业基金经办机构要建立健全内部控制制度。要定期和不定期对基金收入、支出、扶持生产周转金的投放及回收等进行检查;自觉接受财政、审计部门的监督和检查。

再就业基金经办机构与财政部门要定期和不定期核对再就业基金财政专户内的基金收支情况,发现问题及时纠正,确保账款相符。

## 三、戒毒康复平台建设

戒毒效果的关键在于戒毒人员回归社会以后的就业问题。戒毒人员回归社会以后,社会歧视、用人单位不接纳、亲人不理解等诸多因素,致使部分吸毒人员自暴自弃、破罐子破摔,进而重蹈覆辙,再次沦为吸毒者。吸毒人员大多是无业青年;有工作的人沾上毒后,基本都会失去工作。大量事实表明,复吸的最主要原因是无聊无事无工作、受歧视、毒友引诱。而戒毒康复者最需要的帮助就是理解与支持,帮助他们找到适合自己的工作,生活宽松与自由。戒毒康复者社会接纳体系的滞后,成了影响现阶段禁毒斗争成效的一个重要因素。如果让戒毒人员走出戒毒所回归社会以后,有一技之长,有一份比较稳定而又符合他们特点的工作,那么他们就会逐渐融入社会,过上正常人的幸福生活,其复吸的可能性就大大降低。

新的戒毒模式和戒毒康复工作尚处于探索和试验阶段，如何解决好戒毒人员回归社会的就业问题显得尤为重要。但作为一个复杂的社会系统工程，禁戒毒工作需要政府各部门和社会各界的通力合作，形成促进戒毒工作良性循环和协调发展的良好局面。成功挽救一名吸毒人员，就是挽救一个家庭，就是为社会增添了一份和谐因素。要坚持以人为本，积极探索服务管理中更加人性化的措施，把人文关怀体现到戒毒工作的各个方面；要按照禁毒法的相关规定，研究建立戒毒工作中科学合理的新机制，努力实现分类施治、分段施策，把科学戒毒的要求落到实处；要紧紧依靠党和政府，建立完善的，集生理脱毒、身心康复、融入社会于一体的戒毒康复模式和以安置就业为核心的社区戒毒、社区康复工作体系，使他们病有所医、困有所帮、有学可上、有业可就，尽可能地给予戒毒人员人文关怀，切实巩固好戒毒成果，使之更好地融入社会。而从目前的戒毒工作现状来看，"高复吸、低操守""屡戒屡吸"的现象还很普遍。纵观吸毒、戒毒、回归社会的整个过程，实现禁毒人民战争胜利的一个最明显成果就是做好戒毒人员成功回归、融入社会的工作，而其中解决就业问题是直接关系到戒毒成败的关键之一。

戒毒者回归社会的过程，实质就是实现其人格再独立的过程，是再社会化的过程，其保持操守时间和操守率取决于再社会化的成功与否。经济独立是人格独立的基础，因而解决就业问题就成为关键点。然而当今社会就业难是普遍现象，对于身处"吸毒亚文化"群体的戒毒人员，过着一种遭受社会排斥的定型化生活，就业、找工作自然是难上加难。那么解决好戒毒人员回归社会的就业保障问题，有效降低复吸，提高操守，实现促进社会和谐发展的戒毒工作目标，就成为新时期戒毒工作的一个重要方面。

### （一）强制隔离戒毒机构要加大职业技能技术培训力度

强制隔离戒毒机构提供了一个封闭的、相对集中的戒毒环境给戒毒人员，这为实现戒毒人员职业技能技术集中培训创造了良好的条件。而绝大多数吸毒人员吸毒前游手好闲、无所事事，既缺乏遵纪守法的思想，又没有很好的生活技能，生活飘荡，贪图享乐，最终导致走上吸毒的道路而一发不可收拾，给家庭和社会带来严重的危害。因此，作为强制隔离戒毒机构，本着“教育人，挽救人”的原则，应把职业技能技术的教育和培训作为工作的重要组成部分，使之成为一项长期而重要的工作。要积极地联合社会教育部门、职业培训机构，借助社会的力量，开展一些投资少、见效快、实用性强、符合戒毒人员自身特点的职业教育课程，让戒毒人员学有所得、学有所成、学有所用，给回归社会就业打下良好的基础。如开展电工班、厨师班、美发班、电脑班、按摩班等等。结合培训和国家职业技能考核标准，对于达到国家标准，通过劳动部门考核的人员颁发职业技能等级证书，让技能培训得到社会认可，为戒毒人员回归社会后的就业做好充分准备。

(二)社会各界要大力支持戒毒人员就业[①]

禁毒是人民的战争，戒毒是全社会的责任，因而帮助戒毒人员解决就业问题，也就成为我们共同的责任，这不仅是挽救一个人，一个家庭，更重要的是对国家对社会的安宁和发展做贡献。作为有用人需求的单位，要明白这个道理，更要承担起这份责任，做到对每一名戒毒人员不歧视、不抛弃、不放弃，吸纳一定数量符合条件的戒毒人员作为员工。因为他们作为就业的弱势群体，是毒品的受害者，同样也是影响社会和谐的不稳定因素。社会要给他们更多的关怀，为他们创造更多的就业机会，营造更好的就业环境，充分展现我国社会主义制度的优越性和戒毒工作的社会广泛参与性。各地各级党政部门不妨把此项工作纳入目标考核工作，并作为一项社会治安综合治理工作的考核指标。另外，作为教育、挽救戒毒人员“主战场”的强制隔离戒毒所，还应当积极利用地缘和政策优势，大力办厂、办企业，与多方进行深入合作，为戒毒人员提供离所就业推荐，同时接纳自愿留所就业的戒毒回归人员，为他们回归社会，远离毒品，保持操守，自立谋生提供“中途岛”“缓冲带”和“避风港”。

## 四、就业延伸实践与应用

我国是中国共产党领导的人民当家作主的社会主义国家，充分保障人权是我们党和国家的一贯主张和做法。因此，禁毒工作也离不开政府

---

① 参见卢晓明:《强制戒毒隔离人员回归社会后就业问题探讨》，载《甘肃警察职业学院学报》2012年第1期。

强有力的统一领导和社会各界的积极参与。虽然我们在促进戒毒人员就业问题上做出了许多探索和尝试，但也应清醒地看到做好此项工作任重而道远。要解决好这个问题还应做好以下几个方面的工作：

首先，国家要鼓励戒毒人员创业。由政府负责协调工商、税务、卫生、公安、规划等职能部门对戒毒人员创业以一定的优惠，程序从简，政策从宽，费用从优，真正让戒毒人员创业得到关怀和实惠。

其次，国家要给予大力宣传，奖励吸纳戒毒人员的用工单位和实体，或者按照法律规定在政策上给予一定的倾斜，如减免一定税收，从而鼓励用人单位录用戒毒回归人员。

再次，国家社会保障部门要把戒毒人员纳入社会保障体系，对于年老体弱、身患疾病、丧失劳动能力或者暂时没有就业而生活无依的戒毒回归人员，民政部门要按照国家标准或者当地标准发放基本生活保障金，解决廉租房等，保障他们的基本生活需要。作为引领戒毒工作的主体，各级政府应积极鼓励各种社会力量介入解决戒毒人员的就业问题，在提供政策支持、协调协作等方面形成长效机制。

另外，建议在大中城市开设公办戒毒福利工厂，对戒毒人员这一特殊群体进行就业安置和就业培训，使得戒毒人员回归社会后，能及时得到就业帮助，免受歧视和排斥，同时也便于开展跟踪帮教和同伴教育。

吸毒人员家庭要为戒毒人员就业提供支持。家庭是戒毒人员戒除毒瘾的强大动力和支撑点。绝大多数吸毒者对自己的行为也很后悔，当他们回归社会，与较长时间分隔的人见面时，家人如果能采取一种积极包容和理解的态度，让他们孤寂的心灵有一种归宿和依靠感，对于他们重新树立对生活的信心，重新走向社会，成为一个健全的人是非常重要的。相反，如果家人不予接纳，那么他们就很容易自暴自弃、重走旧路，再次沦为毒品的俘虏。

因此，作为戒毒人员的家人，一定要抱着“是人就能改变”的信念，勇敢地、积极地迎接亲人回归，并积极帮助他们就业或者创业。当他们在就业遭遇失败或者困难的时候，给他们以关心、理解、支持和帮助；当他们在就业岗位上取得成绩时，给予表扬和鼓励，培养他们的成就感，这对于我们整个社会的戒毒工作，特别是预防复吸、提高戒毒效果是非常有帮助的。

### 五、就业反馈对"工疗"戒毒的影响

#### (一)进一步稳定了戒毒所内戒治秩序

戒毒人员就业援助模式的创新,彰显了"以人为本"的戒毒所工作理念,使戒毒人员切实感受到来自戒毒所和社会各界的关怀,看到了自己的未来,内心升腾起新生的希望,更坚定了遵规守纪、积极戒治、踏实戒治、奔向新生的信心和决心。戒毒人员学习职业技术和掌握实用技能的行为会蔚然成风,进一步稳定了戒治秩序。

#### (二)推进了戒毒所工作社会化进程

通过戒毒人员技能教育和戒毒人员就业援助模式的不断创新,有效整合了党政机关、社会高校、企业、社会团体、帮教志愿者等社会各界优势教育资源。通过聚拢社会力量,扩充了教育内容、提升了教育手段、紧跟了时代步伐、贴近了社会需求,使教育更具吸引力和实效性,满足了戒毒人员学习多样性的需求,弥补了戒毒所教育内容、教育手段上的不足,既节约了教育成本,又推进了戒毒所工作社会化进程。

#### (三)促进了社会治安综合治理和和谐社会建设

通过戒毒人员技能教育和戒毒人员就业援助模式的创新,戒毒人员可以被各类企业聘用。通过就业援助推介就业的戒毒人员生活充实,会大大降低复吸率,有力地促进了社会治安综合治理和和谐社会建设,实现了良好的社会效益。

## 第三节　"工疗"戒毒信息化建设发展创新

信息化建设在"工疗"戒毒的应用中主要有三个层面:一是信息化建设的基础,即信息技术与"工疗"戒毒关系的开发;二是信息化建设的核心与关键,即信息资源在"工疗"戒毒中的利用过程;三是信息化建设的重要支撑,即信息化建设与"工疗"戒毒相辅相成、不断发展的过程。在当前戒毒形势下,要打赢新时期禁毒人民战争,我们的戒毒事业也需要积极响应信息化建设。"工疗"戒毒体系信息化建设功在当代、利在千秋。因此,从这个意义上讲,高度认识信息化建设,高度抓好信息化建设

都是一种有眼光的战略举措。

## 一、“工疗”戒毒数据比较、分析与整合

信息化建设的基础是数据的采集、分析、应用。本节主要是对戒毒人员在康复劳动中的各项数据进行采集，对相关数据进行系统的比较、分析，加以整合。力图为构建信息化“工疗”数据平台提供数据支撑，进而提供有效建议。

根据数据采集的需要，对相关数据的来源及计算方式进行介绍：

参与“工疗”戒毒人员数量即在某一时间节点上，戒毒场所内在册戒毒人员中能够正常参与“工疗”戒毒的戒毒人员。

参加职业技能培训人数指在本年度范围内，正常进行全程职业技能培训并顺利参加职业技能培训考试的戒毒人员数量。

参加职业技能培训比例是指在一定时期内，参与职业技能培训占全部在册戒毒人员数量的比例。参加职业技能培训比例公式表示为：参加职业技能培训比例＝参加职业技能培训戒毒人员数量/在册戒毒人员总数×100％。

获得职业技能培训合格证明人数是指参加职业技能培训并最终通过考试获得职业技能相关证书的戒毒人员数量。

职业技能培训合格率是指最终考试通过并获取相关职业技能培训证书的戒毒人员占参加职业技能培训的戒毒人员数量的比例。职业技能培训合格率公式表示为：职业技能培训合格率＝培训合格人数/参加培训总人数×100％。

就业推介人数指本年度内获得职业技能培训证书，有一定意向参与就业推介会并成功签署录用意向合同的戒毒人员数量。

劳动生产率是指参与“工疗”戒毒的戒毒人员在一定时期内创造的劳动成果与其相适应的劳动消耗量的比值。劳动生产率的计算公式表示为：劳动生产率＝产品数量/生产时间×100％。

戒毒人员出工率是指，在一定时期内，实际参与“工疗”戒毒的戒毒人员与应参与“工疗”戒毒的戒毒人员之间的比值。戒毒人员出工率的计算公示表示为：戒毒人员出工率＝实际出工天数/应出工天数×100％。

戒毒人员人均创收收入是在一定时期内，参与“工疗”戒毒的戒毒人员创造的劳动收入总值与参与“工疗”戒毒的戒毒人员数量之间的比值。戒毒人员人均创收收入表示为：人均创收收入＝“工疗”收入总值/参与“工疗”人数。

成品合格率是指在一定时期内，戒毒人员生产的成品数量中符合标准要求的成品比例。成品合格率表示为：成品合格率＝合格产品数量/全部产品数量×100％。

体能指标、心理指标参考戒毒人员参加一年后诊断评估和期满前诊断评估测试的数据。两项指标主要从侧面反映戒毒人员参加“工疗”戒毒后身体和心理的变化。

根据山东省戒毒管理局印发的《关于试行“1226”一日戒治规定的通知》（鲁戒毒〔2016〕19号）的要求，戒毒人员每天进行6小时康复劳动。以山东省鲁中强制隔离戒毒所参加2018年一季度期满前诊断评估戒毒人员的各项成绩和数据作为参考，对部分数据进行比较、分析。

体能指标是戒毒人员身体机能恢复的重要体现。从数据分析上看，戒毒人员体能指数恢复明显。戒毒人员入所后2个月流转至康复巩固区，每天6小时的康复劳动；从入所满1个月到执行期满1年，戒毒人员体能指标变化较大，进而反映出戒毒人员的体能恢复较为明显，“工疗”戒毒的效果显现。

戒毒人员心理指标内容是通过多种心理学量表测验得到的统计数据。戒毒人员在执行期满一年的整个过程中，通过参与“工疗”戒毒，戒毒人员心理状况发生巨大的变化特别是入所满1个月到执行期满1年的这一阶段，心理指标变化尤为明显。这一数据反映了参加“工疗”戒毒的戒毒人员逐渐认识到劳动的重要性，进而适应戒治环境，表现为心态趋于稳定，心理指标升高。

戒毒人员在所内进行康复劳动的同时，山东省鲁中强制隔离戒毒所分析了戒毒人员的身体状况、学历水平、以往经历等综合情况，针对性地聘请教师对相关戒毒人员进行职业技能培训。对于执行期满1年的戒毒人员，距离出所时间较近，对获取职业技能培训证书进行再就业这一方面的需求进一步提高，因而更多的戒毒人员积极参与到职业技能培训中，使获得职业技能培训证书的戒毒人员达九成以上。

## 二、信息化建设在"工疗"戒毒中的应用

信息化建设的基础是数据的支撑。只有大数据的支撑，才能打造具有山东戒毒特色的信息化建设品牌。在当前"工疗"戒毒工作中，主要数据包括：参与"工疗"戒毒的戒毒人员数量、劳动生产率、戒毒人员生理指标、心理指标、参加职业技能培训人数、获得职业技能培训合格证明人数、参加就业推介会人数、成功签署就业意向人数等。

信息化建设在"工疗"戒毒的应用中主要体现在两个层面：

一是信息技术与"工疗"戒毒关系的开发，也是信息化建设的基础。"工疗"戒毒信息化建设包括了戒毒场所的规模，戒毒场所内在电话通讯、网站、电子商务方面的投入情况，在习艺资源管理、质量管理体系方面的建设成就等。信息化建设是工疗戒治体系康复劳动各环节的核心支撑平台，并随着信息技术在戒毒场所中应用的不断深入显得越来越重要，未来甚至许多戒毒场所内的工疗戒治体系只依托信息化建设就可以生存和完善。工疗信息化建设必须详细分析、系统实施。在进行信息化建设时必须根据戒毒场所情况因地制宜地实施，不能好高骛远。

二是信息资源在"工疗"戒毒中的利用过程，是信息化建设的重要组成部分。信息资源在"工疗"戒毒中的利用过程，最好的呈现方式是云计算。云计算(Cloud computing)作为一种新兴的商业计算模型，可以将需要计算的相关"工疗"戒毒数据任务分布在大量计算机构成的数据库上，利用专门的应用系统根据需要获取计算能力、存储空间和其他服务，这种数据库称为"云"。"云"是可以自我维护和管理的虚拟计算资源。根据云计算的需求，构建符合戒毒系统实际的服务器集群，包括计算服务器、存储服务器、宽带资源等。云计算将所有的"工疗"戒毒相关数据资源集中起来，并由软件实现统一管理，无须人为参与，这可以使我们的干警无需为繁琐的细节而烦恼，有利于改良工作方法和节约生产成本。

## 三、信息化建设与"工疗"戒毒协调发展

在建设全国统一司法行政戒毒基本模式的要求下对职业技能培训中心进行整合优化，构建信息化平台。信息资源的利用是信息化建设的核心与关键。在基本的数据支撑上，对数据加以整合。作为生产力特殊

要素的信息与知识，通过对生产力其他要素（劳动者、劳动工具）的影响，在戒毒场所内将这些要素进行有序组织和总体协调，发挥其物质变精神、精神变物质两个过程相互结合转化的特殊作用。

应用高新技术和适用技术改造提升“工疗”戒治体系的信息化建设，发挥信息技术覆盖面广、渗透力强、带动作用明显等优势，围绕构建全国统一司法行政戒毒模式的要求，在康复劳动、职业技能培训、就业推介等重要环节促进当前“工疗”戒治体系的结构调整和改造升级。

**（一）推进信息化建设**

深化信息技术应用，提高已建设的信息平台水平，推动各职能业务的协同和信息共享。开展工疗戒治成效绩效评估和试点工作，推进“工疗”信息化深化开展，推进全面融合。开展职业技能培训的信息化评估工作，推动建设面向全系统内的工疗公共服务平台。

在构建工疗信息化平台的同时，以构建全国统一司法行政戒毒模式和戒毒人员需求为导向，以戒毒人员职业专项技能培训、促进戒毒人员再就业为目标，通过运用现代信息技术、网络技术和集成技术，达到对整个场所内戒毒人员的个人基本情况、职业技能培训情况、职业规划等方面进行有效规划和控制，从而将戒毒场所和职业技能培训与再就业等方面连接成一个完整的价值体系。

**（二）建立信息集成平台**

全面记录戒毒人员各项数据，身体、心理、学历、职业等，与管理科信息库数据对接，进而建立全方位、立体化数据资源库。把戒毒人员原有的系统数据集成到新的平台中，并加以分析，使大队警察及时有效地获取处理信息，合理安排职业技能培训方向，根据其数据分析结果，进行手术刀式的职业技能推荐。在数据集中的基础上，要确保处理一手数据快、准、稳，为管理信息化发挥作用提供基础保障。所谓快、准、稳即数据获取快、数据准确性高、数据来源稳定。这需要做到两点：其一，坚决取消手工单据，从根源杜绝数据差错、数据丢失等问题。其二，务必从工作现场采集数据，避免后期录入、推演等行为，保证数据来源的可靠性和数据的决策支持价值。

**（三）建立技术输入平台**

引入符合社会发展的职业技能，提高戒毒人员学习能力，系统性地利用戒毒场所积累的信息资源、专家技能,提高戒毒人员的创新能力、适应能力。通过戒毒场所与技术院校合作,引入高校先进技术及理念,让戒毒人员在两年的戒治期限中仍然能紧跟社会脚步,为重新踏入社会扫除障碍。

**(四)建立技术输出平台**

对场所内接受职业技能培训的戒毒人员,通过职业技能方面对其信息库进行完善。技术输出平台与用人单位合作,利用网上就业推介会与自我推荐相结合的形式,进行技术输出。建立技术输出平台的标准流程,规范化运作,为戒毒人员职业发展方向的发布、交流提供一个必要场所,使所学技能、改变情况等都能及时传播,而且社会也可以通过平台了解戒毒场所,对开门办戒毒提供新模式。

信息化建设对"工疗"戒毒的作用日益凸显。只有真正构建信息化建设平台,充分利用好信息化建设平台才能让信息技术发挥作用。当前是建立全国统一戒毒模式的关键时期,我们一定要提高对信息化的认识,认真把握好三个度:

第一,对信息化建设的认识要有高度。信息化建设是"工疗"戒毒快速发展的标志和关键,但不是"工疗"戒毒的全部内容;无论对戒毒系统、戒毒所、职业技能培训中心还是戒毒人员,信息化建设是当前这一阶段的大势所趋。信息化建设实现封闭的戒毒场所与开放的社会之间全方位、立体化沟通的桥梁,必须防止信息闭塞导致与时代脱轨局面的出现,否则我们的戒毒场所、戒毒人员在今后发展中将处于很不利的地位,甚至因"数字鸿沟"而被边缘化。

第二,对信息化建设的认识要有广度。重点把握好以下几个环节:一是在省戒毒管理局生产处、戒毒所职业技能培训中心的推广信息技术的应用过程;二是外部信息资源与封闭的戒毒场所内的信息资源应在安全的范围内进行互联互通;三是信息化建设在场所内逐渐发展完善的过程;四是信息化建设在"工疗"戒治过程中扩大规模和强化作用的过程;五是信息化建设相关专业人才的培养和相关大队、科室对信息采集熟悉的过程。信息化建设是多方面的相互作用、有机结合和有序发展的过程,因此信息化建设是一个系统工程。

信息化建设不仅要经营和建设信息基础设施,而且要在管理戒毒人员和项目相关生产两个方面促使职业技能培训中心、相关大队,通过对信息技术和信息资源的有效整合和应用，提出针对性的职业技能培训方案，提高戒毒人员生产和工作效率，降低成本和开支，使戒毒人员普遍享受有益的信息服务。

第三，对信息化建设的认识要有深度。信息化建设不仅是一个技术问题，它是关系到整个戒毒系统在“工疗”戒治方面成效的关键。技术问题需要解决封闭的戒毒场所与开放的社会相联系、相结合的矛盾。

因此，从一定意义上讲，信息化建设就是信息资源与信息技术的整合，是同戒毒形势的需求相互联系、相互结合的过程，这种联系和结合越紧密，信息化水平就越高。

## 第四节　“工疗”戒毒经济效益管理使用创新

“工疗”戒毒产生的经济效益通过合理的规划和有效的利用，对提高戒毒人员戒治积极性和对劳动意义的认识具有非常重要的作用。通过对经济效益多样性的使用方法和奖励机制的创新性思考，更大化地发挥“工疗”戒毒的作用。

### 一、“工疗”戒毒经济效益使用反馈

#### （一）提取家庭补助金

多数戒毒人员进入戒毒所开始戒治以后，家庭关系仍保持着，对家庭成员的责任和对亲情的牵挂也在继续，特别是有家庭的戒毒人员，对因自己给家人带来的种种影响有深刻的内疚感、负罪感，希望能通过自己的劳动来减轻家庭的压力。因此，建立戒毒人员劳动报酬制度，帮助戒毒人员以其劳动报酬中的一定份额用于家庭补助，支付给其赡养权利人、抚养权利人或其他有急需的亲属。这样，当戒毒人员家庭碰到实际困难时，可以支取该戒毒人员劳动报酬中的这一份额。这一制度的建立，从根本上有助于稳定戒毒人员戒治情绪，树立戒毒人员的戒治信心，缓解社会保障的压力，促进和谐社会建设。

#### （二）预留就业基金

相关调查资料显示，戒毒人员在出所三年内的复吸率之所以较高，

很大程度上就是因为刚出所的戒毒人员没有相关的职业技能，没有固定的工作岗位，没有稳定的经济收入。换句话说，只要戒毒人员能够尽快找到就业岗位，获得稳定的经济收入，就可以在一定程度上减少复吸率。由于戒治期间与社会相对隔绝，回归人员往往在出所后很难尽快找到就业岗位。现在是市场经济社会，就业关系要在求业者具备企业所要求的劳动技能和熟练程度的前提下，完全通过双向选择确立。戒毒人员出所后要做自食其力的人，就必须具备相应的劳动技能，才能寻找到就业岗位。如果建立起了包括戒毒人员就业基金的劳动报酬制度，当戒毒人员重返社会后，就可以运用这笔资金，从容地参加相关就业培训。戒毒人员只要认真调整好心态，树立起勤劳致富、勤俭节约、不怕苦不怕累的思想观念，一定会找到一个合适的就业岗位。这样的制度契合戒毒人员回归社会的最终目标。在建立戒毒人员劳动报酬制度的同时，制定切实可行的戒毒人员出所就业基金制度，让戒毒人员在出所时能从戒毒所领取到一定数量的就业基金，在出所后未找到工作之前，可以用就业基金来维持基本生活。建立好这一制度，能有效预防戒毒人员在出所后因生计问题而重新走上复吸的违法道路，能有效降低戒毒人员的复吸率。

**（三）在戒毒所中一定范围内自由支配**

对于戒毒人员通过在所内参加生产劳动获得的合理报酬，其在所内如何使用，国际上的通用做法都是限制在一定范围内自由支配。在实践中，戒毒人员所得劳动报酬可用于戒毒机构指定消费的名录，限定消费标准，控制支配程序，让戒毒人员在一定范围、一定条件下自由支配。允许戒毒人员支付在戒毒所内日常生活用品的开销，但一般限于卫生用品、简单的食品、日用杂品及书籍等学习用品的开支。

**（四）预留公积金，用于维持戒毒所下属企业再生产**

戒毒人员参加劳动，既是戒毒人员康复训练的重要方式，也是改善戒毒人员生活待遇的措施。为了协助戒毒人员和创造物质财富，戒毒所下属企业的生产须维持下去。要促进戒毒所下属企业的再生产，单靠国家的保障经费是不够的，还须有戒毒所下属企业的自积资金来补充。戒毒所下属企业适应市场经济的核心竞争力并不强，因大都是并不复杂的手工劳动，劳动附加值不高，经济效益并不是很好，只有投入较多的资金用于发展生产，争取更大的发展空间，才能为戒毒人员劳动报酬的发放奠定坚实的基础。

(五)积累福利金

福利金的主要用途:一是习艺场所设施改善,改善戒毒人员的住宿条件;二是给丧失劳动能力的戒毒人员及其家庭提供救助费;三是为解除后无人照管的戒毒人员发放路费和生活补助费;四是为在戒毒期间正常死亡的戒毒人员提供丧葬救济费;五是在必要时补助与改善戒毒人员的集体生活。

## 二、"工疗"戒毒经济效益激励与督促机制建设

### (一)劳动报酬的激励措施

为提高戒毒人员劳动报酬的激励效果,根据我国结构工资制度,结合戒毒人员劳动属性,戒毒人员劳动报酬由基础劳动报酬、岗位劳动报酬、效益劳动报酬以及各种劳动津贴和加班劳动报酬等五部分组成。

1. 基础劳动报酬

最低生活保障制度作为我国社会保障体系的重要组成部分,无论是职工的基础工资还是城乡居民最低生活保障金,都是在保障人的生存权。同样,保护戒毒人员最基本生存权的基本措施就是保障所有戒毒人员生活费。因此戒毒人员基础劳动报酬数额应相当于维持其基本生存所需的费用(已经实现国家财政全额保障)。

2. 岗位劳动报酬

岗位劳动报酬需要依据不同岗位的技术、业务要求、劳动繁重程度、劳动条件好差、所负责任大小等因素来合理分配。

3. 效益劳动报酬

根据经济效益和戒毒人员实际完成的劳动数量和质量支付给戒毒人员的报酬称为效益劳动报酬。戒毒人员效益劳动报酬分为三种形式:计件报酬、计时报酬、奖金报酬。

4. 劳动津贴

劳动津贴是以报酬补充形式补偿戒毒人员在特殊劳动条件下的劳动消耗及生活费额外支出。戒毒人员的劳动津贴包括以下几种:一是特殊劳动岗位津贴,如高污染、高危险工种;二是职务津贴,如质检、班组长等戒毒人员中的各类民管成员;三是技术津贴,如产品设计人员、高精度

数控设备操作人员等。

5.加班劳动报酬

戒毒所依法安排戒毒人员在标准工作时间以外劳动的，戒毒人员依法享有获得加班劳动报酬的权利，并依据劳动法执行一定的标准比例，计算加班报酬的基数时应依照戒毒人员本人的报酬标准确定。

**(二)戒毒人员劳动报酬的考核**

坚持戒毒人员的劳动态度、劳动纪律、劳动定额及经济利益相挂钩的原则。评价标准包括：取得劳动上岗资格，并进行考核劳动计分；在生产劳动中未因违反纪律规定，受到警告及警告以上处分的；遵守安全规定，未因故意违章，造成安全生产事故的；确保完成劳动生产任务、保证产品质量，残、次、废品率不超过规定指标；等等。特别强调，劳动的数量和质量不能作为考核的唯一条件，因为戒毒人员劳动能力的强弱与戒毒人员的改造表现之间没有必然的联系，戒毒所劳动很重要的目的之一就是帮助戒毒人员戒除毒瘾，所以戒毒人员的劳动态度是否端正才是考核的首要条件。

**(三)戒毒人员劳动报酬的标准**

因普通的社会劳动与戒毒人员劳动有明显的区别。过高的戒毒人员劳动报酬标准，不仅国家难以承受，还会因为社会公平问题而对公众产生负面影响。总之，应坚持以生产力发展水平为基础，参照当地普通劳动者工资水平，以戒毒所下属企业劳动生产率、戒毒人员创造的劳动价值为依据，综合考虑。

**(四)戒毒人员劳动报酬的监督**

戒毒人员劳动报酬监督应分内部监督和外部监督分别进行。内部监督主要由各戒毒所纪检监察部门进行，戒毒人员劳动报酬外部监督应由检察机关驻戒毒所检察室进行。

## 第五节　"引企入所"，拓展"工疗"戒毒平台

所谓"引企入所"就是改变单一的来料加工生产模式，将社会企业的整个生产流程或部分流程移植到戒毒所，实现戒毒生产的工厂化、企业

化，从而保证“工疗”戒毒的系统化、连续化、规范化，避免上顿不接下顿的现象，杜绝“吃不饱”等问题。

## 一、当前戒毒场所内“工疗”项目特点

自戒毒工作开展以来，康复劳动项目基本沿袭劳教时代的纸袋、铅笔、线圈加工，缝纫编织、二极管搓直等。其传统优势：一是最大限度开发了劳动力资源优势；二是合理利用了闲置的戒毒所场地资源；三是补足了戒毒所资金上的不足；四是将市场风险最低化。但是一些新矛盾伴随着加工市场的复杂性和竞争性而来。

现阶段加工业客户主要有以下几个特点：

(1)客户多为转包厂家或直接厂家，由对方提供生产原料，戒毒所只负责加工其部分工序或者半成品，处于产品流通环节的最底端，产值高但利润低。

(2)同一厂家与戒毒所多个大队都有业务往来。几个大队共用一个客户屡见不鲜，造成了个别大队生产不足或过剩，也造成了不同大队间一定的不良竞争。

(3)客户产品多有出口，远销美国、欧洲、日本、韩国，附加值高，如线圈、铅笔等，但戒毒所处在产业链末端，效益低。

(4)客户相对稳定，客户一般与戒毒所建立长期合作机制，由于地域、戒毒所工作性质等限制，新客户的发展较为缓慢。

(5)现从事项目技术含量较低，技术培训力量薄弱，职业培训效能低，社会效益差。

## 二、客户管理存在的问题及原因

### (一)加工原料供应时早时晚，车间安排生产任务有一定难度

客户供料时早时晚，难以同车间生产任务完全协调统一。客户供料晚易造成车间生产断活、换活。戒毒人员在从事同一批次产品生产需要时间适应，即使是技术熟练经验丰富的戒毒人员也不能保证每种型号生产都保持高效率，因此一旦换活、断活，就会直接影响生产产值。长此以往，戒毒人员易形成惰性和畏难情绪，对于“工疗”造成不良影响。造成供料不及时的原因是多方面的，既有客户的，也有所内的。一方面，

客户有自己的供料安排，客户并非只向一个戒毒所或大队供货，在戒毒所内不同大队可能会共用一个客户，因此客户会优先考虑给资金周转快的劳务加工单位供货，从而戒毒所不能全部掌握客户的供货情况；另一方面，戒毒所也有不同客户，面对货源充足、生产工艺简单且价格高和货源断断续续，工艺复杂且价格低的产品，戒毒所往往会优先考虑前者，保证产值，再穿插其他产品生产，这使得对于优质产品的需求远大于其他产品。

**（二）缺少客户技术支持**

劳务加工属于传统的手工加工业，人为因素占很大比重，科学合理的管理体系显得尤为重要。戒毒所是执法单位，不同于社会上专门从事某行业的企业，专业性、技术性不够强，需要客户提供技术支持与指导。而在现实中，客户会单方面要求产品质量而忽略自己应尽的义务。某些客户在运送新产品时从不提供样品，只给作业指导书或工艺单，需戒毒所加工好样品后送客户审查，客户确认后投入生产，费时又费力；一些客户从不派技术员进行技术指导，当出现质量问题时戒毒所又无条件地保修。因此，制定科学合理的管理体系，约定双方的权利义务，规范产品质量、服务条款就尤为重要。

**（三）定价后价格很少受市场波动影响，难以主动掌握定价权**

劳务加工属于产品生产流通最开始的阶段，也处于利益链的底端，附加值低。如戒毒所加工的手提袋，客户的定价是0.19元一个，而客户出口到国外的售价是5美元一个，前后利润差距巨大。面对低劳动成本、高回报的产品，把握好定价高低尤为重要。在现有体制下，戒毒所与客户一般建立长期的合作机制，产品定价也维持相当长的时间，可能六七年都没有变动。一方面是戒毒所的劳务成本基本维持不变，另一方面是戒毒所相对闭塞，受市场直接影响较小。

**（四）戒毒所警察真正掌握生产工艺的少**

戒毒所警察虽然每天在车间管理戒毒人员的“工疗”劳动，但缺乏专门的技术性人才，真正懂生产工艺的人少之又少。其大都是在每天监督管理中摸索生产工艺，未经过系统的培训学习，更没有亲自操作机器的经验，在日常管理中缺乏专业性、具体性的指导，在生产安排、质量管理、与客户交流等方面有些乏力。

## 三、“引企入所”可行性思考

### （一）强强联合，实现与社会资源的优势融合

戒毒所自身优势在于有丰富劳动力，而社会企业有丰富的生产资本、科技资本、人才资本，加强戒毒生产与社会企业的合作，发展紧密的融合方式，可以有效弥补戒毒所在生产、科技和人才方面的不足。

戒毒所与社会企业合作具有三个方面的作用：第一，可以借助社会力量完成产品设施设备的配套完善和戒毒人员全员的培训锻炼；第二，可利用社会上的资金，不仅收效快，而且能有效规避市场风险，并且解决了戒毒人员回归社会后的就业问题；第三，社会企业可以充分利用戒毒所的廉价劳动力和场地设施，集中精力组织技术开发和市场开发。

### （二）发展销售客户，减少转包环节

单纯的手工加工不仅利润低下，而且发展前景不乐观。尤其是近几年，国家加大对生态文明的重视和保护，出台的一系列措施对于许多污染大、能耗高的企业提出了转型要求。戒毒所也要适应国家的新要求，在吸收引进合作企业上，必须坚持安全环保、有一定技术含量、发展前景广阔、市场信誉高的原则，严格准入制度的落实。同时，取消中间环节，将企业成套设备、生产线及技术指导人员引入戒毒所，让企业按照市场运作落实营销经营，戒毒所做好戒毒人员的管理教育，相互都节省人力、物力、精力。

### （三）客户集中管理，流水线式运作，消除内耗

一是可以有效整合现有资源，提高戒毒所现有资源的使用效率；二是各大队之间实现工厂化劳动模式，避免内部的恶性竞争，减少内部消耗；三是厂家和戒毒所联合，根据实际情况，合理安排供货和交货期，安排生产任务做到有的放矢，不至于在“断活”时拆东墙补西墙，能更专心致志地做好主业，擦亮品牌。

### （四）进行专业系统的业务能力培训，细化警察职责

各劳务加工单位对于新入警的试用期公务员要细化警察职责，安排专门负责劳动生产的警察、专门负责教育的警察，责任到人，职责分明；进行系统专业的产前培训，教导劳动技能，让其亲自操作学习，使得每名警察在正式工作前就熟悉劳务加工技能，对于劳务管理有的放矢；让尽

可能多的一线警察到客户车间参观学习，对于现场管理有更深的理解和把握。

在新形势下，探索与客户发展的新模式、新方法是有效提高戒毒所"工疗"效能的重要途径。戒毒所应解放思想，大胆创新，发展具有戒毒所特色的康复劳动和职业技能培训项目，打响戒毒所自己的品牌！

# 参考文献


## 一、专著类

[1]田麦久.运动训练学[M].北京:北京体育大学出版社,2000.

[2]杨静宜,徐峻华.运动处方[M].北京:高等教育出版社,2005.

[3]吴东明,王健.体能训练[M].北京:高等教育出版社,2005.

[4]吕志刚等.大学体育与健康(修订版)[M].西安:电子科技大学出版社,2006.

[5]王安利等.运动医学[M].北京:人民体育出版社,2008.

[6]国家体育总局职业技能鉴定指导中心.健身教练[M].北京:高等教育出版社,2009.

[7]张力力,毛志熊.运动心理学[M].北京:高等教育出版社,2011.

[8]石岩.中小学体育活动风险管理[M].北京:北京体育大学出版社,2012.

[9]陈琦,麦全安.体质健康评价与运动处方[M].北京:高等教育出版社,2015.

[10]杜新忠.实用戒毒医学[M].北京:人民卫生出版社,2015.

[11]薛明扬.学生校园体育运动伤害事故的社会治理[M].上海:华东师范大学出版社,2017.

[12]张艺宏等.国民体质监测与评价[M].北京:科学出版社,2017.

## 二、文章论文类

[1] 冯彪.技工学校学分制管理的研究与实践[J].职教论坛,2002(20):4.

[2]卢澎涛.增氧健身运动与构建身心健康生活方式的探究[J].河南科技学院学报(自然科学版),2008(4):158～162.

[3]姚勤春.对中长跑运动员耐力训练方法的探讨[J].成功(教育),2013(2):263.

[4]赵晓哲.华北地区公安警校学生体质状况及体育锻炼现状的调查研究[D].石家庄:河北师范大学,2008.

[5]蔡志强.石家庄市高校硕士研究生体质及体育锻炼状况的调查研究[D]. 石家庄:河北师范大学,2008.

[6]杜思聪.核心力量训练对高校篮球运动员专项体能的影响[D].西安:西安体育学院,2017.

[7]陈岩.12 周坐势健身术练习对中年下肢残障男性心肺功能的影响[D].北京:北京体育大学,2013.

[8]赵辉等.运动作为戒毒治疗手段的研究进展[C]."思沃杯"2012年全国戒毒工作论坛,2013.

[9]中国司法行政戒毒工作协会.康复训练工作科学化、专业化理论与实践研讨会论文集[C].2017.

[10]赵展慧.今年以来市场用工需求旺盛[N].人民日报,2018-4-18(02).

[11]董小迪.司法部:累计收治 130 余万强制隔离戒毒人员　戒毒工作成果丰硕[N/OL]. 人民公安报,2018-6-25. http://www.sohu.com/a/237671198_116897.

# 后　记

《体疗和工疗戒毒研究》一书由山东省的戒毒工作专家和司法行政戒毒一线警察集体编写。本书是在新时代背景下，山东司法行政戒毒工作者对戒毒工作转型以来的经验做法进行的首次大规模成果总结，反映了当下推进司法行政戒毒工作的规范化、科学化和专业化发展的努力方向。

本书的立项和编写得到了山东大学、山东体育学院等院校领导和专家的认可和大力支持。项目实施过程中，部分成果来自山东省运动戒毒实验室。感谢山东体育学院董贵俊教授团队从项目立项、框架拟订、内容填充、案例分析等角度对本书康复训练部分进行的专业指导和修订。在书稿的最后修订阶段，山东大学（威海）法学院院长、教授肖金明对书稿进行了系统整理，提出了指导性意见建议，在此表示衷心的感谢！

本书由山东省戒毒管理局牵头编写。全书由杜章任主编，董贵俊、刘新、宋述秀任副主编，负责本书框架设计、调查研究、组织审核等工作。原山东省戒毒管理局纪委书记岳文锦（现退休）负责本书大纲拟定、组织调研等工作。承担本书撰写任务的主要人员有陈君、李伟康、石磊、刘新、于腾、苏宇祥、唐磊、李凤琦、赵晓婷、吕洪海、卢建民、薄保云、张业学、解有奎、毕东生、冯桂凯等。第一章"身体康复训练概述"由陈君、李伟康完成，第二章"身体康复训练基本原则"由李伟康完成，第三章"身体康复训练的内容"由石磊完成，第四章"身体康复训练过程研究"由刘新、于腾完成，第五章"戒毒人员体质测定方法"由苏宇祥完成，第六章"戒毒人员运动处方库的构建"由唐磊、李凤琦完成，第七章"戒毒人员身体康复训练风险防控"由唐磊完成，第八章"女性戒毒人员身体康复训练方法”由赵晓婷完成，第九章“戒毒人员‘工疗’戒毒的理论渊源”由吕洪海完成，第十章“戒毒人员‘工疗’戒毒的组织与实施”由卢建民、薄保云完成，第十一章“戒毒人员‘工疗’戒毒的管理”由张业学完成，第十二章“戒毒人员‘工疗’戒毒的文化构建”由解有奎完成，第十三章“戒毒人员‘工疗’戒毒的创新发展”由毕东生、冯桂凯完成。上述同志为本书成稿倾注了大量心血，在此一并表示衷心的感谢！

本书参考借鉴了许多专家学者的著述和观点，列举引用参考文献时难免有所疏漏，在此表示感谢并致以歉意。本书的编者大多来自司法行政戒毒工作一线，水平有限，书中难免有疏漏之处，敬请专家学者和读者批评指正。

编 者

2019 年 10 月